그날을 말하다

유민 아빠 김영오

4·16구술증언록 단원고 2학년 10반 제4권

그날을 말하다

유민 아빠 김영오

4·16기억저장소 기획 편집
(사) 4·16세월호참사가족협의회 지원 협조

일러두기

1. 음절로 식별 가능한 소리를 들리는 대로 전사하는 것을 원칙으로 한다.

2. 의미를 파악하기 위해 추가 설명이 필요할 경우 [ ]로 표시한다.

3. 몸짓, 어조 등 비언어적 행위는 ( )로 표시한다.

4. 구술자가 말을 잇지 못해 말줄임표를 사용하는 경우 ……, …로 길고 짧음을 표시한다.

5. 비공개 영역은 〈비공개〉로 표시한다.

6. 비공개해야 하는 희생자 형제자매의 이름은 ○○, △△ 등의 도형기호로, 생존자의 이름은 A, B, C 등 알파
   벳 대문자로 표시한다.

7. 비공개해야 하는 제3자는 직분이나 소속, 성만 공개하고, 이름은 ××로 표시한다. 비공개해야 하는 숫자는
   자릿수에 상관없이 □로 표시하며, 지명은 □□로 표시한다.

4·16기억저장소에서는 세월호 참사 5주기를 맞아 구술증언 수집 사업의 결과물 일부를 100권의 책으로 발간하게 되었습니다. 이 사업은 2015년 6월부터 다양한 학문 분야 구술 연구자들의 자발적인 참여로 진행되어 왔으며, 세월호 참사를 좀 더 정확하고 다각적으로 기록하고 기억하고자 하는 노력의 일환으로 수행되었습니다.

2014년 참사 발생 이후, 참사 피해자들의 목격담과 경험은 안타깝게도 공식적인 국가기관과 언론의 기록 속에서 철저히 소외되거나 왜곡되었습니다. 그것은 세월호 참사가 우리에게 안긴 죽음과 고통의 충격만큼이나 우리 사회의 끔찍한 비극이었습니다. 따라서 사업을 진행하면서 세월호 참사 희생자 가족, 생존자, 생존자 가족, 어민, 잠수사, 활동가, 기자 등등, 참사의 초기 과정을 직접 경험한 분들의 증언을 우선적으로 수집했습니다. 구술자는 이 사업의 취지와 방식에 개인적으로 동의한 분 중에서 선정했으며, 참여 과정에 어떠한 금전적 보상이나 이익이 제공되지 않았습니다. 또한 구술증언 수집 사업을 진행하는 동안, 면담자는 연구자이자 참사를 겪은 공동체 시민으로서 최대한 윤리적이고자 노력했습니다.

구술자마다 매회 약 2시간씩 3회를 원칙으로 음성 녹취와 영상 촬영을 하는 방식으로 진행되었고, 증언의 일관성을 확보하기 위해 면담자는 큰 틀에서 공통 질문지를 사용했습니다. 공통 질문지의 내용은 참사와 구술자 간의 관계성에 따라 차이가 있지만, 유가족 구술의 경우 1회차 '참사 이전의 삶, 팽목항과 진도에서의 경험, 자녀에 대한 기억'을, 2회차 '참사 이후 투쟁과 공동체 활동 경험'을, 3회차 '참사 이후 개인 및 가족이 경험한 삶의 변화와 깨달음, 자녀의 현재적 의미'를 중심으로 했습니다. 이처럼 증언 내용은 참사 이전에서 시작해 참사 발생 당시의 경험과 이후의 변화 과정까지 폭넓게 수집했고, 면담자는 구술 채록 과정에서 구술자의 발화를 최대한 존중하고자 했으며, 무엇보다 각자의 특수한 경험과 다른 시각을 충실히 반영하고자 했습니다.

이 구술증언록의 발간을 위해, 채록된 음성 자료는 문서로 변환해 구술자와 함께 검토했고, 현재 시점에서 공개할 수 있는 영역과 할 수 없는 영역으로 구별했습니다. 따라서 책에 실린 내용은 모두 구술자로부터 공개를 허락받은 부분입니다. 비공개 영역은 추후 구술자의 동의를 받아 적절한 절차를 거쳐 추가로 공개될 수 있으리라 생각합니다.

이 구술증언록 100권에는 그동안 우리 사회에 왜곡되어 알려지거나 잘 알려지지 않았던, 참사 발생 직후 팽목항과 진도 혹은 바다에서의 초기 상황에 관한 중요한 증언이 포함되어 있습니다. 또한, 자녀를 잃는 잔인하고 애통한 상황을 겪으면서도 그 누구보다 강인한 정치적 주체로 성장할 수밖에 없었던 유가족의 마음과 경험을 구체적으로, 그리고 여러 각도에서 살펴볼 수 있습니다. 그외에도, 이 구술증언록은 2014년을 전후한 한국 사회의 여러 측면을 드러내는 귀중한 자료가 되리라고 생각합니다. 무엇보다 국내외의 많은 분이 이 책을 읽어, 장차 세월호 참사의 진상 규명과 역사 서술에 기여할 수 있기를 바랍니다.

구술증언 수집 사업이 진행되고, 책으로 출간되기까지 많은 분의 도움과 지지가 있었습니다. 이 지면을 빌려 부족하나마 감사의 말씀을 전하고자 합니다.

먼저 (사)4·16세월호참사가족협의회와 4·16기억저장소에 감사를 드립니다. 이분들의 신뢰와 적극적인 협조가 없었다면, 이 사업은 처음부터 시작할 수조차 없었을 것입니다. 또한 어려운 정치 환경 속에서도 사업의 취지에 공감해 재정 지원을 결정해 준 아름다운가게와 역사문제연구소에 감사드립니다. 두 단체 덕분에, 이 사업을 4년 동안 계속해 올 수 있었습니다. 그리고 구술증언록 100권의 발간에 동의하고, 바쁜 일정에도 출판 실무를 기꺼이 맡아주신 한울엠플러스(주)에도 감사를 드립니다. 이 외에도 많은 개인과 단체가 직간접적으로 많은 도움을 주시고 격려해 주셨습니다. 여기에 모두 밝히지 못하는 것을 죄송하게 생각합니다.

　말할 필요도 없이, 가장 크고 또 가슴 아픈 감사는 구술자 한 분한 분께 드리고자 합니다. 이 책이 발간될 수 있었던 것은, 무엇보다 용기를 내어 아픔과 고통의 기억을 다시 떠올리고 장시간 진심으로 이야기를 해주신 구술자가 있었기 때문입니다. 오랜 시간 이야기를 나누며 함께 공감하기도 했지만, 그 아픔과 고통을 어떻게 가늠할 수 있을까 싶습니다. 더 큰 도움이 되지 못함을 안타까워하며, 이 구술증언록 100권의 발간이 피해자분들에게 조금이라도 위로가 될 수 있기를 기원합니다.

2019년 4월

4·16기억저장소 구술팀 책임자
서울대학교 인류학과 교수 이현정

차례

■ 2회차 ■

■ 3회차 ■

■ 4회차 ■

■ 5회차 ■

유민 아빠 김영오

구술자 김영오는 단원고 2학년 10반 고 김유민의 아빠다. 아빠와 친구처럼 가까웠던 유민
이는 살아가기에 빠듯했던 아빠에게 부담을 주지 않으려고 수학여행 간다는 말조차 하지
않을 만큼 속이 깊은 딸이었다. 아빠는 참사 이후 유민이를 앗아간 자들이 누구인지 밝혀
내기 위해 광화문에서 46일간 단식 농성을 했고, 그 이후에도 TBS의 '가슴에 담아온 작은
목소리'를 진행하는 등의 활동을 하며 유가족들과 세상의 힘없는 이들과의 연대를 위해 노
력하고 있다.

김영오의 구술 면담은 2018년 9월 12일, 19일, 10월 3일, 10일, 24일, 31일, 11월 6일, 7회
에 걸쳐 총 12시간 20분 동안 진행되었다. 면담자는 김아람, 촬영자는 강재성이었다.

구술자 본인의 프라이버시나 제3자의 프라이버시를 보호해야 할 부분을 제외하고는 구술
자의 발화를 있는 그대로 전사했다.

1회차

2018년 9월 12일

1
시작 인사말

면담자　　　본 구술증언은 4·16 사건에 대한 참여자들의 경험과 기억을 기록으로 남김으로써 이후 진상 규명 및 역사 기술에 기여하고자 합니다. 지금부터 김영오 씨의 증언을 시작하겠습니다. 오늘은 2018년 9월 12일이며 장소는 안산시 단원구 4·16기억저장소 사무실입니다. 면담자는 김아람이며, 촬영자는 강재성입니다.

2
구술 참여 동기

면담자　　　저희 구술은 참사 자체에 대한 것도 있지만 아버님의 생애와 생각, 인식까지를 포괄적으로 남긴다는 목표를 가지고 있습니다. 언론에 공개됐던 것 너머의 아버님의 고민들을 말씀해 주시면 감사하겠습니다. 아버님을 증언사업 몇 년 만에 뵙게 됐는데요, 참여하게 되는 계기가 있으셨는지요?

유민 아빠　　　계기는 없었어요. "역사적으로 기록도 남기고 이런 작업을 한다" 그래서 저도 다음부터는 이런 참사가 없어야 되니까 구술에 참여하게 됐어요, 자료도 남겨드리고. 우리가 특별한 사람들이 아니잖아요. 그냥 똑같은 노동자였고 여느 집에 마찬가지로 엄마, 아빠들이었고 그러다 갑자기 사고를 당한 건데, 너무 정부가 우리 가족들한테 조작하고 은폐하고 방해만 하고, 이거를 4년 넘게 겪어오다 보니까, '다시는 이런 일이 일어나지 않도록 뭔가 남길 수 있으면 남겨야 된다'[고 생각했죠]. 왜? '여러분들도 우리와 똑같은 일을 겪을 수 있다', 겪고 나서 후회하지 않는 그런 자료 같은 것도 필요하다면 저는 해주고 싶어서, 도움이 된다면 증언해 주고 싶고.

3
정권 바뀐 후의 심적 변화

면담자　　기존에 많은 인터뷰들도 하셨을 테고, 사회적인 소통을 활발히 하셨다고 볼 수 있는데 참사 이후에 4년 넘는 시간 동안 변화가 있으신지요.

유민 아빠　　변화는 박근혜 정부와 정권 교체된 이후로서 바뀐 거 같아요. 박근혜 정부에서는 정말로 온 국민이 알다시피 참사가 나고 다 지켜봤어요. 구조 안 한 걸로 지금 알려지고 있잖아요. 계속 방해만 하고 또 거기에 언론들, 또 보수 단체들 전부 다 달라붙어서 우리 유가족들을 비하하고, 폄하하고, 나쁜 쪽으로 허위 사실 유포하고, 가짜 사실 펴 나르고 이런 걸 겪었어요. 믿음이라는 게 없어요, 대한민국에. 종교도 전 안 믿었어요. 사고 나고 안산에 왔을 때 정말로 언론, 정부 모두가 우리를 등을 돌릴 때 종교인들만큼은 우리를 감싸주고 손을 잡아줄 줄 알았어요. 저도 이제 아이 죽기 전에 종교, 기독교 나간 적이 있었으니까 가서 배운 게 사랑이었어요. 그리고 "시기, 질투하지 마라", "이간질하지 마라", 참 좋은 건 다 가르쳐줘요. 이렇게 우리가 억울한데, 힘이 없는 사람인데 종교인들만큼은 우리 손을 잡아주겠지 [생각했지만] 그런데 어떻게 했어요? 오히려 종교인들이 박근혜 편에 서가지고 우리를 같이 내몰았어요, 낭떠러지에 떠밀기도 하고.

정말 대한민국의 국민성을 보게 됐어요, 대한민국 국민성이 '아, 이래서 당연히 사고가 나는 거구나'. 그러다 '정권이 바뀌고 지금은 마음이 편해졌다' 그럴까요? 뭐, 바뀐 거는 많이 없어요, 솔직하게. 정권이, 문재인 정부가 새로 들어섰다 그래서 진상 규명 빨리빨리 하는 것도 없고 그렇다고 빨리할 수도 없잖아요. 모든 게 차근차근, 한 계단, 한 계단 올라가야 되는데, 그래도 소통이란 게 되더라구요. 이전 정부와 지금 바뀐 정부의 소통이란 게 있어요. 소통 창구가 생겨서 소통이라도 할 수 있으니까. 단지 그때는 저희가 소통이란 게 아예 없었어요. 불통이었죠. 그래서 단식도 하고 청와대, 청운[효자]동 주민센터에서 엄마들이 호소를 하고, 그런 세상에서 다시 이제 호소를 하지 않는 이유는 소통이 되기 때문에 그래요, 우리의 말을 들어주니까.

아픈 사람들은 그렇더라구요. 저도 개인으로서 당해보니까 내 말을 누군가 들어주면은 위로가 돼요. 마음이 하나씩 수그러들고. 그걸 이 정부에서 하나씩 바뀐 걸 보고, 가족들도 집회를 더 이상 하지를 않고 기다리는, 시간을 기다리는 거죠. 지루한 싸움이 되겠지만 기다려주는 거. 이게, 좀 마음이 편해졌어요. 기다리는 시간이 좀 지루해서 그렇지 마음이 많이 편해졌어요. '해줄 것이다'라는 믿음이 또 있어요, 해주겠지 [하는] 그런 믿음이 있기 때문에. 아직도 여전히 답답한 거는 가끔 뉴스를 보면 사법부들 기각한 [게] 보고, 저렇게 적폐를, [국정을] 농단했는데도 세상에 다 기각되고, 이런 걸 봤을 때도 언론들은 그걸 받아서 그들 편에서 서서 글을 써주니까, 이런 거 봤을 때 아직도 답답한 면이 많아요, 아직도 많고.

면담자 지금은 정부가 이제 믿고 기다려라 얘기를 하니까 무기력하거나 굉장히 슬프더라구요. 팽목에서 빨리 철거하라는 요구들이 기사로 나오기도 하고, 정말 잘될까 하는 의심을 계속 가지게 되더라구요.

유민 아빠 저희도 불안해요. 당사자인 우리도 불안해요. 불안한데 표출을 안 할 뿐이에요, 남들한테. 오히려 시민들이 자꾸 "되겠어요? 이러다가 안 되는 거 아니에요?" 이런 얘기할 때, "될 겁니다" 일부러 우리가 안심을 시켜주고 있어요. 그런 말 하면서도 솔직히 저희도 되게 답답하고, '진짜 될까?' 증거는 아무것도 없죠. 마지막 남은 세월호 선체, 이 물증마저 전부 다 구멍 뻥뻥 뚫어놨죠. 그리고 조사해야 될 부분은 다 절단해 놨죠, 물속에서. 이런 걸 봤을 때 나부터도 고민이 벌써 가는데 걱정도 태산이구요. 하지만 표출을 안 할 뿐이에요. 잠을 자고 싶은데 세월호 생각하면 잠이 안 와요, 아직도. 편하게 잘 수 있는 방법은 그냥 진짜 100프로까지는 할 수 없어도 50프로까지만이라도 밝혀주면 그때는 다리 뻗고 자겠죠, 이유를 아니까. [지금은] 왜 그런지 이유를 모르니까 아직도 잠을 못 자요. 술을 한잔 먹어야지, 술에 의지하고 그리고 잠이 들고…. 되도록 세월호 생각 안 하고 싶어요, 잠을 자기 위해서도. 근데 안 할 수도 없고….

4

허위 사실 유포 언론과 일베들

면담자   아버님은 알아보는 사람들도 있고 일상에서는 많이 불편하실 거 같은데, 어떠세요?

유민 아빠   처음에는 되게 불편했죠. 식당이나 가서, 그때는 한창 단식하고 투쟁 중이었다 그랬죠. 제가 투쟁할 때는 제가 수염을 안 깎았어요, 시행령 폐기를 안 했기 때문에. 특별법은 했지만 시행령 때문에 투쟁을 했었잖아요. 그러다 보니까 수염을 가리고 가서 밥을 먹어야 되고. 또 가면은요, 제 눈이 상하로 계속 움직여요. 그때 당시에 저한테 일베[일간베스트]들, 언론들 얼마나 깠습니까. 지금도 까요. 제 페이스북에 이번에, 얼마 전에 또 대거 달라붙었어요. 말도 못 하는 그 가짜뉴스 가지고 "[유민이] 얼굴 한 번 안 보고 왜 돈 땜에 이제 나타나서 8억 받아먹고" 지금도 그래요, 어제 그제 올린 글에. 그런 거 때문에 저는 사람들이 조금 한 명, 두 명 모여 있고 많으면 많을수록 눈동자가 가만있지 못해요, 눈치를 보느라고. '저 중에 나를 욕하는 사람 있을 거다' 왜? 언론들이 저에 대해 좋은 거는 한 번도 안 써주고 다 나쁜 거만 썼어요, 좋은 얘기 단 한 번 써주지도 않고. 그리고 내가 증거자료 다 제시했었잖아요. 양육비 준 내역서 같은 거, 통장 내용 다 공개하고 아이들하고 카톡 대화 주고받은 것도 다 공개하고. 이렇게 했는데도 불구하고 안 믿어요.

오히려 언론에서 초기에 아빠 자격 논란, 이걸로만 지금까지 공격을 하는 거예요, 4년이 지났는데도. 그동안 살아오면서, 지금도 마찬가지예요. 이전과 이후가 없어요, 저는. 단식하고 쓰러져서 병원 간 날부터 그렇게 공격이 시작됐거든요, 23일부터. 지금까지 저는 사람들 있는 데 가면 눈치를 봐요. 저 중에 나를 욕하는 사람 있을 거다. 왜? 언론만 보고 사니까, 사람들은. SNS 하는 사람들은 그나마 "아버님 힘내세요"라는 소리가 많이 나와요. 페이스북은 일베들이 굉장히 많아요. 인스타그램, 트위터로 바꾼 이유가 그거예요. 인스타그램으로 바꾼 이유는, 인스타그램 같은 경우는 한 달에 한두 명뿐이 없어요. 그리고 글도 난 써서 올리거든요. 거기에서는 힘내시라는 얘기, 위로를 해주는데, 페이스북은 하기 싫어요, 지금. 그리고 눈치를 너무 많이 보게 되고….

또 강연 같은 거 간담회 요청이 오면 가잖아요? 강연하면서 사람들 눈을 괜히 의식해요. 내가 죄진 것도 아닌데 억울하게 아이가 죽어서 알리는 건데, "세월호 진상 규명 아직 안 됐습니다" 하고 알려주는 건데도, 이 알리고 있는 도중에도 눈치를 보면서 얘기를 하고 있어요. 그리고 실질적으로 강의, 간담회 하다 보면요. 박사모 같은 사람들이 앉아 있어요. 일부러 와요. 방해를 해요. 대구에서는 그런 방해도 당했고. "왜 박근혜한테 그러냐? 청해진해운한테 그러지" 이래요, 노인들이 여기저기 두세 명 앉아서. 이런 사람들도 오고, 또 손가락질하는 사람도 많고…. "아직도 세월호냐?"는 소리를 많이 해요, 배지를 달고 다니면. 그러다 보니까는 눈치를 봐요. '저 중에 나를 욕하는 사람들이 과연 누구일까' 이런 눈치도 보고, 심지어는 같이 촛불을 들었던 사람들이 있었어요, 촛불 시민들. 이 중에는 몇몇 좀 이념이 다른 사람들이 있어요. 이런 사람들이 공격을 해요, 또. 말도 안 되는 거 가지고 공격을 해요. 그러다 보니까 우리 편도 못 믿겠고 지금 4년 지났는데 지금도 눈치만 보고 살아요.

면담자   개인의 입장에서 본다고 하면 '정말 달라진 게 과연 있나' 싶은 생각이 드시겠어요.

유민 아빠   달라진 거 없어요. 저는 첫날부터 쓰러져서, 첫날부터 지금까지 공격만 받던 사람. 그냥 어떤 언론사에서 나서서 "그때 허위 사실 기사를 써서 정말로 죄송합니다" 이런 말 한마디라도 했으면…. 그리고 지금도 일베들이 달려들면서 그래요. "인터넷 뒤져보니까 이러 이런 얘기 많던데 그게 사실이냐?" [하고] 약을 올려요, 알면서. 그런 글들, 일간베스트, 나에 대한 글 쓰는데 댓글들 보면 가관이거든요. 그렇다고 고소하고 싶은데도 할 수도 없고…. 고소해서 뭘 할 거예요. 박근혜 정부 때 고소를 해봤어요. 굉장히 많이 했는데 거의 다 불기소처분, 다 풀려나요, 벌금도 안 때리고. 그리고 심지어는 검사 몇 명한테 전화 받았어요, 박근혜 정부 때. 검사가 전화를 해서 저한테 그래요. "누구, 누군데 이거 고소하셨죠? 이거 고소 취하하실 의향 없으신가요?" 일부러 저를 설득을 시키고 회유를 시켜요, 검사. 그거 할 일은 변호사들이 하는 거거든요. 검사가 오히려 일베들 편을 들어서 나보고 "아버님, 이거 취소해 주시면 안 되겠어요?" 이래요. 이런 정부에서 살았으니, 내가 누굴 믿고, 무슨 믿음이 있었겠어요. 이제 정권 바뀌었으니까 한번 해보고도 싶어요. (면담자 : 바뀌고서는 한번도?) 안 해봤죠. 그냥 집에 가면요, 그 글을 읽으면, 눈을 감고 화를 못 참아가지고 계속 타요, 속은. 정말로 어떤 때는 눈물도 나고, '아니 내가 무슨 잘못을, 큰 잘못을 그렇게 했길래. 이혼하면은 부모가 아닌가' 이런 생각, 저런 생각 다 들어요. 답답해 가지고 죽겠어요.

면담자   가협에서도 심리생계분과에서 소송 지원을 같이 하지 않았었나요?

유민 아빠   그거는 없었고 박보나[5반 고 박성호의 누나] 알죠? 보나가 일베들 글을 캡처해서 변호사들한테 보내주는 역할을 많이 했어요. 저한테 하도 많이 오니까 보나한테 지금도 고맙고. 보나가 고생을 많이 했어요. (면담자 : 그렇다고 해도 오히려 불기소됐다면 가해자들이 더 득의양양해져서) 집에 하루에 편지가 몇 통씩 날아와요. 불기소처분, 알려줘야 되니까. 누가 얼마나 걸렸나 보면 [처벌되는 사람이] 한 명이 없어요. 그게 안타까운 거죠. 심지어는 분향소에서 저를 까는데, 저는 분향소에 앉아 있는데 전화가 왔어. 작은집에 누나가 전화 온 거예요. "너, 이거 이거 때문에 고소한 거 있지?" 그래요. "누나가 어떻게 알아?", "어, 누나 친구 아들이더라. 알고 보니까 일베가. 걔 좀 누나 친구 아들인데 어떻게 봐주면 안 되겠니?" 분향소까지 와서 걔 "미안하다"고 사과하고 봐줬어요. 내 주변에도 있어. 일베는, 특별히 모여 있는 게 아니라 가까운 곳에도 있더라구요. 누나 친구의 아들인지 몰랐지. 그러니 내가 누굴 믿고, 대한민국을 뭘 믿고…. "그냥 억울하게 나처럼 억울하게 사고당하지 마세요. 이게 제일 답입니다" 하고 싶어요. "절대 피해 다니세요. 죽지 말고 내 목숨 내가 지키고 억울하게 당하지 마세요. 위험에 처하면 도망가세요, 그냥" 그러고 싶어요, 얼마나 당했으면.

악성 댓글, 언론의 허위 보도와 보도자료 삭제, 『못난 아빠』책 출판

면담자   저희가 기록을 남기는 게 사료가 될 테니까 어떻게 활용될지 아버님께서는 생각하시는 바가 혹시 있으세요?

유민 아빠   내가 무슨 생각 있겠어요, 와서 해달라니까 하는 거지.

면담자   혹시 영화 만들자는 제안 같은 거 받은 적은 없으세요?

유민 아빠   없어요. 왜 그러냐면 제가 단식을 하고 일베들한테 그런 '못난 아빠' 자격 논란이 없었으면 영화 제안도 왔을 겁니다. 심지어 저하고 굉장히 가깝게 주변에서 해줬던 사람도 그 뉴스 나오자마자 다 떨어져 나가요. 떠나요, 하나씩 하나씩. 그리고 이제 페이스북으로 "나 억울하다"라고 증거자료 보여주고, 거기에 믿는 사람들은 아직도 남아 있지만은, 대부분이 뉴스를 보는 사람들은 저를 아직도 나쁜 놈으로 봐요, 아직도. 영화감독이 온다고 해서, 오고 싶어도 '저게 진짠가, 저 뉴스가 진짜가 가짠가' 하기 때문에 오고 싶어도 못 오겠죠. 눈치를 보겠죠, 그 사람들도. 정말로 일베들이 그래요. "너 정치할라고 그러지?" 지금도. "한자리 해 처먹으려고 그 지랄하지?" 이렇게 얘기하는데, 제가 정치할라고 했으면 벌써 했겠네요, 벌써. 얘네들은 먼저 공격을, 아무것도 전 안 했는데 공격할 거리를 만들어요, 거리를. 내가 글 하나 쓰면 글을 못 쓰게 하려고, 페이스북에 글 올리잖아요. 시를 써갖고 올려놔도 "정치할라고 그런다"고 그래요. 진짜 아무 얘기가 아니거든요, 정치적인 얘기도 아닌데.

근데 내가 페이스북에다가 글을 쓸 때, 홍준표라든지 김성태, 자유한국당, 새누리당 계속 반박 글을 올려요. 올리는 이유가 뭐겠어요? 올리는 이유가 간단해요. 참사 겪고 나서 방해했던 세력들이기 때문에 '너 이거 방해했지 않냐', 그러면서 지금 정권 바뀌고 지금 막 하는 행동들 보면 "너는 이렇게 해놓고 뭘 바라냐?". 제천 참사[2017년 12월 21일 발생한 제천 스포츠센터 화재 참사]를 자기가 등에 지고 하려고 하죠. "세월호 때 그렇게 하지 그랬냐?" 이런 말을 내가 할 수밖에 없잖아요, 이런 글을 쓰면 "이 새끼 정치할라 그래" [하고] 대들고. 차단만 해논 게 몇천, 차단하면은 얼굴도 없는 계정을 다시 만들어가지고 또 들어와요. 또 들어와 또 괴롭혀. 어떤 놈들은 그래요. "할 말이 없으니까 차단하냐, 차단하냐?" 또 비아냥거리고. 이렇게 웃으면서 얘기하지만 그런 걸 한 사람 한 사람 올 때마다 얼마[나] 속이 문드러진다고…. 웃으면서 얘기하지만 정말 미쳐요.

면담자   방송하신다는 것도.

유민 아빠   처음에 많이 깠죠. 처음에 김어준, 그다음 김미화, 나, 이렇게 해서 좌빨 방송사들 해가지고, 좌빨들, TBS에서 만들어봤던 건데, 그런 뉴스 '좌빨 방송'이라고 많이 했죠, 처음에. 저는 방송, 라디오 방송 계약하면서도 "절대 정치적 중립을 지키자, 정치적인 사건도 다루지 말고" [했어요]. 만약에 진상 규명이 해결 안 되거든 정치적으로 가야 되잖아요, 어차피 20년, 30년 동안 해결 안 되거든. "우린 중립에서만 하고 내가 얘기하면 안 된다. 내가 지적하고, 바라는 걸 얘기하면 안 된다. 나는 진행만 하고, 멘트만 하고 현장 가서 이 사람들 목소리를 직접 뭘 원합니다, 진상 규명 안 된 게 뭡니다 하고 이 사람 목소리를 그대로 내보내야 된다". 그렇게 하고 있어요, 지금. 그렇게 3년째 하고 있으니까 일베들이 댓글을 못 달아요, 틀린 건 안 하니까. 아픈 사람들이 직접 하고 있는 거니까요. 방송들이 눈치 보고 이렇게 [방향을] 잡아간 거예요, 일베들이 깔까 봐. "저 새끼 저러려고 방송했어" 이럴까 봐. 답답해요.

면담자   그 현상에 대해서 생각을 많이 하셨을 거 같은데, [그들이] 왜 그럴까요?

유민 아빠   그 현상은 아마 정권을 유지하기 위해서⋯, 정확한 건 아니잖아요. 자기네들의 정권을 유지하기 위해서 그걸 키우고 있었고, 돈도 밀어주고, 돈도 대주고. 심지어는 지금 재향군인회라든지 고엽제 노인, 어른들 이런 분들이 다 나와서 맞은편에서 계속 시위를 했어요. 어버이연합, 엄마부대 이런 사람들이 왜 했겠어요. 이 사람들이 나는 [단지 스스로 그렇게] 했다고 안 봐요. 처음부터 그랬어요. 23일 날, 8월 23일 날 갑자기 이 사람이 내 피켓을 들고 와요, '아빠 자격' 논란에서[부터] "강성 노조 조합원이다"[까지]. 한 번도 집회도 안 가봤는데 막 그런 얘길 할 때 느낀 게 뭐냐면, '아, 정부의 끄나풀들이구나. 자기 정권을 지키기 위해서 다 하나씩 만들어놓은 세력들이구나' [하는 거였어요]. 지금도 그렇게 믿고 있어요. 지금 엄마부대, 어버이연합 이런 사람들 많이 이제 뜸하더라구요. 돈줄이 끊겼죠. 정권 유지하기 위해서 만들어놓은 세력들이라고 지금도 난 봐요. 개개인이 절대 그렇게 하진 않을 겁니다. 그리고 국정원이 알고 있는 정보를 어떻게 뉴스도 안 나왔는데 이 사람들이 먼저 피켓을 들고 서 있냐는 거예요.
　　지금도 내가 증거자료들 많이 가지고 있는데, 뭐 [유민이 외]삼촌이 썼던 글은 양육비 얘기 없어요. 양육비 얘기도 없고, 그냥 "똥 기저귀한 번 안 갈아준 놈이 말발만 세 가지고" 이렇게 나와, "1년에 한두 번본 게 단데 네가 자격이 있냐?" [하고]. 이게 하태경 의원하고 일대일 폐친[페이스북 친구]이 돼 있어요, 어느 날 갑자기. 페이스북도 안 하던 놈이었는데 갑자기 하태경 의원하고 일대일 폐친이 되고, 얘가 글을 올리고 하태경이 후딱 캡처를 해요. 이게[이걸] 다 뿌려버린 거예요. 근데 뿌리고 나서 바로 그다음 날 아침부터 대거 공개가 되기 시작하는데 양육비 얘기 일절 안 했잖아요. 근데 양육비 얘기가 나오기 시작하는 거예요. 뭐, 별 놈의 게[것이] 다 나와요.

사찰도 22일 날 시작됐고, 동부병원 사찰도 마찬가지였고요, 우리 어머니 사시는 고향도 마찬가지였고. 근데 이게 김영한 민정수석 수첩에서 나왔거든요. 사찰 날짜까지 정확히 맞아요. 내가 기억하는 8월 22일 날 어머니한테 전화가 와서 알고 있는데, 그게 2017년도 봄엔가 나왔죠, 수첩이. 거기에 8월 22일 날짜가 기가 막히게 써 있는 거예요. "김영오 정읍 사찰, 동부병원 사찰" 이렇게 써놨어요. 그래서 하나씩 드러나기 시작했던 거죠. 드러나면 뭐 해요? 드러났으면 날 아프게 만들었던 상처, 가슴에 있는 상처 치유가 돼야 되잖아요. 어느 누구 하나 그거 들고서 유민 아빠 이렇게 모함했네 [하고] 나서가지고 언론사들이 해주는 게 없어요, 아직도. 그게 끝이에요. 나오는 거 진상 규명한다고 그분들한테 그 자료 넘겨받고, 난 그게 다예요. "그걸로 유민 아빠 이렇게 모함했다. 이렇게 해서 나쁜 놈이 돼버렸다. 자식 죽은 억울한 아빠가 나쁜 아빠로 변했던 거다" 어떤 언론사에서 나와가지고 그걸 적극 취재해서 홍보해 준 거 있나요? 기사 한 번 써준 적

유민 아빠 김영오

있어요? 자료 가지고 있는 것만 확인한 것뿐이 없는 거예요. 상처가 치유가 안 돼요. 아직도 그게 나왔는데도 불구하고, 나를 댓글[로] 계속 괴롭히잖아요, 지금도 괴롭히고. 치유가 안 돼요.

면담자　　　　그 뒤로도 일베나 하태경 의원이나 사과 같은 건 안 했죠?

유민 아빠　　　없어요. 전혀 공식적인 사과, 단 한 번도 없어요. 이번에 [만화가] 윤서인이 내 글도 까잖아요. 봤어요? 윤서인이(한숨). 아직도 난 공격의 대상이에요. 제가 왜 세월호 가족들하고 함께 막 같이 안 다니는 줄 아세요? 난 알거든요, 내가 같이 다니면 공격을 더 당할 거라는 걸. 더 당하거든요. [20]14년도에 단식하기 전에 제가 장례분과 팀원이었어요, [장례]분과 [소속] 장례팀에. 그리고 단식을 했는데 댓글이 어마어마하게 달리기 시작한 거예요. 악성 일베들의 댓글이 하루에 5000개 이상 와요, 글 한 번 올리면. 그래서 가족대책위[4·16세월호참사가족대책위]에서 "이제 장례분과장으로 나와달라, 유민 아빠 이름이 알려졌으니까" 했는데, 그 댓글들을 캡처해서 보내줬어요, 가족대책위에. "내가 만약에 이 상태에서 가족대책위 분과를 맡게 된다, 분과장이 된다 그러면 이걸로 공격을 더 할 거다. 나가면 안 된다, 빌미를 주는 거다" 그래서 안 나갔어요. 그 이후로 가족하고 내가 따로 가기 시작하는 거예요. 나는 점점 숨어야 되고, 어지간하면 공식적인 집회 앞에 발언도 안 하고, 매년 그렇게 살았어요. 피해줄 수밖에 없어요, 해결이 안 되니까. 상처가 아물지 않고 계속 공격만 당하니까. 그러다 보니까 이렇게 조용하게 살게 되더라고. 이렇게 조용하게 살고 있는데도 불구하고 까고 있어요, 아직도. 나서서 집행위원장, 유경근이랑 같이 다녀가지고 막 이렇게 [활동을] 한 것도 아니잖아요. 안 하는데도 까요.

면담자　　　간부를 맡으신 것도 아니고….

유민 아빠　　아, 그러니까 내가 얼마나 미치겠어요. 오히려 지금이 더 죽겠다니까요. 나는 어떻게 살라고 나는, 아무것도 안 해도 이렇게 당해야 되고….

면담자　　　다른 가족분들은 같이 모여 있을 수가 있잖아요. 아버님은 그게 안 된다는 것도 많이 힘드실 거 같아요. 어디서 어떻게 위로를 받으셔야 할지….

유민 아빠　　가족들이 시간이 흘러보니까 "유민 아빠는 혼자 한다" 라고 얘기를 하고 있어요, 내 뜻도 모르고. 모르는 가족들은 그래요. "유민 아빠 혼자, 혼자 싸우고 다녀" 이런 사람도 있어요. 촛불집회 같은 경우도 안 나가면 안 되잖아요, 뒤에 서 있고 항시. 가족들은 맨 앞에 앉잖아요. 나는 뒤에 시민들 틈에 앉아 있고 그랬어요. 가족들하고 같이 있으면 또 당연히 공격당할 거 뻔하고…, 같이 안 할 수도 없고 따로 갈 수도 없고. 큰 집회 있을 때는 무조건 나가죠, 함께해야 되니까. 그 외에는 방송하면서 그러고 다니죠.

면담자　　　최근에는 자주 만나거나 같이 있으면 편한 사람들이 있으세요?

유민 아빠　　없어요. 편한 사람들이 어디가 있을까요. 피곤해요, 사람들 만나는 거. 무슨 말을 할지 뻔히 아니까, 나는 했던 말 또 해야 되고 또 해야 되니까 힘들어요. 그냥 마음 터놓고 그런 친구는 없어요. 공인, 저는 공인이라고 안 했는데, 지금도 페이스북에다 "네가 왜 공인이냐?"라고 해요. 제가 이제 카카오톡밖에 몰라서, 몰랐던 사람이어서, 단식을 시작했는데 시민이 "페이스북을 해야지 알릴 수 있습니다" 그래서 페이스북을 만들어줬어요. 만들어줄 때 이분이 공인으로 해놓은 거야. 공인이 뭔지 아무것도 몰라요. 지금도 바꾸려고 하는데 안 바꿔져요, 한 번 해놓으니까. 나는 공인이 아니잖아요. 그런데 내가 글을 한번 써서 되게 얻어맞은 적이 있어요, 방송사에서. 대리기사 폭력 사건 났을 때, "이들이 파놓은 함정일지라도 가족이 술을 먹고 한 건 잘못이다" 내가 이렇게 썼어요. 이 새끼들은 뭐라고 하는 줄 알아요. 함정이라는 것만 딱, 다 지우고 요것만 보여주는 거예요, 함정. "유민 아빠 이렇게 음해하고 모략하고 나가고 있다", 나는 이제 음모론자예요, 걔네들이 말하는 음모론자.

그 글을 쓰면서 내가 "우리 유가족은 공인이 아닌 공인이 되어버렸다. 공인처럼 행동을 해야 된다" 왜? 유가족이 말 한마디 실수하고 욕 한마디만 그걸 캡처해서 계속 유가족 깠어요, 언론사들이. 그리고 찍어도 일부러 그런 것만 찍어요, 따라다니면서. 그러다 보니까 가족들은 안 거예요. "공인 아닌 공인이 돼버렸으니까, 우리 공인처럼 행동해야 된다. 항시 말 하나, 행동 하나 조심해야 된다". 14년도부터 우리는 다 익히 배웠던 거예요. 지금도 공인처럼, 공인 아닌 공인이 되어서 공인처럼 살고 있는 거예요. 조심하려고, 내가 조심하려고 이렇게 사는 거예요. 공인이 아닌데도, "네가 왜 공인이냐?" 그러는데, 페이스북에 올려놨기 때문에 난 몰랐죠. 공인 이거 어떻게 올리는지 내가 어떻게 알아요. 그러면서 페이스북 처음 배우게 되고, SNS 배우게 되고, 트위터도 배우고, 인스타그램도 배워서 하는 것뿐인데 제가 뭘 알겠어요. 막말로 TV 뉴스 한 번 보기도 힘들게 일을 했는데, 하루에 12시간씩, 주야 2교대로. 그런 노동자가 뭘 알겠냐고요.

면담자   사회적으로 공인 아닌 공인이 된 중요한 그 계기가 대리기사 폭행 사건이라고 보세요?

유민 아빠   그게 계기가 많이 됐죠. 너무 내가 말 한마디만 해도, 또 유가족들이 집회 나가서 막 욕을 그때 많이 했잖아요. 그것만 캡처를 해요. 우리 가족들 나쁜 쪽으로 언론[이] 호도해 버리니까…. 가족들도 그래요. 지금도 항시 공인 아닌 공인처럼 살아야 되고, 심지어는 ○○, ○○가 내 단식 이후에 신상 털기 이걸로 공격을 받으니까 집에 기자들이 어마[어마하게] 많이 온 거예요, 애가 겁도 많이 먹었고. 그리고 유민 아빠라는 사람이 이름이 알려져 버리니까, ○○가 어떻게 변했냐면 한번은 그러더라고. 애가 착해졌어요. "아빠 때문에 이제 나쁜 짓도 못 하고, 아빠 때문에 행동을 조심해야 돼", 항시 어디가도 조심조심. 나쁜 짓 하면 안 되고, 욕해도 안 되고, 아이도 바뀌어 버렸던 거예요, ○○까지. 그 말 듣고 '참 마음 놓고 뛰어놀 나인데 언론이 그렇게 무섭구나' [싶더라고요]. 언론이 어떻게 내보낼지 모르니까, 유민 아빠라는 이름 때문에 아이까지도 행동에 장애를 받고, 말 한마디 하고 싶은데도 장애를 받고 그렇게 살고 있어요.

면담자   이왕 그렇게 된 마당에 아예 전면적으로 나서겠다고 생각해 보신 적 없으세요? 이렇게 해도 욕먹고, 저렇게 해도 욕먹을 거 같으면.

유민 아빠 김영오

유민 아빠   그러면은 언론들이 더 달라붙겠죠. 일베들이 달라붙는
거는 문제가 안 되는데 언론이 달라붙어서 날 한 번 비하하고 폄하해
서 방송 내보내 버리면 끝이에요. 주워 담지 않잖아요, 쟤들은. 내가
[취미로] 국궁[을 하는데] 200만 원, 한 달에, "월 200만 원 한다"고 했
죠? 3만 원짜리를. 그걸 채널A에선가 방송으로 나갔어요. 지금 그걸
찾아보니까 그게 없어. 나도 답답해 죽겠어요. 그때 당시 병원에 있는
데 그 뉴스가 나온 걸 봤는데, 지금 그걸 막 찾아봐도 없어요. 얼마나
답답하겠어. 그걸 알아야 고소를 하든가 할 거 아니야. 고소거리가 없
어요.

면담자   보도를 막 쏟아냈다가 또 없애고.

유민 아빠   사과도 없이 방송이 없어진 거예요. 지금 내[가] 계속 인
터넷 가서 찾아봤는데 안 나와요. 누가 가지고 있으면 그거 좀 있으면
좋겠어. 그 사람들은 내 고소해 버리고 싶어. 일베들은 고소, 일베들
고소보다 중요한 게 언론들을 고소해야 돼요. 지금도 언론이 욕해논
것들 찾아보면 많거든요. 이 사람들 때문에 내가 변질되어 버렸기 때
문에 '억울한 아빠'에서 '나쁜 아빠'로 변질돼 버린 거예요. 그래서 저
는 책을 쓸 수밖에 없었던 게, 언론들이 알려주지 않으니까, "나 그런
놈 아니다" [하고] 살아온 생을 책에 담게 되고, 그래서 『못난 아빠』를
최대한 빨리 냈던 거예요, 일베들이 너무 많이, 하루에 공격이 많으니
까. 일베들 공격은 괜찮은데 일반 시민들도 그 말을 믿고 넘어갈까 봐
그게 두려웠던 거예요. 일반 시민들도 심지어는 댓글에다가 "유민 아
빠, 저 일베들이 하는 말이 사실이에요?" 이렇게 물어봐요, 하도 떠들
어대니까. 이걸 믿기 시작하는 거예요.

면담자　　　　의심하기 시작하는 거죠.

유민 아빠　　　그거 때문에 책을 그래서 빨리 썼던 거고 빨리 뿌릴 수밖에 없었어요. 원래 한 달 더 있다가 내려고 했는데 정확하게 사건 경위 전부 다 해주고 싶었는데 급하게 빨리 낸 거예요. 그걸 읽어보고 난 사람들의, 학생들의 반응은 "그냥 슬픈 게 아니라 자기 아버지를 보는 거 같다"고 그래요, 지금 현재 살아 있는, 노동자로 살고 있는 아빠. 그래서 그 믿음을 주기 위해서 책을 쓸 수밖에 없었고…. 그걸 정청래 의원이 그러더라구요. "정 그렇게 억울하고 그러면 책을 써서 알려라" 그래서 소개시켜 줘서 하게 됐고, 책도, 출판사도 소개시켜 줬고. 돈이 어딨어요, 출판사가 다 해준 거예요.

면담자　　　　책을 내시고는 마음이 편해지셨어요?

유민 아빠　　　그나마 책들이. 좀 위로를 받은 게 뭐냐면, 한, 한두 달 전에도 학생한테 문자가 왔어요. 문자가 왔는데 "저 어디어디 학교 누구입니다. 『못난 아빠』 책이 있어서 몇 번을 봤는데 유민 아빠 책인 줄 몰랐어요. 이제 읽어봤는데, 죄송합니다" 하면서, 읽고 나서 또 독후감 식으로 "죄송하다"고 "미안하다"고, "이제 다시 알게 됐습니다" 읽고 나서…. 책을 읽고 난 다음에, 지금까지 뉴스에서 봤던 거…, 그래도 "아버님, 힘내세요". 이렇게 [나쁘게 생각]했던 사람들인데[도] 불구하고 책을 읽고 나서 반응이 또 틀려요[달라요]. "이렇게까지 저희는 몰랐어요, 몰랐어요, 다시 알게 됐어요" 이러면서 더 힘을 실어주는 것도, [그런] 글들 내가 받아볼 때 많이 위안이 되죠, 책을 봐서 그나마 오해가 더 풀리고 나를 더 믿어주고 할 때, 믿어주니까. 지금도 가장 힘든 게 뭐냐면 거짓이 진실이 되는 것….

　유민 아빠가 아니에요. 나는 김영오예요. 아이가 죽고 나서 어느 날 유민 아빠로 살게 된 거예요. 유민 아빠가 아니라, 유민 아빠가 아니라 김영오로서의 진실 그대로 보여주는 것, 이렇게 살고 싶어요. 근데 거짓이 진실이 돼가지고 계속 나를 비방하고 할 때 그때가 제일 힘들어요, '아, 이게 아닌데'. 그렇잖아요, 거짓말[이 진실이 되면], (면담자 : 답답하죠) 이게 아니라고, 이게 진실이라고 하는데도 안 믿, 믿지 않을 때, 그때 막 미치는 거예요. 나를 믿어, 그래서 책을 보고 더 믿어줄 때 위안이 그만큼 많이 되는 거예요, 믿어줄 때. 믿어주지 않을 때 제일 힘들지만은 한 사람 한 사람이 믿어주고, [그렇게 새로] 생기는 사람들 때문에 그나마 더 위로가 되는 거예요.

6
가난했던 유년 시절, 자취

면담자　　　안산 오시기 전 기억나시는 유년 시절부터 여쭤볼게요.

유민 아빠　　아, 유년 시절이요? 유년 시절부터 얘기해 줘요? (면담자 : 네) 저는 전라북도 정읍이 고향이에요. 정읍에서도 한참 타고 [들어가는 덴데] 차가 지금도 하루에 딱 네 대 들어가요. 그런 종점에 살고 있는데, 깡촌이죠. 태어났을 때도 초가집이었고, 정말로 없이 살았어요. 그냥 쌀도 없어 가지고 고구마, 옥수수, 감자로 끼니를 때우고 살았어요, 우리 가족 모두가. 그렇게 가난한 집에 살고, 신발도 고무신. 내 나이에 고무신 신고 다녔다는 거 안 믿어요, 내 나이에. 우리 동창들 만나면 좋은 게, 옛날 추억 얘기하면 "맞아, 그때 고무신 신고. 네 거 [가방] 빵꾸[구멍] 났지?" 책가방 이렇게 둘렀는데 빵꾸 나면, 연필 하나 흘리면 주우러 그 다시 40리 길을 걸어가요. 연필 찾으러, 몽당연필 같은 거 찾으러[고], 안 사주니까 돈이 없어서.

그렇게 가난한 시절을 살다가 국민학교 5학년 때 어머니가 "말은 새끼를 낳으면 제주도로 보내고 사람은 서울로 보내야 된다" 해서 연고가, 천안에 이모가 살고 계셨었어요. 그러다 이모 가까운 데 방을 얻어서 누나하고 나하고 형들하고 자취를 해요, 전학을 와서. 그러면서 자취생활이 시작이 됐던 거예요, 국민학교 5학년 때부터. 누나가 10만 원 벌어가지고 우리를 가르쳤어요, 그때 당시에 10만 원 벌어가지고. 시골집에서 가난하니까 대주는 거라고는 쌀뿐이 없었어요. 누나 [일]하는 것도, 생활하는 것도 미안하고. 제가 신문을 돌려요, 새벽 4시에 일어나서. 신문을 돌려서 만 5000원 그때 받았으니까, 누나 고스란히 주고, 조금이라도 도와주고 같이 유년 시절 보냈죠. 고등학교, 중학교 입학해서는 이제 만 5000원도 부족하더라구요. 형제들도 많고 누나도 그러면서 대학을 방송통신대 다녔으니까. 1시부터, 새벽 1시부터 아침 6시까지 신문 옛날에 배달로 가는 게 있었어요, 노란 종이에 끼워가지고 말려[아]가지고. 그걸 했어요. 그게 돈이 좀 됐거든. 6만 원 받았거든, 그걸 몇 달 해서 누나 도와주고.

그리 살면서 고등학교를 입학을 했어요. 입학을 했는데, 내가 가고 싶었던 학교가 예술고등학교였어요. 그림, 만들기, 그다음에 그리는 거, 만드는 거 이런 걸 좋아해서. 애기 때, 학교 들어가지도 않았데, 내 이름도 쓸 줄 몰랐는데 형한테 볼펜, 연필이었죠, 그때. 연필하고 노트 한 권[을] 뺏어요. 뺏어가지고 그대로 그려. 만화책 옮겨서 그대로 그리고, 글씨도 옮겨서 그대로 그렸어요. 동네에서 놀래요. 작은아버지 놀래고, 내가 만들어논 거 작은아버지 다 가져가고, 이쁘다고. 중학교 때도 조각을 해놓으면 "너 '수' 줄 테니까 이거 나 주라" 그래, 선생님이. 그래 가지고 뺏기고, 가지고 있는 게 없을 정도로. 예술고등학교 가고 싶어 했는데 집안이 그러니 어떻게 갈 수가 있어요. 안양예술고등학교 알아보고, 알아보고 하다가 인문계가 끝나버린 거에요. (면담자 : 그때까진 천안에 계속 살고 계셨던 거였어요?) 예, 천안에서. 끝나버리고 남아 있는 학교가 공고, 농고, 상고만 남았어. 기간이, 등록하는 기간이, 놓쳐버려서.

그중에 공고가 제일 셌어요. 공고에다가 원서를 내서 공고를 들어갔어요. 들어갔는데 내가 하고 싶었던 거는 만들고 그리고 하는 건데 기계를 만지니까 적성도 안 맞고 사람이 변하기 시작하더라구요, 공부에 취미도 없어져 버리고. 그러다가 이제 그룹사운드를 학생들하고 결성을 했어요. 보컬, 그때 드럼을 쳤죠. 드럼을 치다 보니까 학원비가 들어가잖아요. 학원비가 들어가니까 어떡해요. 다시 신문을 돌려야 되잖아요. 학교 때니까 방학 때 알바해서 학원비 그때 4만 5000원이었어요, 3개월에. 한 달만 일하면 내가 벌 수 있으니까, 미리 수업료를 써버린 거야. 누나가 준 수업료를 먼저 쓰고 방학 때 여름방학 때 알바해서 갚아놓으려고 이모한테 일자리까지 다 알아놨어. 그렇게 해서 이제 음악을 했어요.

하다가 어느 날 내가 일기를 매일 쓰고 잤던 사람인데, 일기를 쓰다가 잠들어 버린 거예요. "수업료 쓰고 어쩌고 알바를 해서 갚아야 되겠다" 이걸 고스란히 일기를 쓰다가 잠들어 버렸는데 형한테 걸렸어, 이거를. "너 수업료 썼어?" 그래서 "형 내가 알바해서 갚아놓을 거야", "이 돈 아침까지 만들어놓지 못하면은 들어오지 마. 얼굴 볼 생각 하지 마". 그날로 가출을 한 거예요. 지금까지 살아요, 가출해서. 고집이 46일 단식을 할 정도면 한 번 가출했으면 안 들어가겠죠? 안 들어가요. (면담자 : 지금 살고 계신 누나는? 그 큰, 제일 큰누나?) 같이, 같이 나하고 살았던 누나, 천안에서. (면담자 : 나이 차이가 꽤 나시는 거네요? 초등학교 5학년 때) 2살, 2살 터울이에요, 거의 다. 우리가 7남매. 7남매에서 누나 한 분 돌아가시고 6남매 남았어요. 5남 1녀, 그중에 [제가] 막내. (면담자 : 다 2살 터울이신 거예요?) 형만 3살 터울이고 나머진 다 2살 터울. 근데 그래서 가출해 가지고 학벌이 없잖아요. (면담자 : 학교 졸업도 못 하시고) 못 하고. 1년 지나서 학교를 가봤더니 "너무 오래돼서 안 되겠다", 복학이 안 된대요. 학교에서도 안 된다고 하니까 어떡해. 포기하고 그냥 사회인으로 돌아왔죠. 학교 찾아가 봤는데 너무 늦었대요.

7
가출

면담자   1년 동안 어떻게 사셨어요?

유민 아빠   1년 동안요? (면담자 : 가출하시고) 아이고, 힘들게 살았죠. 두드려 맞기도 하고, 애기니까 취직도 못 하고.

면담자　　　천안을 떠나서서 어디서 생활하셨어요? 고등학교는 얼마 동안 다니시고?

유민 아빠　　　고등학교 11월 달에 가출을 했으니까 1년 정도 다니다가. (면담자 : 밴드도 못 하시고?) 아무것도 못 했죠. 아무것도 못 하고 어린 나이에 17살 나이에 무턱대고 가출을 했으니 어[디]서 자겠어요? 누나한테 미안해서…. 누나가 월급 타면, 옛날에 통장이 없었으니까, 옛날에는 이불 속에다 만 원짜리하고, 1000원짜리 몇 장 해놔요. 누나 사는 게 너무 힘들고 안쓰러워서 1000원짜리 한 장만 싹 빼와요 거기서, 차비 하려고. 지금도 그런 얘기 하면 누나도 "야, 그거 다 가져가지 1000원짜리 한 장만". 나는 누나 힘들게 사니까, 고생하니까 1000원짜리 한 장 싹 빼와서 표를 구하는데, 서울까지 끊으려고 했는데 돈이 모자란 거예요. 수원까지밖에 못 끊어, 이게. 수원에서 내려서 나는 이제 직장 이런 데, 공업사 같은 데 들어가서 "사람 쓰나요?" 해가지고 하면 써줄지 알았어요, 어린 나이에 모르니까, 사회에 대해서. 일하고 싶다고 하면 써주는지 알고 가출했던 건데, 가면은 처다보고 애긴 걸 뻔히 아니까 써주겠어요? 안 써주죠.

그러다 보니까 먹고 잘 데도 없고, 길거리에서 계속 공원 침대 해[삼아]가지고 벤치에서 잠을 자야 되고, 뉴코아백화점 옥상에서 며칠 동안 또 잠을 자고…. (면담자 : 11월이면 날이 점점 추워지는데) 추울 때는 계단에서 자고 그러면서 직장 알아보고 다니고, 그러다가 중국집에 가게 돼요. 왜냐하면 중국집은 배달이, 주방 안에서 그릇을 닦는다든지 배달은 애들도 막 쓰거든. 알고도 써요. 한번은 중국집 사장이

화교 사람이었어요. 거의 강제로 잡혀 있었죠, 애기니까. 계속 월급을, "너 통장 만들어줄게" [하고는] 안 주면서 일을 시키는 거예요, 얼마씩 줄 거니까 해가지고. 내가 잘못 들어왔다는 건 3개월 정도 [지나서] 알고, (면담자 : 숙식은 거기서 하는데) 나갈려 그러면 앞에서 막고 있고, (면담자 : 못 나가게 하고?) 이런 생활도 했죠. 어느 날은 몰래 뒤로 그 후앙[환풍기] 창문 뚫고 뒤로 뛰어내려서 도망 오고, 이런 생활도 하고….

그러다가 나이를 하나씩 하나씩 먹게 되는데, 유년 시절은 너무 힘들었어요. 그러면서 이제 민증[주민등록증]이 나오고 성인이 되니까 취직할 수 있는 나이가 됐는데, 아무 데나 취직을 못 했어요. 내가 가고 싶은 회사가 만약에 저 큰 회사잖아요. 평생직장을 잡고 싶었단 말이에요, 큰 회사에 가서. 근데 갈 수가 없는 게 그때는 고졸 이상, 고졸 이상이었어요. 지금은 직장 구하려면, [학력 제한이] 없어요, 그런게. 그때는 고졸 이상이었어요, 어디 가든지. 더 유명한 회사는 대졸. 학력을 굉장히 따졌다고. 그래서 가고 싶은데 갈 수가 없으니까 이런 기계, 기름 넣는 공업사밖에 갈 수 없어요. 좀 하다 보면 부도나고, 비정규직으로 하청 업체 통해서 들어갈 수밖에 없었고…. 이런 생활만 하고 살았어요, 그러면서 빚도 지고.

면담자   아무리 그렇다고 해도 당장 먹고살 돈은 있어야 되는데 빚이 안 생길 수가 없었겠네요.

유민 아빠   옷 장사를 하게 돼서 빚을 진 거예요. 숙녀복 하시는 사장님한테 옷을 배우고, 도매에서 떼어오는 것도 배우면서, 종업원 생활 할 때부터 돈을 모으면서 내 돈하고 아버지한테 돈 좀 한 2000만 원 갖다가 해요, 사업을. 숙녀복 장사 잘하다가 결국은 망하죠, 부도를 맞고. 그 한 2000만 원 빚이 지니까 유민이 죽을 때까지 그게 이어 온 거예요, 갚질 못하고. 비정규직 생활로 갚을 수가 없어요. 그리고 "양육비 줬냐? 안 줬냐?" 따지는데 양육비도 내가 줘요. 주는데 비정규직 생활 하다 보면 한 3개월 터울 날 때가 있어요. 그때는 못 부쳐. 그래서, 안 부친 게, "네가 줬다, 안 줬다" 소리가 그래서 나온 거예요, 왜 그렇게 됐는지도 모르고.

또 비정규직 아웃소싱을 가게 되면 제일 힘든 일, 남들이 안 하는 일, 외국인들이 하는 일들을 우리를 시켜요. 한번은 자동차 그 라지에 [이]터를 만드는데, 라지에터를 손으로 굉장히 꽝꽝 세 번, 네 번 쳐가지고 밀어 넣어 쳐가지고 쳐서 맞추는 작업이 있는데 그걸 (면담자 : 아귀를 이렇게 맞추는 거예요?) 예, 되게 세게 쳐내야 해요. 그걸 3일째 하는데 인대가 나가버려요. 1년 동안 일을 못 했어요. 아파 가지고 어디 취직할 수가 없잖아요. (면담자 : 손을 못 쓰면 아무것도 할 수가 없는데) 손이 일인데, 이렇게 살다 보면 빚을 낼 수밖에 없잖아요. 형한테 돈 좀 꾸고, 또 이제 보험 넣었던 거에서 최대한 대출 끌어내고, 이렇게도 살고…. 4000, 5000, 6000까지 늘어나고 빚이….

그렇게 살다가 이제 유민이 죽기 전에 '명신'이라는 회사를 입사하게 돼요. 명신이라는 회사를 입사를 했는데, 10개월째 됐는데 정규직을 시켜준대요, 원래는 안 되는데. 거기가 내가 마흔셋, 민증상으로 마흔세 살, 네 살인가 입사했지. 그러면서 저는 정규직이 꿈이었고, 특히 노조사무실 있는 데를 가고 싶었어요. 우리는 가만히 있어도 그 사람들이 월급을 싸워서 올려주잖아요. '그걸 믿고, 그러면 저 회사는 분명히 월급은 잘 나올 거다'라는 인식이 있었기 때문에 노조 가입돼 있는, 그때는 학벌 같은 거 잘 안 볼 때였으니까, 참사 바로 전이었으니까. 명신을 아웃소싱을 통해서 들어갔어요. 들어가서 물어보니까 "형님은 나이가 너무 많아서 안 돼요. 40 밑에[라야 해요]". 근데 44, 5인데 누가 쓰겠어요. 46살이었나 보구나, 그때가. "안 된다"고, "안 된다"고 했는데 저는 진짜 열심히 했거든요, 돈을 벌어야 빚을 갚고 [하니까].

내 꿈이 너무 단순해져 버렸어요. 빚을 갚는 게 첫 번째 목표였고, 그리고 전세방을 만들고 싶었어요. (면담자 : 계속 월세만?) 방 한 칸짜리 월세만 평생을 살았으니까요. 방 두 칸 있는 데 만들어서 유민이 ○○ 놀러 오게 만들고 싶어서, 며칠이고 살다 가게 하고 싶어서. 유민이 살았을 때 왜 팔베개를 많이 해줬냐면, 방 한 칸짜리 이불 하나 덮고 자니까. 유민이 이쪽에 팔 베고, ○○ 이쪽에 팔 베고 그렇게 잘 수밖에 없었어요, 항시 놀러 오면. 애들도 크고 하니까, 고등학교도 되고 하니까 불편할까 봐 방 하나, 내가 두 칸짜리 있으면 애들도 놀러도 잘 올 건데…. 꿈이 방, 전세방 옮기는 거였는데, 결국은 인제 뭐 그걸 위해서 열심히 일하다 보니까 인정을 받은 거예요. 조장, 반장들이 추천서를 내는 거예요, 정규직 직원 시켜달라고, 10월 만에. 그래서 명신에서 정규직이 돼요, 2013년도 7월 31일 날. 그리고 정규직이 되면 거기 노조에 자동 가입이 돼요. "형님, 이번 주 토요일 날 집회 있는데 같이 가실래요?" 하면 "나, 특근해야 돼, 특근해야 돼" [하고] 단 한 번 가보지 못한 이유가 돈을 벌어야 했기 때문에. 토요일, 일요일 날 특근이 잡히면 저는 무조건 손 들었어요. (면담자 : 그건 제대로 수당까지?) 다 나오고. 그리고 정규직이, 정규직 되니까 얼마나 좋았냐면

유민 아빠 김영오

하청 업체 통해서 월급을 받으면요 프로테이지 또 떼어요, 월급에서. 그니까 내가 밤새도록 일하고, 특근하고 또 철야까지 하고 이렇게 해도 180을 못 넘어요. 정규직 되니까 이것저것 다 떼어도 보통 보너스까지 따져보니까 430만 원 이렇게 들어오는 거야, 한 달에.

유민이한테 바로 전화했죠, "정규직 됐다. 너 대학 무조건 가". 대학 가기 싫어서 유민이하고 몇 번을 말다툼을, 말다툼이 아니라 "아빠 어떻게 해서든 몸 팔아서라도 너 대학 보낼 거니까 무조건 가" [하면] 유민이[는] "안 가", "왜 안 가?" "엄마, 아빠 돈 없는 거 뻔히 아는데 고등학교 졸업하자마자 자긴 취직할 거"라고. 그렇게 막 "그래도 가" 그랬죠. "아빠가 너 대학은 꼭 보낼 거야. 무조건 가" [해도] "안 간다"고, 기어코 "안 간다"고 했어요. 정규직이 되고 월급을 그렇게 많이 받으니까 얼마나 내가 유민이한테 자랑을 했겠어요. "유민아, 너 이제 대학 갈 수 있어", 처음에 정규직 되고 통화한 게 유민이에요. "너 대학 갈 수 있다", "왜?", 우리 회사는 "아빠가 정규직 돼서 월급도 많아졌고". 대학 입학금, 등록금 회사에서 다 대주거든요. "대학 무조건 가야 돼", "진짜?" 그러면서 좋아했거든요.

그러고 여름휴가도 이혼한 지 그때 10년 됐잖아요, 내가. 이혼한 지 10년이 됐는데 휴가도 많이 못 갔어요, 돈이 없으니까. 네 번을 갔어요. 그래도 돈, 최대한 빚을 내고 카드 현금서비스 받아가지고 유민이 엄마, 유민이, ○○ 데리고 그래도 갔어요, 추억이라도 남기게 하려고. 그 휴가 한 번, 제대로 휴가다운 휴가를 못 가보고 1박 2일만 갔다 왔기 때문에, 내가 정규직 되고 5월 3, 4, 5일 날, 어린이날 껴서 연휴였어요, 3일 동안. 그래서 유민이한테 "유민아 5월 4일 날 아빠가 펜션 예약할 거니까 아빠랑 같이 놀러 가자. 휴가 가자", "○○한테 물어보고" "○○도 좋대", "오케이" 했어요. 펜션을 예약하고 5월 4일만 되길 기다렸는데 4월 16일 날 사고가 나버린 거예요. 휴가도 못 가고 거기까지가 4월 16일[까지]의 삶, 간략하게 얘기한 거예요.

8
사이비 종교 집단, 중국집

면담자　　수원에서 생활하시다가 그다음 경로는 어디로 가시게 되셨는지?

유민 아빠　　수원에서 생활하다가요? (면담자 : 네. 중국집은 수원에 있었던) 이거는 진짜 공개하기 창피해서 못 하겠는디. 수원에서 3일을 밥을 굶고, 직장 구하지도 못하고 공원에 쓰러져 있으니까, 누가 "너 밥은 먹었냐?" 그러더라고. "아니요, 아무것도 못 먹었어요", "나하고 같이 가자. 밥 먹여주고 재워줄게" 그러더라고. 교회래요, 교회. (면담자 : 당연히 따라가죠, 그때는) 그랬더니 밥도 주고, 잠도 재워주고 다 했어요. 부러울 게 없이 배불리게 먹여주더라구, 하루 세 끼를. 한 일주일 지나니까는 새벽 6시면 무조건 일어나야 된대. "네, 알겠어요" 6시에 일어나서 예배드리고. 이게 알고 보니까 사이비종교였어요. 책 쓰면 참 재밌을 거야. 사이비종교였는데 어떤 사이비 단체였냐면요, 그때. 나의 부모는, 지금 신××가 하는 거 있죠. 부모가 아니에요. 나의 진짜 엄마, 아빠는 하나님이에요, 몸을 빌렸을 뿐이에요. 이렇게 가르

쳐요. 그리고 거기 유지를 해야 할 거 아니에요. 성도들 먹고 자고 하면서 교회 유지를 해요. 돈이 있어야 될 거 아니에요. 그걸 뭘로 하냐. 네 개짜리 그 찹쌀떡이 있어요. 찹쌀떡, 이걸 2000원씩 무조건 팔아와야 돼. 이걸 보내기 전에는 뭘 가르치느냐. 이 믿음을 믿고 [있다가] 나가게 되면 평생 죄악만 따를 것이고, 몸이 아플 것이고 이걸 (면담자 : 계속 세뇌를 시키고) 한 3개월 정도 강요를 시켜요. 세뇌가 딱 되죠. 빵을 팔러 가요. 나는 빵을 제일 잘 판 사람이에요, 그중에, 성도들 중에.

면담자   나이대는 어때요?

유민 아빠   내가 제일 [어린] 가출생이었고 나머지는 다 성인들이었어요, 다 어른들.

면담자   심지어 성인들, 규모는 어느 정도?

유민 아빠   이만[4·16기억저장소 사무실]해요. 이만한 데서 산 거예요 모여가지고, 방 따로 있고. 태극기를 믿어요, 태극기, 우리나라. '태극기천국복음전도회'라고 그때 있었어요. 지금은 추억거리로 얘기하지만 나도 거기에 빠져들게 됐죠. 빠져들게 돼서 시킨 대로 할 수밖에 없어요. 빵을 이런 [큰] 가방으로, 애기가 17살짜리가 이런 가방을 메고 가요. 전국을 다녀요. 돈도 없이 전국을 어떻게 가냐면 버스를 무조건 올라 타. "저 빵 파는, 빵팔이 소년입니다" 하고 무료로 타. 어디까지 가서 내려. 그래 가지고 그렇게 무료로 다니면서 전국을…, 부산도 가고 다 가봤어요.

면담자   한 보따리를 가져와서 며칠 동안 그걸?

유민 아빠   하루에 (면담자 : 하루에요?) 어떻게 팔았냐면 [사이비 단체에서] 거짓말을 가르쳐줘. (면담자 : 그렇겠네요. 사게 만들어야 되잖아요) 어머니는 누워 계시고 동생은 뭐 하고 [하면] "야 인마, 그런 놈 한두 명인 줄 [알아?], 아까도 왔다 갔다" 그래. 그때 당시에는 껌팔이, 빵팔이가 엄청 많았어요. 가면은 "얘 또 왔네" 이 정도로 많았으니까요. 저는 그 얘기를 해요, "야, 야, 아까 간 애도 그 소리 하더라" [하면] 내가 무릎을 딱 꿇어, "저도 이 현실이 거짓이었으면 좋겠습니다" 하면서 무릎 꿇고 하면 "에이, 가져가라"고 팔아주고. 그리고 [내가] 너무 그때 당시에 앳되면서 예쁘장하게 생겼거든. (면담자 : 체구도 그렇게 크지가 않으신?) 얼굴이 거짓 없게 생겼어요. (면담자 : 웃음) 남들이 그래. "안됐다" 하면서 팔아주다, 팔아주다 하니까 내가 제일 많이 팔았어요.

면담자   매일 아침에 나갈 때 양을 정해주고?

유민 아빠   50개씩 팔아, 50개씩. 근데 1개 팔기 위해서 몇 수십 집을 들러야 하나 팔죠. 그렇게 해서 들어오면 또 예배를 드리고 다음 날 또 이게 이제 되풀이되는 거예요. 가만히 보니까 '이게 뭐 하는 거야' 내가 가출할 때 "정말로 훌륭한 사람이 되어서 돌아오겠습니다"라고 썼거든요. (면담자 : 아, 편지를 쓰고 나오셨어요?) 예, "정말 미안하다"고. "훌륭한 사람이 되어서 돌아오겠습니다" 하고 혈서를 써놓고 왔는데, '내가 뭐 하는 거지? 지금' (면담자 : 언제 그런 생각하시게 되셨어요?) 한 3개월째 되니까 그 생각이 들더라구요, '빵 팔러 다니고 이거는, 이거는 아닌 거 같다'.

면담자	그때 파는 거에 대한 수입은?

유민 아빠   없어요. 다 거기서 유지비, 운영비로 쓰는 거예요, 교회 운영비, 우리가 먹고 자고 하니까 그걸로. 이게 잘못된 길이라는 걸 하나씩 하나씩 깨닫게 되고 결국은 거길 나와요. 돈이 단 한 푼도 없었잖아요. (면담자 : 감시하거나 그랬을 텐데) 감시는 [아니고] 믿음으로 심어줘요, 못 가게 믿음으로. "지금 우리 하나님을 믿다가 배신하고 나가게 되면 평생 저주가 따라다니고 되는 일도 없고, 뭘 해도 망할 것이고, 몸도 매일 아플 것이고" 이걸 주입을 시켜요. 그리고 거기만, 거기 있는 사람들만 감람나무의 산이라고 해서 "천국이 열리면 우리만 갈 거"라는 얘기를 해요. "천국에 가는 사람들 우리뿐이 없다" [하면서] 일반 교회들 다 서로 비방하고 욕을 해요, "저것들은 이단이다" 하고. 그런 생활도 해봤다는 거죠. 결국은 나와야 되는데 '빵 50개를 싸들고, 이걸 팔아서 이걸로 여비를 만들자, 서울 올라가는 거', 그리고 "갔다 오겠습니다" 하고 팔아요. 천천히 팔면서 서울로 올라가요. (면담자 : 수원에서부터 올라가요?) 팔아서 올라가고, 팔아서 올라가고 그걸로 생활하면서, 결국 송탄에 가서 들어갔던 게 송탄 그 중국집. 도망가서 '아, 짜장면 집은 아무나 쓰는구나' 이걸 그때 깨달은 거예요. 그래서 중국집 배달을 시작하죠.

면담자	오토바이는 처음부터 좀 타셨어요?

유민 아빠	처음? 못 탔죠. 그때는 오토바이 없었어요.

면담자	자전거로 다니셨어요?

유민 아빠   자전거에다 양이 많을 때는 뒤에다 하나 묶고, 하나를

들고 한 손으로 운전하고 가요. 자전거로 했어요.

면담자   송탄이었으면 거기 미군 부대 근처였어요?

유민 아빠   네, 미군 부대 그쪽이었으니까요. (면담자 : 장사 잘됐겠네요?) 정신없었죠. 눈뜨면 무조건 설거지하고 주방에만 있어, 배달이 아니라. 배달을 그때 나오면서 중국집 아무나 쓴다는 걸 알았어요. 중국집에서 처음 들어갔던 게 배달, 배달을 압구정동으로 갔어요, 압구정동. 거기서 도망 나와서 압구정동 '화궁'이라는 데를 들어갔는데 배달 쓰더라구. 그때부터 배달했던 거 같애.

면담자   처음에는 배달로도 나가지 못하고 주방에서만 하다가 '중국집을 가면 되겠구나' 생각을 하시면서.

유민 아빠   가출, 내 또래들이 많은 걸 알았거든요. 그때 만나고, 친구도 만나고.

면담자   중국집에 일하는 친구들은 많이 있었어요, 그때도?

유민 아빠   배달도 그렇고 그릇 닦는 애 다 있어요. 애들이 우리 또래야, 또 고아원 출신들이 많았고. 거기가 자립하기 제일 좋은 데였었죠.

면담자   그렇겠네요. 중국집도 단계가 있었던 거네요. 제일 힘든 거는 청소부터?

유민 아빠   그릇 닦는 거, 안에서 그릇 닦는 거 있고. 그러면서 사회 적응하게 되고.

면담자   압구정으로는 어떻게?

유민 아빠   계속 "중국집 사원 모집, 사원 모집" 써 있는 걸 찾다 보니까 그 집을 찾은 거죠. 돌아다니다가, 빵 팔러 다니면서 그 집을, "사원 모집" 보고서 그 집에 들어간 거예요. "혹시 사원 모집 하나요?", 배달원 모집한대. 그때 빵 몇 개 안 남고 짊어지고 찾아간 거예요, 그 집에, "빵 파는 사람이었는데 배달하고 싶다"고 해가지고. 빵 그 사람들 다 나눠주고 일을 시작했어요(웃음).

면담자   (웃으며) 그 일도 좀 적응되시고 괜찮아지셨어요?

유민 아빠   친구가 하나씩 하나씩 생기기 시작하니까. (면담자 : 아, 또래 친구들이 생겨서) 뭘 듣냐면 정보를, 어디 중국집 가면 월급이 얼마, 어디 중국집은 뭐. (면담자 : 네트워크가 되는 거네요) 이게 형성이 되는 거예요, 얘네들은 다 다녀보고 서로 연락하고 있으니까. "어디 가면 월급이 보너스까지 있다" 이런 얘기까지 해가면서 "야, 거기 우리 그리 가자" [하고] 옮기기도 하고. 서로 친구들이 만나게 돼요. 그때 18살 때 사귄 친구도 있었고…. 근데 세월호 사고 나서 연락이 안 돼요. (면담자 : 그 친구분들이요?) 세월호 사고 나서 내 국민학교 동창도 잘 안 만나요. (면담자 : 왜 그러실까요?) 같은 전라도이고, 박근혜를 이런 탄핵까지 시키기 전에는 박근혜한테 내가 욕을 했잖아요. "야, 아무리 그래도 그렇지 대통령한테 욕을 하냐?" 이렇게 얘길 해요. 친구들이 세월호에 대해서 정확히 알지를 못하니까, '싸워서 이겨라. 진상 꼭 밝혀야 된다' 이 마디였으면 지금도 만날 거예요. "왜 박근혜한테 그러냐?" 이 얘기를 친구가 해요. 그 이후로 친구들 안 만나요, 싫어지더라고.

그러다가 촛불집회 때 친구 하나가 찾아왔어요. (면담자 : 고향에서 온 친구분이?) 공무원인데 고향 친구들이에요, 동창들. 얘는 관심이 많았고 깨어 있더라고. "너 맨날 지지하고 응원하고 있다"[면서] 촛불 들러 왔대요. "공무원이기 때문에 앞에 나설 수가 없다", 직원들 몇 명 와가지고 같이 촛불 때 와서 그때 탄핵시키려고 그때 한 번 찾아온 친구가 있었고. 그 이후에는 친구들 만나려고, '시간이 여유가 생기면 가서 친구들도 만나봐야지' [하기 시작했어요]. 그 전에는 나는 박근혜하고 싸우고 있는데 언론이 말하는 거처럼 얘들이 말하니까 정말 싫어지더라고. 근데 이제 하나씩 하나씩 진실이 드러나기 시작했잖아요. 뭐 사찰부터 해서 여러 가지가 자료가 나오고 이러니까 얘들이 '그게 아니었구나' 안 거예요, 그게 드러나니까. (면담자 : 근데 마음은 여전히 안 풀리시죠?) 안 풀리죠, 시민보다도 못한 사람들이지.

면담자　　　계속 마음에 남으실 거 같아요.

유민 아빠　　그게 더 아팠어요, 그게 더 아프고….

9
가출 후 가족 생각, 군대, 옷 장사

면담자　　　또 다른 일은 어떤 걸 하시게 되셨어요? 군대 가실 때가 되셨을 텐데.

유민 아빠　　그래서 군대 가야 되는데 민증이 있어야 내가 취직을 할 수 있다는 걸 알게 돼요. 민증을 만들려고 집에 연락을 해요. (면담

자 : 주소지에 등록해야 되니까) 아버지한테 연락하고 민증 때문에 연락하고 찾아가게 되죠. (면담자 : 나온 이후로 처음 가신 거예요?) 나왔다가 한 번 간 적 있어요. 언제 갔냐면 내가 가출하고 '화궁' 압구정동 배달하는데 집안이 어떻게 돌아가는지 굉장히 궁금하더라고. 엄마는 건강하신지, 아버지는 건강하신지 보고도 싶고. 천안 이모 집에 살짝 들러요, 가출 안 한 거처럼. 집에 찾아간 거처럼 보이면서 "너 어떻게 살았냐?", "엄마한테 지금 인사하고 온 거야" 그리고 안부 좀 묻고 대충 어떤지 집안 좀 어떤지 보려고 했더니, 누나가 결혼했고, 그런 얘기 하더라고. 나 없이 결혼한 거예요. 그러면서 이모가 하도 사정사정해, "너 연락처 좀 주고 가라, 주고 가라", "이모 나 연락처는 없고" 그때 삐삐가 있었잖아, 옆에 차고 다니는 삐삐. 친구 삐삐[번호]를 줬어, 중국집에서 사귄 친구. "혹시라도 집에 무슨 일이 있으면 이리 연락해, 이모" 그거 하나만 넘겨놓고 갔는데 이게 화근이 된 거야.

셋째 형이 그때 군대를 갔었거든요. 군대를 갔는데 휴가를 나와서 "무조건 영오 찾아야 된다"고, 찾아야 된다고, 중국집에 있을 거라는 예상을 형도 했대요. 그래서 전국 안 가본, 용산부터 해서 영등포, 서울, 중국집이란 중국집은 다 뒤지고 다녔대요, 휴가 나올 때마다. 이모한테 그 연락을 받았으니 (면담자 : 그러니까 당장 찾으러 오겠네요) 친구한테 "너 우리 식구한테 [연락]오면 절대 얘기하지 마. 나 여깄다는 걸", "알어, 인마" 하고 했는데, 형이 얘한테 설득을 했는데 얘가 당한 거야. 갑자기 배달하고 오는데 형이 딱 앞에 나타난 거야. 그래서 형을 만나요. 만났는데 그때는 벌써 세월이 흘러서 내가 성인이 돼 있더라구요. 형하고 같이 함박스테이크, 옛날에 돈가스 같은 거 경양식집에 형을 데리고 갔어, 휴가 나왔는데. "형, 어차피 이렇게 된 거 진짜 훌륭한 사람이 돼서 갈 거니까 나 걱정하지 말고 대신 내가 가끔 형하고 연락은 하겠다" 해서 설득을 시켜요, 형을. 그래서 형을 돌려보내.

가다가, 지금 얘기지만, 형하고 추억 얘기하는데, 그때 돌아오면서 한참 몇백 킬로 걸어가다 주저앉아 땅을 치고 울었대요. (면담자 : 형이요? 그땐 모르셨겠네요?) 몰랐죠. 땅을 치고 울었대요. 왜 그랬냐면 그게 마지막이 될 거란 걸 또 알았거든요, 돌아서고 나서. 난 형 달래 놓고, 보내놓고 난 또 도망을 갔으니까. (면담자 : 아예 화궁에서 나오신 거예요?) 그래서 다른 데로 갈려고 형을 설득시켜서 보낸 거예요. (면담자 : 근데 형이 그때도 이미 알고 계셨던?) 몰랐던 거죠. 한참 가다가 보니까 주저앉아 가지고 땅을 치고 울었던 게, '무조건 데리고 왔어야 되는데…'. 그리고 1, 2년 소식이 끊기는 거예요. 민중 때문에 어쩔 수 없이 아버지한테 연락하고 민중 만들러 가고 그러다 보니까 한 3년 지나서 집에 왔다 갔다 연락하고 그렇게 지내는 거예요, 민중부터.

면담자　　그 뒤로 영장은 언제?

유민 아빠　　그리고 민중 만들고 또 이제 한참 돌아다녔죠. 민중만 만들고 바로 또 중국집 전전하면서 다니다가, 군대가 갈 때가 되더라고 보니까. 군대도 학벌이 없고 그러니까 방위라는 데로 빠지게 돼요. 집에서 어머니, 아버지 계신 데서 같이 출퇴근하는 거, 18개월 동안 방위를 했죠, 나이가 있으니까. 내가 가니까 나이가 그때가 24살인가 됐었어요, 실제 나이. 지금 70년은 가짜 나이고 68년생, 원숭이띠. (면담자 : 2살 차이 나세요? 왜 신고를 부모님이 늦게 하셨어요?) 우리 식구 다 그래요. 옛날에 시골은 다 그랬어요. 홍역으로 2년, 2살까지는 많이 죽어요. 죽기 때문에 2살까지 살면 신고해 주고 그랬거든요. 군대를 나이 때문에도 22살 꽉 차서 갔으니 현역은 갈 수가 없고, 빼요. 빠져서 가는데, 들어가니까 다 후배들이야 동생들, 고향에서 받았으니까. "형님, 형님" 부르는 거야, 다들. 그렇게 해서 1년 8개월 하고 나서 옷 장사를 배우러 시작을 하는 거죠. 사돈이 옷을, 숙녀복 크게 했거든요, 사업을. (면담자 : 어떤 사돈이?) 셋째 형네 사돈. 형수 작은아버지가 옷을 배우면서 정상적인, 집에 연락하고 정상적으로 그때부터 군대 제대하고 생활을 하기 시작했던 거예요, 비정규직으로.

면담자　　그 전에는 중국집 생활을 계속하시고요.

유민 아빠　　엄청 많이 했죠. 거의 중국집에서 머물렀죠.

면담자　　그럼 지역도 여기저기 '화궁' 나오셔서도 또 다른 데 서울 말고 다른 데?

유민 아빠　　천호동부터 해서 뭐 서울 일대는 다. 배달, 그릇, 안에 들어가서 그릇 하는 거, 그릇 닦는 거, 면 뽑는 거 다 하려면.

면담자　　그때 '이걸 아예 배워가지고 해보자' 생각은 안 하셨어요?

유민 아빠　　아휴, 별로. 돈 벌려고 했던 거지, 중국집 사업하려면 돈이 어느 정도 있어야 된다는 걸 알기 때문에 꿈을 못 꿨어요, 너무 많이 들어가니까 돈이. 빨리할 수 있는 게 옷 장사여서 그 사돈이 하던 거는 '다다구리'라는 게 있어요. 가끔 다다구리도 하고 하는데, 매장 앞에서 다다구리를 쳐요. "자, 자 잡아 잡아 골라 잡아 반바지, 면바지, 핫바지, 치마바지, 바지가 2000원, 2000원, 3000원" 막 이래. 안 잊어버리죠, 30년 됐는데도. 그걸 해요, 차를 끌고, 봉고차에다가 이빠이[가득] 싣고 은행 같은 데 5시 되면 문을 닫으니까 후딱 자리 깔고 막 다다구리 쳐갖고 팔아가지고. 배워요, 월급 다 적금하고 그렇게 한 1, 2년 배우다가 장사를 내가 직접 하나 차리게 돼요. (면담자 : 처음에는 주인은 따로 있고 다다구리만?) 매장에서 하기도 하고 동분서주하고, 장사는 동분서주해야 하니까 바쁘게, 이것도 하고 저것도 하고 다니면서 배우게 되는 거죠, 옷에 대해서, 도매로 뗄 수 있는 거.

면담자   방위 근무 하실 땐 아버님 댁에서 출퇴근하셨어요?

유민 아빠   버스 타고 정읍까지 나가서 한 번 갈아타고 하면 부대 가는 게 있었어요.

면담자   방위에 부대로 출퇴근하는 업무가 있었어요?

유민 아빠   방위도 여러 가지가 있어요. 동사무소 근무하는 방위가 있고, 또 현역들이랑 있는 데서 경비 서주는 경비대대가 있고, 나는 기동타격대. 여기는 뭐 하는 곳이냐면 전쟁이 일어났을 때 전방 같은 경우는 현역들이 직접 싸우고 후방 같은 데는 이 방위를 키워요, 전투 세력으로. 헬기에서 레펠[현수하강 : 밧줄을 이용한 하강]까지 다 했어요, 우리는, 전투 수영도 하고. 지금 내가 억울한 게 뭔지 아세요? (면담자 : 똑같네. 현역이 하는 거랑) 똑같이 받아요. 왜냐면 전쟁이 일어나면 후방 지역을 예비군하고 방위들하고 지역 방위를 해야 되니까. 지역전투대라고 그래요, 지역전투방위. 현역이 하는 거, 야간 밤에 담력 훈련 다 받아야 되고…. 밤에 5분에 한 사람씩 보내요, 야산에다, 내려오는 거 훈련도 받고. 억울한 게 그거예요. 그런 힘든 방위를 받았는데 방위라 놀리는 거야. (면담자 웃음) 현역들은 훈련을 받았는데 나보고 물방위, 물방위. "야, 너 물방위 나왔냐?" 그래. 할 말도 없고 고생은 직살 나게 하고, 우리도 구타가 있었어요, 구타가 있어 가지고 맞기도 많이 맞고. 그리고 단지 틀린 게 출퇴근, 시간 되면 딱 퇴근하는 거예요. 나오면 선후배 따져. "너 그렇게 하지 마라" 그래서 물방위 소리 나오는 거예요. 우리끼리는 부대 안에서도 하는데 소대장, 중대장 현역들이잖아요. 기다렸다가 앙갚음을 해요, "소대장님 그렇게 하지 맙시다, 시내 못 돌아다니게 할 테니까"(웃음).

면담자   (웃음) 그게 하나 차이가 있는 거네요.

유민 아빠   출퇴근만 했다 뿐이지. 그리고 구타 같은 것도 심하지 않은 이유가 현역들 같은 경우는 퇴근을 못 시키니까 심하게 하는데 그렇게까지 심하게 할 수 없는 이유가 퇴근하기 때문에, 퇴근하고 지역에 사는 선후배들이 많기 때문에, 그걸 알아서 부대에서 어느 정도까지 구타시키고 그렇게 심하지 않아요. 그 차이가 좀 있어요. 좀 편하다는 거. 도시락 싸가지고 다니는 방위, 그거는 이제 동사무소 가는 방위고, 우리는 부대에서 짬밥을 먹어야 되고.

면담자   부대에 있는 시간 동안은 현역병과 똑같네요.

유민 아빠   똑같애요. 6시에 끝날 때 우리 끝나야 되고 [하는 것만 다르지].

면담자   당시에 아버님 방위가 되신 게, 학력이 문제가 됐던 거였어요?

유민 아빠   학력이죠. 최종 학력을 고졸로 다 뽑았으니까요.

면담자   현역병을?

유민 아빠   아니, 아니. 또 가야 될 시기를 놓쳤어요, 내가. 민증 나오고 바로바로 저기 갔잖아요, 난 늦게 갔고. 가출했으니까 늦게 찾아가지고, 시기를 놓쳐서 이제 현역들하고 갈 수가 없으니까 이쪽으로.

면담자   학교 다시 한번 들어가 보려고 생각하셨던 때는 이미 벌써?

유민 아빠   늦었고. 그때는 학교에서 담당했던 선생님이 그러더라구요. "다시 복학하기에는 시간이 너무 오래 지났다" 그러더라구요. 1년 정도 있다가 찾아가 봤었거든요. 1년 정도 있다가 학교를 몰래 찾아갔죠, 집엔 안 가고. 집에 찾아가니까 어머니가 하는 얘기가, 형이 그러더라고. "엄마 얼마나 너 학교, 가출하고 나서 얼마나 매일 운 줄 아냐?"고, 그 얘길 하더라고. 아침, 저녁으로 밥을 아랫목에다가, 우리는 구들방이었으니까, 내 공깃밥을 뚜껑 덮어서 매일 바꿔놓고, 바꿔놓고, 언제 올지 먹이려고, 따뜻한 밥 먹이려고. 그러면서 내가 앉아 있던 책상을, 매일 학교를 등교를 했대요, 애들 공부하는 그거 앉아가지고 같이 공부하고 오고. (면담자 : 어머니가?) 가서 많이 울었대요, 옆에 앉아 있으면서.

면담자   가족들이 많이 아끼는 막내였던 거 같은데.

유민 아빠   큰형이, 큰형이 나 중학교 다닐 때까지도 한 번씩 놀러가면 맨날 팔베개 안 하면 잠을 안 잤어요, "우리 막둥이 일루와". 지금도 막내, 막내 그래요.

면담자   그런데도 '지금 나는 나가야 되겠다'라는 결심을 하시게 된 데는 남다른 마음이 있으셨을 거 같은데.

유민 아빠   돈 벌려고 갔던 거죠. 너무 돈 없이 형제들끼리 자취하면서 그런 생활 하다 보니까 적성에도 안 맞는 학교 들어갔지. 또 수업료 써가지고 걸러버렸지. 여러 가지 복합적인 게 작용했던 거 같애요, 그때 당시에. 첫 번째가 돈을 벌고 싶었거든요, 너무 없이 살아버리니까. 애기 때부터 지금까지 이 나이 먹도록 돈에 치여 살고 있어요.

면담자   혼자 생활하실 때 '집에 돌아가야겠다'는 생각하신 적 있으세요?

유민 아빠   아고, 많이 울었죠. 일, 중국집 같은 경우 일 끝나면 밤 10시예요. 10신데 그러면서도 '남한테 대화에서도 뒤떨어지면 안 된다, 대화에서' [해서] 책도 많이 읽게 되고, 영어 단어, 한문…. 밤 10시에 공부 [시작해서] 스스로 12시까지 공부하고 자고, 그렇게 막 외우고 공부를 했어요. 학교 가보고 싶어서 한 게 아니라 학벌이 없으니까 남한테 무시당하고, 무식하다는 소리 들을까 봐 책도 많이 읽게 되고, 공부도 단어도 쓰고 한문도 참 잘했었는데 지금 다 까먹었어요. 혼자 노력을 했어요, 그렇게.

면담자   책도 혼자 사서 보시고? 친구들이 "뭐 하러 이런 거 하냐?" 그러지 않았어요?

유민 아빠   중국집은 딱 일 끝나면 잠을 어디서 자냐면요, 그 홀 말고 방이란 데가 있잖아요. 방에 가서 밥을 먹잖아요. 손님들 가면 방을 싹 밀어요, 상을. 거기다 이불 깔고 자요, 전부 다. 가출생들도 많고 하니까 숙식을 거기서 자요. 옛날에 다 그렇게 했어요, 어느 집 가든지. 상을 싹 밀어놓고 거기서 자, 다 자요. 그러면 잠자리 깔고 할 때 난 책상 맨 끝에 하나 펴놓고 그 상에서 공부하고 그렇게 해서 무시도 안 당하고 무식한 티 안 내려고 스스로 공부를 했었어요.

10
옷 장사로 빚을 짐, 아산에서 취업 후 국궁 시작

면담자 옷 장사를 하시면서는 옛날하고 비교할 때는 돈을 좀 버셨어요?

유민 아빠 그때는 형하고 형수, 작은아버지니까 월급을 안 주고, "널 무조건 돈 벌게 해줄게" 해가지고 월급을 안 줬어요, 먹여주고, 재워주고. 1년, 1년 될 때마다 돈이 될 수밖에 없죠.

면담자 아, 돈을 모았다가 한꺼번에 주셨던 거예요?

유민 아빠 네. 그래서 그 돈 가지고 장사를 시작했던 거예요, 아버지한테 돈을 빌리고, 또. 아무리 내가 혼자 노력해서 번다고 해도 장사할 밑천은 안 되잖아요. 그래서 빚을 내게 되죠, 같이. 근데 망하게 돼서 결국은 한 1년 정도 하다가, 결국은 안 되더라구요.

면담자 점포를 내셨어요? 아니면 차로 하셨어요?

유민 아빠　　아니, 점포를 냈죠. 권리금 주고 들어가서 새 장사를 했는데 유독 장사가 안 될 때가 있어요, 철이. IMF 시절도 겪어오고 96년도 배워가지고 거의 IMF 97, 98, 99 이때 당시에 했었으니까. 사람들 돈이 없으니까 나도 망할 수밖에 없고, 그래서 망하게 돼서 그 빚이 지금까지. 왜냐하면 돌려치기, 돌려치기 하다 보니까, 은행 빚을 갚으려면 형한테 빌려야 돼요. 형제들한테 빌려서 은행 기간 되면 은행 빚 갚아놓고, 그러면 이제 이게 어느 정도 1년, 2년 지나면 보험 대출이 되잖아요. 보험 들어놓은 거 있으니까 거기서 빼갖고 형 거 갚아주고, 이런 식으로 돌려치기, 돌려치기 하면서 한 6000 정도 된 돈을 유민이가 갈 때 한 500 정도 남겨놨었어요. (면담자 : 다 갚으셨네요? 그래도) 한 500 정도 남았더라고. 명신 들어가서 그렇게 많이 갚았어요. 한 달에 160, 170 받던 사람이 400만 원 씩 들어오니까 금방 갚아지더라고.

　　그래서 국궁, 활도 하게 되고, 혼자 살게 되니까 매일 일 끝나면 술, 소주 먹고 잠드는 게 습관이 되더라구요. 몸이 망가지는 걸 느꼈어. '운동을 해야 되겠다' 했는데 무슨 운동을 할까 하고 [하다가], 아산으로 가게 된 계기가…. 안산에서 살다가, 안산에서는 직장을 못 구해요. 나이 40만 넘어도 안 써요. 쉰 다 됐는데 쓰겠어요? 그래서 아산으로 갔던 이유가 안산, 평택, 아산 내려가면 내려갈수록 나이 조금 든 사람들 써요. 그래서 그쪽으로 찾아서 아는 형님하고 같이 내려갔던 거예요. 충남 아산[으로] 내려갔던 이유가 직장 때문에 구하려고 무턱대고 내려간 거예요, 짐 싸가지고. 결국 거기 가니까 일자리는 많이 있더라구요. 일하게 되고 그러면서 매일 술 먹으니까, 아는 데서 형하고 술 먹고 있는데, 포장마차에서 술 먹는데 활이 꽂혀 있고, "어, 진

짜 활이네요?", "맞아요" 그러더라고, 포장마차 사장이. 국궁을 한대
자기가, "비쌀 텐데 얼마나 가요? 한 달 하면?" 한 달에 딱 3만 원만 내
면 하루 24시간 아무 때나 와서 쏘게 되고 매일 쏴도 된대요. "진짜
요?", "한번 놀러 와보세요" 그래서 일요일 날 놀러 가본 거예요.

갔더니 어르신들 활 쏘고 있더라고, '이 운동을 해야 되겠다. 3만
원밖에 안 되니까'. 입회비란 게 다 있어요. 입회비가 있는데 다른 데
는 50만 원 그래요. 돈이 어딨어. "우리는 입회비 안 받아", "어, 왜
요?", "너무 산골에 있잖아. 사람이 없잖아", 사람 끌려고 입회비도 안
받고, "처음부터 활 사지마. 우리 쓰던 거 많아". 볼링을 치면 파운드
를 가벼운 거 했다가 [무거운 거로 치게 되잖아요]. 활도 똑같아요. 궁력
이 생겨요. 그러면 42파운드 갖고 시작을 해서 50파운드까지 올라가.
42파운드[는] 돈 25만 원이에요, 그때 당시에. 국가에서 권장 스포츠
이기 때문에, 시에서 권장해 주는 스포츠예요. 전국이 가격이 똑같애.
활 값 절대 못 올려요. 권장 사업이기 때문에 활도 25만 원, 화살도
8000원 딱 정해져 있어요. 어디 가나 똑같애요. 굉장히 좋은 걸 그때
알았어요. 입회비도 없고, 활도 우리 거 쓰다가 나중에 방법 알려주고
"네가 1년 정도 낸 다음에 그때 활을 사라. 이거 사는 거 다 버리게 돼
있다. 약해서, 쓰지도 못한다" 알려주고 자기들 화살도 잔뜩 있겠다,
그 사람들 처음부터 사가지고 배우고 가지고 있는 거니까, 안 쓰니까,
화살도 이렇게 막 줘요. 그렇게 1년 연습을 하고 결국은 정규직 되고
월급도 많이 받으니까 활 하나 또 사고 이렇게 유지를 했던 거예요.
돈이 안 드니까 술 먹는 것보다 낫더라고요. 운동하고, 운동하게 되
고, 또 대회도 많이 나가보고 그러면서 좀 밖으로 사람들하고 어울리

유민 아빠 김영오

는 것도 해봐지고. 전에는 무조건 일만, 무조건 일만 했었잖아요. 근데 대회 나가서 사람들, 전국적으로 오는 사람들 구경도 하고 만나도 보고 '아, 좋은 세상이구나' 사람도 하나씩 알아가면서.

면담자   명신에 들어가시게 된 게 어떻게 보면 인생에서 중요한.

유민 아빠   전환점이 된 거죠, 전환점. 아산으로 내려가기 그때 정말 잘했던 거죠. 안산에서는 그런 직장 못 구해요, 안 쓰니까. 아예 40넘으면 무조건 안 써요. 안산은

면담자   안산에서 정규직이 될 수가 없으셨던….

유민 아빠   없는 걸 뻔히 알고, 그래서 형님하고…. 형님이, "야. 아산 쪽 내려가면은 사십 넘은 사람 오십까지도 쓴단다, 가자" 그래서 내려갔던 거고.

11
유민 엄마와의 만남, 직장 취업과 부도, 잦은 이사와 생계의 어려움

면담자   거리낌 없이 다 여쭤볼게요. 유민 엄마는 어떻게 만나게 되셨어요?

〈비공개〉

면담자   결혼식은 언제 하셨어요?

유민 아빠   [19]96년도[에] 만나고 한 8개월, 10개월 되기 전에, 10개월 정도 됐을 때 결혼했나 보네요, 아이가 생겨서. 그래서 유민이가 97년생,

○○가 98년생.

면담자   처음 살림집 마련하시려면 돈이 또 많이 드셨을 텐데.

유민 아빠   월세 살았어요. 그때도 월세 살았어요. 방 두 칸짜리 반지하로 들어갔죠, 반지하 들어가서. 애기도 낳아야 되니까, 수원 반지하 얻어가지고 거기서 신혼을 시작했고, 유민이 낳고.

면담자   더 힘들어지셨겠어요? 혼자 있을 때보다.

유민 아빠   혼자 있을 때보다 엄청 힘들었죠. 똥 기저귀 한 번 못 갈아줬어요, 유민이 엄마 말한 대로. 나는 옷 장사가 굉장히 힘든 게 뭐냐면, 나는 두 번 다시 안 하려는 이유가, 옷 장사를 하면 내가 시장을 동대문, 남대문 돌아서 직접 옷을 떼 와야 돼요. 메이커 장사를 하면 와서 본사에서 디스플레이 다 해주는데 우린 그게 아니에요. 남대문 떼다 파는 그런 옷을 배웠으니까. 그 시장을 이틀에 한 번씩 갔어요, 나는.

면담자   수원에서요?

유민 아빠   네, 장사가 잘돼서…. 남들 만 원 가져오면 2만 원 팔아요. 나는 만 3000원, 만 5000원 이상 안 붙였어요. (면담자 : 잘 팔렸겠네요) 사람들이 와서 "아니 저기는 3만 원, 정장 하나에 9만 원 파는데" 나는 6만 원 팔았어요. 마진을 안 봤어요, 쬐금만, 쬐금만. 그러다 보니 사람들이 단골이 많이 생겨서, 팔면 뭐 해 돈이 안 되는데 대신. 팔면 돈을 못 벌었어요, 대신 싸게만 많이, 손님 계속 유치하려고. 장사가 진짜 잘됐어요. 시장 이틀에 한 번씩 가야 되는데, 시장 언제 가냐면 아침 10시 문을 열어 밤 10시까지 장사를 하고 집에 가서 대충 씻고 시장을 가요. 12시, 1시 도착해요, 남대문에. 거기 한 바퀴 돌고 동대문 가서 한 바퀴 돌고 집에 오면 6시, 새벽 6시. 그때 또 씻고 한 시간 눈 붙이고 한두 시간 눈 붙이고 바로 일어나. 그래야 10시 전에 이걸 걸어야 옷을 가격표를 찍어서 놓으려면 8시나 문 열어서 또 진열을 해야 돼요, 가져오는 게 문제가 아니라. 그걸 이틀에 한 번씩 했는데 집에 가면 시간만 나면 쓰러져 버리죠. (면담자: 애기 들여다볼 시간이 없는) 사람이 미쳐 죽는 거예요. 그래서 나는 지금도 옷 장사는 하기 싫어요. 안 하고 싶어. 진짜 장사하는 사람들은 시장 봐 오는 사람 별도로 있어요. 그게 사입자라고 하거든요, 나는 사입까지 내가 다 했으니까. 그렇게 하니까 그냥 애 후딱 커버리고.

면담자   옷 장사는 유민이 클 때까지도 하셨어요?

유민 아빠   1년 정도 하다가 망해버렸어요. 빚만 잔뜩 지고 망해버렸어요. IMF가 시작됐죠. 그러고 나서 회사를 하나씩 다시 들어가기 시작하는데, 그때는 그래도 벽제에 형이 FRP라는 걸 하고 있었어요. 옥상에 보면 노란색 물탱크 있죠? 그거 만드는 일을 하고 있어서 [내가] 망했다니까 "야, 그러면은 같이 나하고 회사 다니자". 그런 데는 3D 업종이거든요. 거기에는 유리 가루 같은 게 많아서, 모래섬유라[서] 하루 일하고 나면 박혀가지고 온몸에 두드러기가 나가지고, 유리 가루 박혀서, 몸[을] 뜨거운 물 씻어도 안 없어져요. 가렵고 그래요. 사람이 없어요. 그래서 "거기 가자"고 하니까, 빚도 갚아야 되고 하니까 또 직장 구하려면 오래 걸리고 하니까 바로 형한테 가서 그 일을 해요.

면담자   ○○도 이미 태어났을 때에요?

유민 아빠   서울로 이사를 가죠. 종암동으로 이사 가서 그렇게 하면서 ○○도 낳게 되고…. 2년째 다니고 있는데 월급이 한 달에 생활비만, 한 50만 원, 회사에 나하고 형하고 아줌마 두 명 있는 그런 회사니까. 영양실조 걸릴 정도로 못 먹고살았어요, ○○를 가졌을 때도.

면담자   종암동에서 벽제까지 출퇴근을 하셨어요?

유민 아빠   차를, 새벽 5시 일어나서 준비하고 가야 돼요, 벽제까지 갈려면. 벽제에서 더 들어가야 돼, 벽제에서 일산, 금촌 그쪽에 있으니까 차를 몇 번을 갈아타고. 그렇게 하니까 돈 벌지도 못하고 결국은 회사가 부도났어요, 또. 한 2년 다녔는데, 월급도 제대로 못 받고 퇴직금도 제대로 못 받고, 그러고 부도나 버리고…. 그다음에 이제 '아세아레코드'라는 회사를 들어가요. CD에 인쇄하는 거예요, 위에다가 실크스크린. 형이, 내 바로 위에 형이 거기서 팀장으로 있었거든요. 그래서 이제 기술 배우고 그때 HOT 거 때문에 CD가 몇십만씩 팔려가지고 엄청 바빴어요, 회사에서 1시간씩 자고 3일 동안 연장 철야를 하고. (면담자: 새 앨범 나왔다 그러면) 빨리 뿌려야 되니까, 음반사에 뿌려야 되니까 한 새벽[까지도 일하고 그랬죠]. 집에 10시 넘어서 무조건 퇴근이에요, 일을 해야 되니까. 가서 한두 시간 눈 붙이면 새벽 3시 정도[에] 차장이 차를 가지고 와요, "빨리 납품해야 되는데 큰일 났다"고. 그렇게 깨워서 가. 그렇게 한 3년을 또 거기서 일을 해요. 그러다가 결국은 그 회사도 부도 맞았고, 결국은 또 부도나요. 지금까지 다녔던 회사들이 부도 맞은 회사들이 많았고, 비정규직으로 전전하다 보면 한 명, 두 명 다니는 회사들, 열악한 회사들 들어가다 보면, 1년 이상 일하다 보면, 다른 데는 이거 다 4대 보험도 되고 뭣도 했는데, 우린 이거 안 주고, 이걸 알게 되는 거예요. 또 그러면 또 그만두게 되고…, 되풀이됐던 생활이었죠.

면담자   빚을 갚으려고 해도 계속 안고 갈 수밖에 없고, 애들 커가면 돈은 더 많이 드는데….

유민 아빠   내가 정상적으로 큰 회사 들어갔으면 벌써 갚았죠. 못 갚을 수밖에 없는 상황에 놓여 있었어요, 파견직만 다닐 수밖에 없었고. 〈비공개〉

면담자   그때는 정말 시간이 어떻게 가는지도 모르게 사셨겠네요?

유민 아빠   뒤돌아보면 벌써 나이가 마흔, 뒤돌아보면 벌써 마흔다섯. 잠깐 뒤돌아보면 그렇게 많이 빠르더라고 세월이, 벌어놓은 게 없으니까.

면담자   옛날에 예술고 가고 싶어 하던 생각 이런 것도 다시 떠올리셨나요?

유민 아빠   그럴 생각할 시간이 어디 있어요? 그저 돈만 벌어다 빚 갚는 게 소원이었다고, 빚 갚는 게. 평생을 빚 갚는 게 소원이었다고.

면담자   그런 것들로 유민 어머니하고도 다툼이 많이 생기거나 그러셨어요?

유민 아빠   많이, 그런 걸로 많이 싸우죠. 돈이 없으면 당연히 싸우게 되죠, 힘드니까.

면담자   아무래도 서로 다 힘들다고 할 테니까.

유민 아빠   돈이 없으니까 싸움도 잦아지고 이혼도 하게 되고.

면담자   그 결심까지 하기에는 많은 고민들을 하셨을 거 같아요.

유민 아빠   많은 고민했죠, 형제들이, 부모 형제가 일단 이혼하면 낙인을 찍어버리니까. 최대한 안 하려고도 했었죠. 안 하려고 했었는데 어떻게 하다 보니까 이혼까지 가게 되고….

면담자   혼자 살게 된다는 게 두렵진 않으셨어요?

유민 아빠   두려운 건 없었죠. 가진 게 없이 맨날 길바닥에 살았는데 뭐가 두렵겠어요. 한 2년 동안은 이혼하고 나서 나도 혼자서 많이 울었어요. 애들도 보고 싶고, 보고 싶은데 가야 되는데 돈이 없는 거 뻔히 알고, 돈도 없고. 저녁만 되면 술 먹고 울고 그랬는데, 3년째 되니까는 무뎌지더라고.

12

안산에 살게 된 이유

면담자   그 뒤로 사시는 건 어디였어요?

유민 아빠   또 직장 때문에 서울로 가게 되고, 이래저래 왔다 갔다 하고 산 거죠.

면담자   안산에 90년대 초반에 오셨던 거는 어떤 계기로?

유민 아빠   그때는 가출했으니까 빵 팔러 다니면서 안산도 와보고 그러다가 '아, 여기 괜찮네, 공장이 많네' [하고] 보고 가서 이쪽으로 정착을 하게 되는 거죠. 빵 팔러 다니러 왔는데 공장 단지가 있더라구요, 공업단지가. '여긴 일자리가 많겠다' 그래서 안산으로 오게 되는 거죠.

면담자   안산을 보셨다가 오랜 뒤에 다시 오신 거예요?

유민 아빠   중국집들 다 하고서 안산에 오게 된 거죠. (면담자 : 옷장사도 하기 전에) 예. 봤던 거죠, 안산을. '안 되면 저기 가야 되겠다. 저 도시' 그걸 했던 게 빵 팔러 와가지고 봤죠. 내가 빵 팔러 왔을 때는 원곡동 그 언덕이 그 어시장이었어요, 할머니들 [좌판] 놓고, 그 사거리가 지금 도로도 돼 있고 다 돼 있잖아요, 그 정도 시절이었으니까.

면담자   언제 다시 안산에 돌아오셨어요?

유민 아빠   그렇게 해서 안산에 형 다니는 직장, 형이, 셋째 형이 "안산에서 동양전원이라고 회사를 다닌다"고 방을 얻어놨거든요. 같이 여기 와서 기거를 하게 되고, 같이 살면서 직장, 거의 다 자동차 부품 회사였어요. 그러면서 그 아웃소싱 통해서 들어가서 일하게 되고, 자동차 부품 선반 만지게 되고…. 하도 오래되니까 연도도 모르겠다.

면담자   종암동에 사시다가 유민 어머니와 헤어지시면서 아예 따로 나와서 사시게 되셨어요?

유민 아빠   아니요. 47까지 되는데, 내 호적, 민증 초본 떼면요 세

페이지예요, 세 페이지. 그렇게 전국을 다녔는데 다 기억도 못 하겠고. 그렇게 하고도 청주로 가게 돼요. 형이 사업을 하니까 같이 일한다고 갔다가 올라오게 되고…, 언제 왔는지는 그 초본을 보면서 얘기를 해야 돼요. 유민이 엄마도 청주까지 왔다가 같이 올라오게 되고….

면담자   정말 여러 지역들을 많이 경험하셨겠네요, 빵 파셨을 때도 그렇고 일하실 때도.

유민 아빠   일 때문에 이사를 많이 다녔죠, 직장 때문에. 정착할 수 없는 직장만 가지고 있었으니까….

면담자   일터 따라서 계속 이사를 하실 수밖에 없으니까.

유민 아빠   지금 지겨워요, 이사 간다고 하면. 아직도 방 한 칸짜리 살고 있으니까 또 이사 가야 되고, 아직도 방 한 칸짜리.

면담자   아버님, 우리가 네 번 정도 뵙게 될 거 같은데, 오늘 어떻게 이 정도 할까요?

유민 아빠   상관없어요.

면담자   네. 이 정도 하시고 다음 날짜를 또 잡아서 뵙기로 하겠습니다.

2회차

2018년 9월 19일

1

시작 인사말

면담자　　　　본 구술증언은 4·16 사건에 대한 참여자들의 경험과 기억을 기록으로 남김으로써 이후 진상 규명 및 역사 기술에 기여하고자 합니다. 지금부터 김영오 씨의 증언을 시작하겠습니다. 오늘은 2018년 9월 19일이며 장소는 안산시 단원구 4·16기억저장소 사무실입니다. 면담자는 김아람이며, 촬영자는 강재성입니다.

SNS 활동, 강연 때 사용하는 자료들

면담자　　　　지난주에 말씀하시고 옛날 생각나셔서 기분 안 좋아지신 건 아니신지요?

유민 아빠　　　아니, 안 좋은 건 없어요. 안 좋은 건 없는데, 그냥 참… 과거를 갑자기 회상하게 되더라구요, 그렇게 달려왔던 게 뭐 때문에 달려왔는지…. 정말로 힘들 게 쉬는 시간 한 번 없이 달려왔던 게 오로지 돈 때문에, 돈에 집착해서…. 결국 사랑하는 유민이 죽고 나서 돈이 무의미해져 버렸어요. 지금 돈이 조금이라도 주머니에 생기면 스티커 만들고 리본 만들고 팔찌 만들어 나눔을 하게 되고, 그러면 생명 존중 알리고…. 이제 뭐 방 두 칸짜리 전세방 얻어봤자 유민이도 안 오고 무의미[하게] 됐어요, 그게 자체가. 제가 돈을 번다는 거 그런 거 생각해 보니까 사치, 사치 같다는 생각도 많이 들기도 하고….

면담자　　　　어떤 목표를 세우고 그거를 위해서 돈을 모으겠다는 생각은 안 해보셨어요?

유민 아빠　　　　이제는 돈 모으고 싶은 생각은 없고, '내가 최대한 할 수 있는 대로 그냥 진짜 다음 세대에게 안전한 나라를 물려주자', 다음 세대들이 행복한 나라에 살 수 있도록 만들어주는 거. 내가 그렇다고 해서 활동을 하고, 집회를 하고 해서 하는 게 아니라, 사람들 경각심을 일깨워 주고. 왜냐하면 "세월호 참사를 겪었기 때문에 내가 이런 세상에서 이렇게 갑자기 억울한, 아이 죽고 억울한 아빠가 됐다. 이런 거 알리면서 이렇게 되는 거는 남의 일이 아니다, 여러분들도 될 수 있다" 이렇게 그냥 알려주고 다니는 것만으로도 "생명 존중을 하자, 생명이 존중받는 세상을 만들자", 이게 효과가 있더라구요. 사람들도 빨리 알아들어요, 제가 하면요. 공감을 해요. 그러기 때문에 그 일만 죽을 때까지 최대한 외치고 가려구요.

　　그게 유민이가 바라던 숙제 내준 거, 진상 규명 꼭 하고 밝혀주길 바랐는데, 저는 위로를 많이 받았어요. 진상 규명 안 됐잖아요, 지금 아무것도. 하지만 전 위로를 받은 게 뭐냐면 국민들의 힘을 봤기 때문에. 저희가 처음에 단식할 때 그때는 사람들이 10만 명, 많이 와야 광장에. 그 정도밖에 안 왔을 때, 진짜 그러다가 촛불이 하나씩 꺼지고, 그리고 3만 명, 만 명 줄어들 때 절망을 느꼈어요. '이래서 대한민국은 안 되는 거구나. 세월호 참사가 또 날 수밖에 없는 나라구나. 국민들이 뭉치지 않으니' 이런 절망에 있다가 촛불집회 때 국민성을 봤어요. 와…. (면담자 : 시간이 엄청 오래 지났는데 그래도) 세상에 1700만이 모여줬을 때 진짜 희망을 보게 된 거예요. 그리고 박근혜 탄핵했잖아요. 제가 박근혜한테 "답변을 달라"고, "유가족의 손을 좀 잡아달라"고 이렇게 했는데, 결국 내가 싸웠던 거는 박근혜였거든요. 근데 박근혜 탄핵이 됐어요. 국민들의 단합력도 봤고, 위안이 굉장히 많이 됐어요, 저는. 그거 한 가지만으로도 저는 위안이 됐고, 제일 크게 위안이 된 거는 국민들이 특히나 세월호 세대 애들, 4·16 세대들, 학생들이 너무나 많이 깨어났다는 거. 제가 할 수 있는 거는 단식하면서도 "여러분, 깨어나셔야 됩니다, 깨어나셔야 됩니다" 이 얘기를 주구장창 페이스북에도 쓰고 온 학생들한테 얘기도 하고 했는데 결국은 굉장히 많이 깨어났어요. 저는 굉장히 위로를, 위안을 다 받았다고 생각을 해요.

숙제는 이제 특조위라든지 전문가들이, 또 정부가 알아서 많이 할 거고, 이런 생각하면서 그냥 지난주 한 일주일 지나고. 어제 그제 이틀 동안 컴퓨터 앞에 살았어요. 요 근래에 또 일베들이 그렇게 많이 달라붙었어요. (면담자 : 또 요 며칠 사이에요?) 그거 다 차단하느라고 한 이틀을 했어요, 이틀, 너무 많이 와가지고. 한동안 안 오더니 지금 갑자기 오더라구요. 홍준표 얘기를 내가 하나 썼거든요. 대거 달려드는 거예요. '얘네들을', 내가 1주일 내내 고민을 많이 했어요, '정말로 고소를 해버릴까? 다 허위 사실로, 고소를 해서 [법정 다툼을 해볼까]', "8억을 받았네, 얼굴 한 번 안 보다가 갑자기 나타났네" [하고 허위 사실로 공격을 하니까].

면담자   아직도 그 똑같은 얘기를 계속하고 있어요?

유민 아빠   똑같은 얘기를 반복을 하고 있는 거예요. 제가 증거자료 다 보여줬잖아요, "10년 동안 이혼하고 양육비 200만 원 안 줬네" [하고 공격했다는 걸]. 지금도 '고소를 해버릴까', 나의 인내심에 한계가 어디까진가. (면담자 : 일단은 좀) 다시 참고 고소 안 하기로 마음먹고, 그리고 차단을 해버렸어요. 페이스북은 차단이 답이더라구요. (면담자 : 그것도 일일이 다 하시려면) 다 해야 돼요. 시간이 엄청 걸려요. 1000명이 넘을 거예요. 지금까지 차단한 애들만 해도 어마어마해요. 직접 글 하나 읽을 때마다, 지금은 웃으면서 얘기하지만, 딱 글 보는 순간 열이 올라요, 화가 나고.

면담자　　　그런 사람들은 그 친구 신청 한 다음에 하나요?

유민 아빠　　아니요, 계정으로. 저는 페이스북이기 때문에 페이지로 돼 있잖아요. 그냥 타임라인이 아니라 [친구가] 5000명이 넘어서 페이지를 만들었어요.

면담자　　　아, 페이지가 돼 있으니까 아무나 다 쓰는 거예요?

유민 아빠　　아무나 쓰는 거예요, 그게 힘들어서 지금은 페이스북도 안 하고 어쩌다 한 번씩 쓰고. 페이스북을 줄이는 중이에요. 인스타그램으로 갈아탔어요. 인스타그램 같은 경우는 일베들이 한 달에 한 명, 두 명[밖에] 없어요.

면담자　　　그들이 활동하는 장이 아닌가 보네요.

유민 아빠　　원래 페이스북이 쓰레기들이 모여 있는 장. 페이스북을 많이 안 해요. 인스타그램으로 다 해버리지, 그냥.

면담자　　　그런 거 보실 때마다 '고소할까?' 그 마음 계속 드실 거 같아요.

유민 아빠　　이게 내가 뭔 줄 아세요? 강연 다닐 때 쓰는 거거든요.

강연 다닐 때 쓰는데 이 자료들을 가지고 다녀요. 다 자료예요, 자료. 이런 자료들을 보면 이거 강연 자료부터 해서 그게 나에 대해서 신상 털고 했던 놈들, 그게. 이렇게까지 나를 지금 혐오를 해요. 얼마나 힘들겠어요, 제가 그런 댓글들을 다 보고 다니면. [파일에 끼워놓은 관련 자료들을 보여주며] 결국은 밝혀졌잖아요. 김영한 수첩으로 "사찰이었다"고, 정읍에서의 사찰, 사찰 다 써놨죠. 이런 게 하나 밝혀졌어요. 고향 사찰 밝혀졌는데도 불구하고 또 달라붙잖아요. 까잖아요. 지금도 이런 얘기를 똑같이 써요. 이런 거는 강연 다닐 때 정말로 [보험료를 유민 엄마한테] 줬다는 것들. 제가 1억을 처음 대출받아서, 아이들 사고 나고 처음으로 국가에서 해준 게 여행자보험, 보험사에서 1억을 줬잖아요. 난 10원도 안 받고 다 줬어요. 왜냐하면 내가 키우지 않았고 유민이 엄마가 키웠기 때문에 미안해서 "네가 다 가져가라"고 10원도 안 받고 양보하고….

그다음 날 내가 은행을 가요. 은행을 가서 2000만 원 대출을 또 받아요, 빚이 있음에도 불구하고. 왜냐하면 싸움이 길어질 걸 알았어요. 싸움이 너무 길어질 거 같아서 돈이 있어야 되잖아요, 이걸로 싸우려고. 직장도 없고 한데 대출이 됐던 이유가 그때가 세월호 유가족한테 이런 생활할 수 있는 특혜가 있었어요, 2000만 원까지. 받아서 그동안 싸워온 거예요, 이 돈으로. 그리고 "10년 동안 양육비 200만 원뿐이 안 보냈대" 그러잖아요. 이게 다 보낸 자료예요, 이게 지금까지 보낸 자료, 10년 동안. 이걸 내가 떼어가지고 강연하면서 설명을 하는 거예요, "[양육비를 안 줬다는 건] 허위 사실이다"라고. 왜 이걸 내가 설명한 줄 아세요? 강연 다닐 때, [사람들이] 앉아서 강연장에 저의 말 들으려고 앉아 있잖아요. 박사모가 앉아 있을 때도 있고, 지난주에 얘기했듯이 그리고 가끔 일베 같은 애들이 있어요, 대학교 가면 특히. 그러면은 일단 귀를 열어야 세월호의 진상 규명에 대해서 얘기가 들릴 거 아니에요. 이걸 다, "나는 지금까지 음해를 당했고, 정부에 사찰받았고⋯", 이런 걸, 이게 [양육비] 보내줬던 10년 동안 자료 먼저 보여주고⋯.

그리고 "이혼하고 아이들 돌보지도 않고 이혼했어. 유민 엄마[가] 기르고" [했다고 비난하는데] 나는 혼자 살았으니까 당연히 돌보지는 못하죠. 그리고 어쩌다 한 번씩 와서 볼 수밖에 없었죠. 하지만 "계속 나 몰라 하고 살았다"라고 얘기를 해요, 일베들이. 이게 유민이 엄마 핸드폰 요금인데 내가 왜 유민이 엄마 핸드폰 요금까지 내줬겠어요. 나 몰라라 했으면 이거 내줬겠어요? 아니잖아요. 그동안 유민이 엄마하고 대화하기도 하고 양육비도 보내주기도 하고 했으니까 핸드폰 요금도 내주게 됐고. 그리고 아이하고 이런 참사 전에 4월 4일, 16일 전이잖아요. 카톡, 유민이랑 주고받은 대화들. 놀러 가기로 했던 거예요, 이게. 4월 4일 날, 5월 4일 날 휴가 가려고 잡았던 거.

면담자   아버님 지금 다 자료를⋯.

유민 아빠   다 자료를 가지고 설명을 해줘야죠. 그래야 일베들이 귀를 열고 세월호 얘길 들을 거 아니에요. "저 새끼 나쁜 아빠야" 하면은 안 들어요, 절대 안 들어요. (면담자 : 아예 얘기도 시작할 수 없으니까) 없죠. 내가 거짓으로, 지금 거짓으로써 이렇게 정말 힘든 상황에 처해 있다는 걸 알려주고, "이건 오해다"라는 걸 풀어야 돼요. 그래야 다음에 "세월호 진상 규명 뭐가 안 됐습니다" 설명을 듣는 거지, 벌써 "저 새끼 나쁜 놈이야" 하고 있는데 (면담자 : 어떤 얘기도) 안 들리는 거죠. 그래서 이걸 먼저 설명을 해요. 3월 27일 날 [카톡] 그룹 만들어서 유민이 ○○하고 같이 대화했던 내용들. 이런 걸 다 가지고 다니면서 설명을 하고 그다음에 세월호 이야기를 해요.

면담자   제일 최근에는 이 자료들 언제 쓰셨는지 기억하세요?

유민 아빠   저기, 저기 어디 갔었더라? 원주 상지대학교, 원주 상지대학교 갔다 왔고, 이제 10월 달에는 완도 가야 돼요, 완도고등학교. 이런 걸 다 가지고 다닌 다음에 세월호 이야기가 들어가는 거죠. 대한민국이란 게, 어떻게 자식 잃은 것도, 구하지 못해서 자식 하나 잃어버린 것도 힘들어 죽겠는데 왜 아픈 유가족이 직접 이걸 들고 다니면서 해명을 해야 되는지, 내가 왜 이런 세상을 살아야 되는지 정말로 진짜 지금도 한스러워요.

면담자   대통령 탄핵시키고 난 뒤에 희망을 보셨다고 하셨는데 여전히 이렇게 하셔야 되는 걸 보면 희망과 절망이 계속 왔다 갔다 하시는 건가요?

유민 아빠   이유가 뭐겠어요. 처음에 《조선일보》에서 저한테 '아빠 자격' 논란을 처음 시작을 했죠. 그리고 TV조선, 채널A, MBN부터 해서 모든 종편들이 저를 까기 시작했잖아요, "나쁜 놈, 양육비 안 줬다"라고 하면서. MBC도 마찬가지였고, 공중파도 다 마찬가지였잖아요. 근데 지금 4년 동안 [그 보도가] 잘못된 사실이고, 내가 페이스북에 공개를 했는데도 불구하고 정정보도 한 놈이 하나도 없어요. 정정보도 한 언론사가 단 하나가 없었고, 그리고 김영한 수첩이 나왔음에도 불구하고 그걸 "이렇게 음해였다. 사찰당했었다"라고 이걸 보도 한번 해주는 방송사도 없어요. 그러니까 여전히 처음에 그 나왔던 뉴스를 지금까지 믿고서, 이번 주에 내가 힘들었던 게 일베들 계속 똑같은 얘기를 반복하고, 반복하고, 나를 조롱하고 비난하고…, 이걸 차단하는 게 일이었다니까요. 그게 언론이 안 해주기 때문에 그래요. 공식적인 사과하고 이런 걸 다 보여줘야 할 거 아닙니까? 그걸 안 해요. 여전하다는 거예요, 언론사들은. 대통령은 바뀌었지만 언론이나 적폐들은 여전하다는 거예요. 그러니까 대한민국 진짜 지금 힘든 게 오늘 같은 경우도 정말 전쟁 없는 평화 모드로 가고 있는데도 불구하고, 보세요, 어떻게 나오나. 얘네들 똑같아요. 적폐들은 이 평화가 싫은 거예요. 4년 동안 느낀 게 나를 조롱하고 정말 극우라고 표현할 수밖에 없는 보수들이 생명에 대해서는 전혀 안중에도 없어요. 오로지 돈이더라구요, 기득권들, 돈, 생명은 다음에. 그러기 때문에 우리 같은 희생자들이 나올 수밖에 없죠, 계속 나올 거고.

3
참사 후 정치에 대한 관심의 변화

면담자　　참사 전에는 너무 바쁘게 사셨다고 했는데 사회에 대한 관심이 참사 전후로 많이 달라지시게 되었나요?

유민 아빠　　엄청난 변화죠, 정말로 엄청난 변화. 저는 참사 전에는 뉴스 볼 시간도 없을 정도로 바쁘게 살았거든요. 심지어는 우리 형들이, 형제들하고 대화를 하잖아요. 스포츠는 시간이 나는 사람들이 보는 거예요. (면담자 : 뉴스도 그렇죠) 뉴스는 잠깐 집에 가서 한꺼번에 모아서 듣는 거니까 상관없는데, 스포츠 같은 경우는 정말 시간 나는 사람들이 계속 야구 보면서 "누가 누구다", 저한테 그런 얘길 해. "너는 아는 게 뭐가 있냐?" 이 정도로 정말 세상에 관심 없이 살았어요. 형제들 얘기하면 누구 얘기하면, 축구 선순지 야구 선순지 내가 모르니까…. 내가 그거 알 새가 어디가 있어요, 일을 해서 돈을 갚고, 빚을 갚아야 하는데, 당연히 스포츠를 모를 수밖에 없고. 오죽하면 형제들이 저한테 그러겠어요, "네가 아는 게 뭐가 있냐?"고.

면담자   투표는 하셨어요?

유민 아빠   투표는 딱 한 번 했어요. (면담자 : 언제?) 김대중 대통령. 왜냐면 너무 사회에 무관심하더라도 큰 굵직굵직한 대형 사건들이, 가끔 뉴스 보게 되면 아직도 힘든 부분이 많이 있어서…. 그리고 내가 호남 사람이잖아요. 정읍 사람이기 때문에 그때는 정치를 모르고 "호남에서 대통령이 나와야 된다" 그래서 김대중을 찍었던 거죠.

면담자   노무현 대통령 당선됐을 때는 안 하셨어요?

유민 아빠   안 했어요. 노무현 대통령 안 했고 문재인 대통령을 내가 무조건 찍었어요. 찍을 수밖에 없었거든, 결국은 박근혜한테 떨어졌고. 두 번, 또 두 번째 문재인 찍고 대통령 선거 세 번 해봤어요. (면담자 : 그 전에는 관심을 가질) 여력도 없고 시간이 없었죠. 정치에 이런 사회에 관심 갖는 거는 사치였어요, 나한테. 사치였기 때문에 할 수도 없었고….

면담자   혼자 사시면서 식사 같은 건 어떻게?

유민 아빠   라면이 질릴 정도로 먹어서 지금 라면을 못 먹을 정도로 많이 먹었어요. 혼자 살면 어느 남자들 다 그렇듯이 밥하는 거까지 그런데, 설거지하기가 싫어지고, 또 설거지하기 싫다 보니까 라면 끓여 먹어요. 라면도 끓이면 싫어지고, 귀찮아지고 그러면 이제 컵라면을 먹어요. 그릇째 버리면 되니까. 질려요, 이게. 그러다 보니까 하루에 굶으면서 오로지 소주 한 병, 멸치에 소주 한 병, 고추장 찍어서, 그게 이제 일과가 되더라구요, 집에 있을 때는. 회사 가서 밥을 먹고, 그런 생활로 이력이 나는 거죠. 나만 그런 거 아니라 혼자 사는 사람 다 그래요. (촬영자를 가리키며) 저분도 혼자 사니까 그럴 겁니다. 멸치는 드시지 마세요(웃음).

4
유민이와 함께했던 기억, 성격 다른 자매

면담자   (웃으며) 참사 전에 가끔씩 아버님한테 유민이가 놀러 오기도 했는데 어릴 때부터 참사 직전까지 기억나는 순간들이 있으세요?

유민 아빠   꿈에 많이 나오는 게 애기 때 모습이 나오더라구요, 여섯, 일곱 살 됐을 때. 강이 하나 가로막아 있고, 유민아 부르고 찾아다니니까 그다음에 이제 만나서 딱 안기면 꿈을 깨요. 이런 꿈을 굉장히 [많이], 꼭 그런 꿈만 꿔요.

면담자   참사 전에도 이미 그런 꿈을?

유민 아빠   아니, 참사 전에는 그런 애기 꿈은 안 꿨죠. 죽고 나서
는 꼭 아이 때 꿈만 꾸더라고. 놀러 갔을 때 유민이하고 기억은, 휴가
도 제대로 못 가주고, 가끔 한 번씩 정말로 돈 애끼고 애껴서 휴가 갔
을 때 그럴 때가 좀 많이 기억에 남죠, 같이, 가족이 같이 있었으니까.
놀아주는 거, 낚시, 낚시를 제가 많이 좋아했어요. 혼자 살다 보면 바
람 쐬고 할 때가 없어요. 쉬는 날 한 번씩 있으면 꼭 바닷가 같은 데
가서 낚시를 했어요, 그리고 시간을 보내고. 바다 처다보면 마음이 편
해지더라구요.

면담자   원래 성향이 시간이 난다고 해도 다른 사람하고 어울리
기보다는 혼자 있는 시간을 가지시나 보네요? 어릴 때나 젊은 시절에
형제분들하고 비교해 어떤 성격이라는 애기를 들으신 게 있으세요?

유민 아빠   좀 내성적이요. 내성적으로 많이 들었죠. 제가 방송, 단
식하고 방송 타고 이렇게 변한 거죠. 제가 변한 게 아니라 세상이 절
이렇게 만들어놨어요, 세상이. 정말 내성적이고 [해서]…, 노래자랑 한
다고 하잖아요? 전 도망 다녔어요, 노랠 안 부르려고. 그 정도로 사람
한테 어울리고 앞에 나가는 걸 나서기를 싫어했거든요, 뭐 시키면 무
조건 뒤로 빼고 어떻게든지 안 하려고. 그렇게 살다가 어느 날 보니까
제가 지금 이 자리까지 와 있더라구요. 이거는 세상이 날 이렇게 만들
어논 거지 제가 변한 게 아니라고 봐요. 낚시 같이, 유민이랑 [대부도
끝에 있는] 구봉도를 갔었는데 "또 낚시 가자, 낚시 가자" 이게 좀 많이
생각이 나고….

단식할 때 유민이 환청이 들렸어요. 30일 정도 지나니까 이제 몸
이 힘들어지고 할 때, 귀에서 바로 유민이가 얘기해요, 항시. '아빠 물

먹어, 아빠 물 마셔' 이게 막 들려요. 그러면 물 먹게 되고, 나도 넋 놓고 있다가, [환청으로] '아빠, 물 먹어' 막 그래요. 그러면 또 물 먹게 되고, 물 먹게 되고, 그래서 물 찾아서 먹고 그랬거든요. 그 '물 먹어'가 왜 들렸냐면 유민이 데리고 명절 때 우리 집에 가잖아요. 형제들이 많아요, 저희가 육남매니까. 형제들 모이게 되면 저희는 마당에다 숯불 놓고 삼겹살 파티를 해요. 삼겹살 파티를 하게 되면 유민이는 뒤에서 [저를] 꼭 껴안고 있고, ○○는 워낙 지 혼자 노는 걸 좋아해 가지고 방방 다니고. 뒤에 있으면서 하나씩 넣어줘요. 내가 입에다 고추장, 익은 걸 골라가지고, 사람이 많으니까 하나 익으려면 기다려야 되거든. 유민이 먼저 먹이고 싶어서, 골라서 익은 거, 익혀가지고 먹이고 먹이고 했거든요. "아빠도 먹어, 아빠도 먹어" 그러거든요, 뒤에서. 그거가 환청이 들리는 거예요. 그게 "물 마셔, 아빠 물 마셔"로 변해서. 그래서 단식도 유민이 때문에 많이 버티게 됐던 거죠, 유민이 때문에, 뒤에서 환청도 들리고 유민이 때문에 버티게 됐고…. 어렸을 때 기억하면, 정말로 떨어져 있다가 어쩌다 한 번 보기 때문에 만나는 매 순간이 저는 반갑고 좋았고…. 유민이한테 지금도 고마운 게 뭐냐면 1년에 진짜 두 번, 세 번뿐이 안 만나질 정도로 내가 바쁘게 지냈는데, 한 3, 4개월 지나서 얼굴 봐요. 좀 서먹서먹해서라도 나한테 안 올 건데, 잘 때도 팔베개하고, 어디 가면 뒤에서 꼭 끌어안고 따라오고, 쫄랑쫄랑 따라오고 이런 거 했을 때 정말로 고마웠어요, 유민이한테.

면담자   유민 어머니랑 헤어지신 게 유민이 몇 살 때였어요?

유민 아빠   2003년도니까 몇 살이야, 98, 99[년]이면 유민이 몇 살이야? 여섯 살 정도 됐네요, 여섯, 일곱 살. 나이로는 일곱 살 정도.

유민 아빠 김영오

면담자	그 당시에는 유민이가 실감을 못 했을 수도 있겠네요.

유민 아빠   아이이기 때문에 못 했겠죠, 아이이기 때문에. 이혼하고 나는 한 2년 동안 술로 살았어요. 이혼하고, 애들 보고 싶어서, 한 2년을 일 끝나면 집에 가면 하는 일이 술. 정말로 독하다는 술도 다 먹어보고, 고량주, 독하다는 고량주 이만한 거 두 병을 먹고 잠을 자고, 회사에 늦은 적도 많고…. 처음에는 너무 힘드니까 술에 떨어져 일어나지 못할 정도로 그냥 매일 술 먹고 울고, 술 먹고 울고, 한 2년 그렇게 보내다가 3년째 되니까 정신이 바짝 들더라구요. 한 2년은 폐인으로 살았어요 거의, 진짜 힘들어서. 욱해서 그동안 참고, 참고 있다가 욱해서, 어차피 성격 차이 때문에 이혼을 했지만 막상 헤어지고 보니까 유민이, ○○가 걸리는 거예요, 계속 보고 싶고. 한 2년을 그러고 나니까 심장이 단단해져 버리더라구요. 굳어버렸어요.

지금도 유민이한테 고마운 게 그거예요. 참 이렇게 '못난 아빠' 잘해주지도 못했는데, 왜 그렇게 아빠를 좋아해서 따르고. 집에 염색약이 하나가 있어요, 지금도. 2014년 1월 31일 날이었죠. 1월 31일이 구정이었잖아요. 구정이었는데 그 전에 [유민이가 제 머리를] 한번 봤는데 흰머리가 희끗희끗 몇 개 나온다고, 여기에 몇 개 나온다고, 염색해주겠다고 염색약을 사 왔어요. 집에서, 시골에서 못 하고 올라오면서, 아산이었잖아요 제가, 아산 집에 들러서 염색을 해주고 그리고 안산 올라가겠다고 했는데, 명절이라 올라오는 귀경 차가 너무 밀려지고 8시간 넘게 걸려 밤늦게 왔어요. 그래서 결국 그 염색을 못 하고 "그냥 아빠가 시간 나면 할게" 하고 돌려보낸 거예요. 안산에 태워다 주고 그리고 내려와서 5월 4일 날 만나기로, 휴가를 같이 펜션에 가기로

87
·

했는데 16일 날 사고가 터져버린 거예요. (면담자 : 그게 마지막?) 그 염색약을, 그게 마지막이었고, 그 염색약을 아직도 가지고 있는 거예요, 쓰지도 못하고. 걔가 나 염색해 주겠다고 사준 약이었는데…. 그래서 날짜가 2014년 찍혀 있어요 아직도, 제조일자 보면.

면담자　　애들 보려면 어머니가 데려다주시고?

유민 아빠　　아니, 제가 집 앞으로 데리러 가요.

면담자　　데리고 갔다가 데리고 오시고. 좀 크고 나서는 애들이 직접 찾아올 수 있었나요? 그래도 거리가 있어서?

유민 아빠　　유민이가 그렇게 활발한 아이가 아니었어요. 어디 혼자 다니고 그걸 못 해요, 고등학생인데도. 유민이하고 절친인 ××라는 애가 있거든요. ×× 집이 옆에 옆에 아파트예요. 거기 집에 놀다가 보면 보통 9시, 10시 되면 캄캄해지잖아요. 그거 무서워서 못 온대요. 무서워서 못 와서 ○○한테 전화를 한대요. "○○야, 나 데리러 와" [하면] 또 쪼르르 가서 언니를 데리고 오고. 그렇게 겁이 많았고, 내 성격 닮았나 봐요. 그렇게 조용하고 그랬었어요.

면담자　　애들을 볼 때마다 초등학생, 중학생 이때 쑥쑥 크잖아요. 그런 것도 느끼셨어요?

유민 아빠　　크는 거 많이 느끼죠. 어쩌다 가끔 한번 보는데, "너 아빠만 하겠다. 조금만 있으면 아빠보다 더 크겠다. 너 키 한번 재보자" [하고] 마지막에 갈 때, 가기 전에는 키도 재보기도 하고, "아빠가 큰지 네가 큰지" [하면서요]. 굉장히 한 번 볼 때마다 많이 커 있죠, 사춘기까지 다가오다 보니까.

면담자   유민이가 점점 크면서 엄마, 아빠 같이 살면 안 되냐는 얘기한 적은 없었어요?

유민 아빠   휴가 갔다 오면서, 제부도로 휴가 갔다 오는데 그 얘기 하더라구요. "엄마 결혼[재혼]하면 자기 죽어버린다"고, 결혼을 못 하게 해. "아빠하고 같이 살아야지, 결혼 못 하게 할 거"라고, "결혼하면 자기가 집 나가버리든지 그런다"고 못 하게, 그렇게까지 했어요. 차에서 집에, 휴가 하고 집에 돌아오는데 차 안에서 그런 얘기도 하더라고, 얼마나 같이 살고 싶었으면 가족이. 내가 휴가 갈 때는, 여름휴가 갈 때는 그래도 유민이 엄마를 꼭 데리고 갔어요. 우리가 비록 이혼했지만 유민이 [엄마]한테 [같이 가자했을 때] "애들 데리고 네가 갔다 와" [하면], "그게 아니라 애들 정서를 생각하자. 우리가 이혼을 했지만 엄마, 아빠 있다는 걸 아이들한테 보여줘야 될 거 아니냐. 그래서 같이 가야 된다", 그래서 "안 가겠다"는 걸 계속 데리고, 네 번 다 갈 때 유민이 엄마 일부러 데려갔어요. 유민이나 ○○는 엄마, 아빠 이혼한 거 그래도 자기한테 엄마, 아빠 있다는 걸 보여주고 싶어서, 그래서 유민이 엄마를 꼭 데려갔던 거예요.

면담자   두 분은 서로 불편하셨겠네요.

유민 아빠   불편해도, [유민 엄마가] "돈 벌어야 된다" 그러면 "일당 내가 10만 원 줄게", 돈 줘가면서 데려간 적도 있고…. ○○하고 유민이하고 나하고 내가 그룹 방을 카톡 초대한 적 있어요. 그러면 ○○는 몇 마디 하다가 딱 나가버려. 그 정도로 성격이 틀려요[달라요], 활달

해요. 유민이는 계속 나한테 뭐 얘기하다[가] "그럼, 뭐 이번 주에 너 올 수 있냐? 명절 때 아빠 따라 할머니한테 내려갈래?" 하면 "○○한테 물어보고"를 많이 해요, "○○한테 물어보고".

면담자   자매는 꼭 같이 다녔었어요? 혼자 아빠한테 오지는 않고?

유민 아빠   꼭 같이 다녀요. ○○[가] 따라다녔어요.

면담자   성격이 더.

유민 아빠   바뀌었어요. 큰아이가 되게 조숙하고, 그리고 "여기 앉아 있어", 애기 때도 그랬어요, "앉아 있어" 하면 움직이질 않아요. 가만히 있어. 그래서 세월호에서 죽은 거예요. 어릴 때부터 그냥 뛰어놀게 키웠어야 되는데 "가만있어" 하면 진짜 가만있어요. "애가 있는지 없는지도 모를 정도"[라고] 주변 사람들이 그랬어요, 애기 때. 세월호에서 그랬잖아요. '가만있어라' 진짜 가만있어 버린 거예요. 내가 아이를 그렇게 키운 거는 우리 형제들이 많다 보니까 조카들이 굉장히 극성맞아요, 정신도 없고 말도 안 듣고 할아버지한테 함부로 하고. 또 형 집에 놀러 가면 애가 어항에 들어가서 막 별짓 다 하는 거예요. 이게 내가 싫었던 거야. 저는 이게 '내 아이는 낳으면 저렇게 안 길러야겠다, 저렇게 안 길러야겠다' [그런 생각을] 너무 많이 가지고 있었어요. (면담자 : 결혼 전에도?) '왜 엄마, 아빠가 저런데도 내버려 둘까. 좀 혼 좀 내지' 그게 아이 낳기 전부터 나는 그런 게 있었기 때문에 유민이 낳자마자 일부러 혼내켰어요, "그거 하면 안 되는 거야. 안 되는 거야" [하고]. (면담자 : 좀 엄하게 키우신) 그래서 남의 집에 가면 화장대에 손도 안 대고 가만 앉아 있다 오고⋯. 이게 내가 너무 잘못 키운 거예요. 버릇없더라도 남의 말 안 들었으면 살았을 건데, 세월호에서 "가 만있으라"니까 딱 가만있어 버린 거예요. 그래서 죽은 거예요. 그냥 무조건 나왔어야 되는데 말 듣지 말고….

면담자   두 자매가 성격이 많이 다르기도 하고?

유민 아빠   나는 이제 유민이 엄마가, 가끔 가다가 애들 키우면 힘 들잖아요. 근데 전화에다 "야, 애들 다 데려가 힘들어서 못 키우겠어" 그러면 "알았어. 정 힘들면 보내" [하고] 유민이한테 전화하면 "엄마 지 금 이렇게 화났던데 아빠한테 올래?" 그게 2012년도였었죠. "오고 싶 으면 언제든지 얘기해. 아빠가 방 어떻게든지 두 칸짜리 얻어볼게", "아빠, 아니야. 아니야" 그러는 거야. 그래서 "그럼 엄마 말 잘 듣고 엄 마 화 안 나게 하고 있어, 알았지?" 그러고 끊었던 게 얼마 전 같애요.

면담자   유민이 성격은 아버님하고 비슷한 거 같으세요?

유민 아빠   나는 성격이 굉장히 있어요. 승질도 있고, 정말로 승질 도 있고 한데, 그냥 나서, 앞에 나가서 뭘 하고 이런 걸 싫어했어요. 유민이도 승질은 있었겠죠. 오로지 엄마, 아빠 힘들까 봐 참았던 거겠 죠. 보면 마지막 영정 사진이라고 우리한테 걸어놓고 한 장씩 줬는데 그 표정 보면 알겠더라고. 얼굴 표정이 너무 어두워 있는 거예요. 유 민이 사진을 보면 밝은 모습도 아니고 뭔가 고민이 굉장히 많은 얼굴 이에요. 그래서 '엄마, 아빠 때문에 힘들어도 저렇게 참고 있는 거 아 닐까' 그 생각이 굉장히 많이 들더라구요. 오죽하면 자기가 "대학 안 가겠다"고 했겠어요, "엄마, 아빠 힘들다"고. 자기는 "고등학교만 졸업 하고 돈 벌어서 엄마한테 잘 해주겠다고, 돈으로 다 해주겠다"고 그런 얘길 했겠어요, 오죽하면.

면담자   어머니도 아이들하고 생활하시려면 쉽지는 않으셨겠네요.

유민 아빠   쉽지 않았겠죠. 혼자 돈 벌어서 아이 키우는 것도 문제지만은…. 또 제가 유민이하고 대화를, 전화를 자주 했어요, 전화로는. 〈비공개〉 그런데 무슨 단식하니까는 "아이 돌보지도 않고 얼굴 한 번 안 보고 양육비 한 번 안 줬다"고, 어디서 그런 소문들을 다 만들어 가지고 나를 나쁜 놈으로 만들어놨는지. 단지 내가 잘못하고 나쁜 아빠라는 거는 자주 안 봤다는 거, 너무 자주 안 보고 애들 먹고 싶은 거 많이 못 사줬다는 거…. 내가 돈 좀 여유가 있고 그랬으면 정말로 한 달에 한 번이라도 계속 봤을 거예요. 카드 다섯 개 가지고 돌려막기 해보세요.

면담자   정신없죠.

유민 아빠   없을 정도가 아니에요. 애들 생각이 나겠어요? 일을 해서 월급을 받아야 그 카드를 갚는데 비정규직이다 보니까, 일하다가 일 그만두게 되면 다른 직장 구하는 데 한 달 놀아버려. 형한테 "돈을 1000만 원만 해줘. 1000만 원만" 이렇게 해서 돌려막고, 돌려막고, 이런 생활을 하고 있는데 내가 한 달에 한 번 보겠어요? 그래서 몇 달에만 보는 거고, 1년에 한두 번 볼 때도 있었고, 너무 힘들 때는. 이게 내가 유민이한테 죄인이라는 거예요, 돈이 없어서 자주 못 봤다는 거. 그렇다고 내가 사랑까지 안 준 건 아니잖아요. 항시 미안해서 [유민이] 오면 더 팔베개해 주고, 같이 안고 자고 그렇게 했던 거고.

유민 아빠 김영오

5
참사 전 유민이와의 약속, 특근으로 못 만남

면담자　　　참사 시점 말씀 들으려고 하는데요. 유민이를 겨울에 보신 게 마지막이 돼버렸어요. 그런 일이 생길 줄은 전혀 상상 못 하셨을 테고….

유민 아빠　　못 했죠, 누가 그런 상상을 해요. 자식이 먼저 간다는 상상을 할 수가 없죠.

면담자　　　마지막 전화 통화하신 거는 언제세요?

유민 아빠　　그게 16일 날이, 4월 16일 날 그 [전] 바로 토요일 날. 나도 지금도 정말로, 내가 왜 특근을 해버렸는지…, 마지막 얼굴 볼 수 있었는데 못 봤어요. 4월 16일 참사 나기 바로 [전] 토요일 날 약속을 했어, "일요일 날 아빠 올라갈 거야". 정규직이 됐으니까 자주 볼 수 있잖아요. 그래서 올라가려고, 애들 맛있는 거 사주고, 가기로 유민이하고 [약속하고], 마지막 카톡이 그게 이건데 "아빠 와? 안 와?" 그 얘긴데…. (핸드폰을 꺼내어 보여주면서) 이거는 펜션 잡은 거고. "3일 날 갔다 언제 놀러 와?" 그거 한 거고…. 카톡 내용이 있어요, "아빠 올 거야? 안 올 거야?" 4월 9일 날이죠, 2014년 4월 9일. 유민이가 "아빠, 이번 주 일요일 날 진짜 올 거야?" [해서] 약속을 했거든요. 그래서 "약속한 대로 갈 거고 연락해 줄게" 다시 했는데 "아빠 미리 연락해 줘" 그런 거예요, 목요일[10일] 날. 가기로 했는데, 금요일[11일] 날, 금요일 날 저기가 됐죠, 반장님이 "너 이번 주에 무조건 특근해". 특근은 내가

[도]맡아서 했거든요. "빚 갚으려면 너 특근해야 돼" 해서 특근하면 저로 정해져 있어요. 저하고 또 하나 친구가 있어요. 주말에 일부러 "너 빚 갚으라"고 반장님이 특근을 시켜줬던 거예요, 제 사정을 아니까. "아, 반장님, 이번 주에 유민이 보러 가야 된다"고 "약속해 놨다"고 [했더니] "다음 주에 만나기로 약속하고 이번 주에 특근 뛰어" 그러더라구요. 그래서 "안 되는데요. 저 유민이 약속했는데", "인마, 다음 주에 보란 말이야. 이번 주에 무조건 특근해야 돼". 왜냐하면 다른 사람들 미리 얘길, 특근을 정해야 되잖아요. 근데 내가 할 줄 알고 다른 사람들 안 잡아버린 거예요. 그래서 어쩔 수 없이 내가 특근을 하게 됐어요. 유민이 못 보고, [수학여행을] 갔는데 이렇게 돼버린 거예요, "오늘까지 말해줘" 하고. "아빤데 연락되면 카톡 해봐" 이게 14년 4월 16일 날 10시 48분인데 이때 배가 넘어져 가지고….

면담자   4월 16일에.

유민 아빠   그때까지 연결이 됐던 거죠. 마지막으로 본 게 4월, 통화했던 게 올 건지, 안 올 건지[였는데] "아빠 못 가고 다음 주에 갈게" 그리고 전화를 했죠. 토요일[12일] 날, 마지막 통화가 된 거죠. 〈비공개〉

내가 유민이 죽고 나서 [왜] 이렇게 서글프고 슬픈 줄 아세요? 저 챙겨주고 내 생각해 주고 "아빠, 밥 먹었어?" 해주는 게 유민이뿐이 없었어요, 평생에. 그렇게 내 생각해 주는 놈이 갔는데 내가 어떻겠어요, 지금. 〈비공개〉 아이 때 이혼을 해버린 제 잘못이고 부모로서 죄인이죠. 자식은 원망하면 안 돼요, 자식은. 그건 부모 할 노릇이기 때문에, 내가 못 했기 때문에 그런 거니까 ○○ 탓하지도 않고 대신 건강했으면 좋겠어요. 아빠가 그동안 못 해준 거 다 이해해 줬으면 좋겠다는 거예요. 아이가 직장생활 하고 시작을 했는데[하면], 세상 살다 보면 돈 때문에 얼마나 사람들이 힘들게 살아야 하는지, 또 아이를 낳고 보면 그때는 아빠가 왜 그렇게 했는지 이해해 주겠죠, 시간이 흐르고 난 다음에. 대한민국 살아가는 모든 사람들은, 서민들은 진짜 돈의 노예라는 걸 알게 될 거예요. 그러기 위해서는 하루 12시간, 16시간 일을 해야 되는 것도 알게 되고. 요즘에는 법이 바뀌어서 또 52시간. 힘든 걸 모르겠죠? 요즘 젊은 애들은. 우리 때는 정말로 4시간, 3시간 잠을 자고 또 다음 날 일어나서 일을 할 정도였으니까. 〈비공개〉

한번은 유민이, ○○[가] 우리 집에 왔어요. 할머니가 올라왔거든요, 안산에. 안산에 할머니가 올라오게 되면 와요. 안산에 누나 살고, 셋째 형이 여기 계속 살고 있어요. 할머니가 가끔 와요. 오면 유민이한테 "할머니 왔다. 빨리 와" 그래 가지고 데리러 가서 데리러 오고, 할머니랑 하룻밤 자고. 그렇게 하다가 하루는 저기 제부도 가다가 발전소 만들어논 거 있죠? 수력발전. 거기 놀러 가족끼리 갔어요. 〈비공개〉 그날 회 먹고 가족끼리 또 한 바퀴 둘러서 사진 찍고 하는데, [유민이가] 뒤에서 꼭 끌어안고 매미처럼 붙어가지고 계속 따라오니까 할머니가, 어머니가 그거 보고 울더라구요. "아고, 저렇게 아빠 좋아해서 따라다니는데 어지간하면 같이 살아라, 살아라" 그런 얘기 할 때…. 나한테 과분한 딸이었죠. 내가 해주지도 못하는데 유민이 같은 애[가] 내 딸로 와준 거 정말로 과분한 딸이었죠, 짧은 기간이었지만.

면담자   유민이만이라도 데려올까 하는 생각을 해보신 적 있으세요? 둘 키우시기는 너무 힘드시니까.

유민 아빠   제가 못 데리고 왔던 이유가 집에서 살림하는 사람들은 이해를 못 하겠지만, 저처럼 진짜 혼자 이혼해서 혼자 사는 사람들은 자기가 과장급이라든지, 대리급 이상이라든지 고위 간부 같으면 기를 수 있어요. 나는 맨날 아웃소싱 통해서 들어갔어요. 그러면 새벽에 갔다가 밤늦게, 이걸 또 주야 2교대 해야 돼요. 주간 근무는 돈이 안 되니까 무조건 주야 2교대를 해야 돼요, 일주일 [낮에] 일하고 일주일 밤에 일하고. 나는 죽어도 아이를 키울 수 없는 입장이 돼 있어요. 그렇다고 아이들을 공장에 데려와서 있을 수도 없잖아요. 유치원을 보내게 되면 4시면 그때 또 데리러 가야 되고. (면담자 : 어릴 때는 당연히 안 되는) 어떻게 볼 건데요? 내 현실에서 그걸 알기 때문에 안 데리고 온 거예요.

유민이 엄마한테 이혼하기 전에 이런 얘기도 했어요. "네가 아이들 안 기르면 내가 데리고 갈 거다. 대신 이건 알고 있어라. 아이들 보육원이든 고아원이든 시설이 있을 거다. 거기다 일단 맡길 거다, 나는. 밥도 못 먹이고, 그래서 내가 토요일마다 데리고 와서 애들 밥 혼자 먹을 수 있는 나이까지는. 그렇게 하면서 기를 거다"라고 분명히 얘기했어요. 그랬더니 지금 소문이, 단식하고 나니까 "아이를 고아원에 보내겠다" [했다]고 이런 소문이 나 있는 거예요. 나는 현실적인 얘기해 준 거예요. 키울 수도 없으니까 보육원이나 거기다 시설 맡겨놓으면 국가에서 키워준다 말이야. 그럼 토요일 날 가서 데리고 와서 놀아주고, 다시 또 월요일 날 보내서 공부시키고. (면담자 : 집에 방치해 두고 둘 수도 없는 건데) 그 현실을 아냐고요. 이런 직장생활 노동자들의 현실을 아냐고. 손가락질하고 욕할 게 아니라 우리나라에 어떤 공장 가도 아이들 맡겨놓고 할 수 있는 공장이 없어요. 더군다나 그때가

유민 아빠 김영오

몇 년도였어요, 2003년도. 10년이 넘었는데 그 시대가. 지금이야 직장에 아이 돌봄 [시설]도 있고 하나씩 변하고 있지만….

6
참사 당일 오전 유민 엄마로부터 연락, 전원 구조 오보 확인 후 진도행

면담자   유민이와 마지막 연락이 4월 16일 아침 톡이던데 그때는 이미 사고 났다는 전화받고 연락해 보셨던 거였어요? 처음 연락은 유민이 어머니한테 받으셨던 거였어요?

유민 아빠   이때 전화했던 시간이 10시 48분이었는데, 카톡을 보낸 시간이, 회사가 아침 8시에 끝나요, 새벽 야간 일을 했으니까. 그때가 내가 야간조였어요. 주간은 지난주에 끝났고, 유민이 사고 날 때가 내가 야간조였어요. 밤에 일하고 아침 8시면 퇴근했죠. 퇴근하면서 제가 국궁을 했죠. 국궁을 하고 국궁장 가서 아침 한 2시간 운동을 하고 집에 가서 잠을 자거든요. 국궁장에 올라가고 몇 번 활을 내는데, 유민이 엄마한테 전화가 온 거예요. "클 났다"고, "왜?" 그랬더니 "텔레비전 봤어? 안 봤어?", "무슨 텔레비전?" 지금 유민이가 수학여행 가는 세월호 배가 넘어져 가지고 사고가 났대. "그게 무슨 소리냐? 무슨 수학여행?" 그랬더니 나는 수학여행 가는 거 그때 들은 거예요.

유민이가 저한테 얘길 안 한 거예요. 왜 안 했는 줄 아세요? 그걸 알면 내가 돈 줄까 봐. 그리고 수학여행도 엄마한테 돈을 달라고 하지 않았대요, 자기가 "모아놓은 돈으로 갔다 오겠다"고, 저한테 알리게 되면 돈 줄, 용돈 줄까 봐. 당연히 줘야 되잖아요. 수학여행 가는데, 내가 이제 우리 시골에 데리고 가고 그러면은 용돈, 할머니도 그리고 형들이 5만 원씩 주거든요. 모아놓은 돈이 많아요, 걔가. 한 20만 원, 30만 원 받으면 만 원짜리 한 장 남겨놓고 다 적금해 버려요, 10원도 안 쓰고. ○○는 다 써, 만 원 넘겨놓고. 적금을 안 해요, 틀리니까서로 다르니까]. 그 얘기를, 1월 31일 날 차 타고 오면서 그 얘길 유민이가 "쟤는 돈 만 원 넘겨놓고 다 쓰고" 그런다고 [해서], (면담자 : 그때는 아마 세뱃돈도 받아와서 오는 길이었을 테니까) "적금해라" 그런 얘기하면서 왔던 기억이 나는데…. 수학여행 간다는 얘기를 저한테 안 한 게, 저도 당연히 내가 돈 없는 거 뻔히 아는데 빚 갚으라고 말을 안 했던 거예요. 엄마한테도 그랬대요, "돈 주지 마라"고, 자기 "모아놓은 용돈으로 가겠다"고. 엄마가 미안해서 그래도 3만 원을 줬대요. 3만 원 주고 그리고 또 아침에 출발, 이제 수학여행 출발할 때 너무 안쓰러워서 2만 원을 또 줬대요. (면담자 : 그래서 그 돈 그대로 남아 있었던) 그래서 5만 원하고 지가 만 원만 가져간 거 자기 용돈에서, 6만 원을 가지고 갔는데 10원도 안 쓰고 그대로 나온 거예요, 그 돈이. 수학여행 가는 것도 내가 아침 퇴근하고 유민이 엄마한테 들어서 알게 된 [거예요]. "무슨 수학여행?", "수학여행 가는 것도 모르고 있었어?", "유민이 나한테 얘기 한마디 안 하더라", "빨리 텔레비전 켜봐". 텔레비전 켜보니까 뉴스가 난리 난 거예요. 진도 상황실하고 또 학교[에] 계속 전화 돌렸죠, 어떻게 됐나. 유민이가 어떻게 됐는지, 지금 구조했는지 안 했는지 궁금하고, 어떻게 됐는지가 소식이 궁금하니까.

면담자　　　　아산에 계셨었던?

유민 아빠 　네. 아산 활터에서, 활 다 접어버리고 여기에만 신경 쓰고 있었죠. 그랬더니 전화 통화되는 데가 없었어요. 다, 너무 많이 전국에서 막 전화하다 보니까 상황실이고 전화 불통이 돼버린 거예요. 그러다가 내가 48분 정도[에] 문자 남겨놓고, "살아 있으면 답변 좀 해보라"고 문자를 남긴 거예요. 답변이 없더라구요, 그 시간에는. 벌써 배가 엎어져 버렸잖아요. 그러고 나서 1시간 정도 있으니까 "전원 구조" [보도]가 나오대요. "전원 구조 됐다" 그래서 '아구, 천만다행이다. 정말 다행이다' 활 같이 쏘는 형님하고 내려왔어요, 같이 TV 보고 "정말 다행이다". 〈비공개〉

　　다시 유민이 엄마한테 전화했죠, 마른 옷 가지고 내려가니까 "갈아입히고, 젖었으니까 갈아입혀서 올라와. 바로 안산 가서 아이 볼 테니까, 유민이 보러 갈 테니까". 나는 출근을 해야 되잖아요, 잠을 자려고 청했던 거죠, "전원 구조 됐다"니까 살아 있는 줄 알고. 그러는데 걱정이 돼서 잠이 오나요. 걱정이 되니까 뉴스를 틀어놓고 보니까 다들 뉴스가 엉망이에요. MBC, KBS 다 틀린 거예요, SBS 보도가. 최초로 26[살]짜린가 구조했던 사람이 이쪽 방송 들으면 23살, 또 이쪽 방송 26. 방송이 다 틀린 거야, 한 사람을 가지고. 믿음이 안 가니까 잠이 더 안 오는 거야. '뭐야? 이거. 방송들이 이렇게 안 맞나?' 그거 알게 돼서 다시 전화하기 시작했어. 유민이 엄마한테 전화했더니 아직 자기도 아무것도 모른대, 내려가고 있는 중이니까. 버스에서 학교 (면담자 : 버스 타고 같이) 교사도 같이 한 사람이 타고 갔는데도 교사한테 물어봐도 아무것도 모르고 상황을 모르는 거야. "전원 구조" 했다는데 연락이 안 되니까.

그래서 내가 "뭔가 이상하다, 이상하다. 다 틀리다. 뉴스 정보들이 다 틀리다. 뭔가 이상하다, 물어봐라" 했는데 자기도 교사한테 물어봐도 아무것도 모르고 있는 거예요. 그러면서 목포[진도로] 내려가고 있던 거예요, 진도 팽목항을. 그러다가 한 2시간 있으니, 2시간 정도 흐르니까는 "전원 구조가 오보였다"는 게 나와요. 그래서 바로 자리 박차고 일어나서 나도 출발했죠. 출발해서 나도 무턱대고 내려갔죠, 전원 구조가 아니라서 '클 났다' [싶어 가지고]. 군산 정도 내려가니까는 유민이 엄마가 [진도에] 도착을 했더라구요. 그리고 전화가 왔는데 말도 안 하고 막 펑펑 울기만 하는 거예요. "왜 그러냐?"고, "얘기를 해야 할 거 아니냐?" [했더니] 실종자 명단에 있고 생존자 명단에 유민이가 없다는 거예요. 그 전에 직감을 했잖아요. 배가 뒤집어져서 꽁무니밖에 안 보이는데 구조 못 한 사람 다 죽었을 거라는, 죽을 거라는 거 알잖아요, 이제.

그 얘기를 듣자마자 갑자기 앞이 안 보여 눈물이 쏟아져 버리니까, 앞이 안 보여서 운전을 못 했어요. 그래서 군산 갓길에 대놓고 한 2, 30분 울고, 눈물 닦고 겨우 팽목으로 다시 출발했죠. 가서 도착하니까 밤 10시가 넘은 거예요, 그 시간이 벌써. 왜냐면 오후, 전원 구조 오보 떨어진 게 오후 4, 5시 돼서 아마 떨어졌을 거예요, 내가 5시 다 돼서 출발했으니까. 멀기도 멀고, 정말로 멀고, 지금 와서 보면 되게 먼 데 그날은 먼 것도 못 느꼈어요. 가면서 별의별 생각을 다 하니까. '살았을까, 어디에 있을까. 섬에 갔을까?' 왜냐하면 "일반 어선들이 아이들 섬으로 데리고 갔다"고 그랬거든요. '올 거야. 살았어. 안 죽었어. 섬에 가서 뭍으로 오려고 대기하고 있을 거야', 이 생각만 하고 있

유민 아빠 김영오

었던 거예요, 저는.

　10시 정도 가니까는 유민이 엄마랑 다 보니까는, (면담자 : 체육관으로 가셨어요? 아님 팽목으로 바로 가셨어요?) 팽목으로 갔죠. 가봤더니 아직 유민이는 안 와 있고 완전히 그냥 그런 난장판이 없었어요. 아우 성치고 울고불고, 엄마, 아빠들 울고불고(한숨). 도착하자마자 사태 파악을 해야 되니까 10반 엄마들 모여 있는 데 가봐서 얘기 들어보고, 그러면서 10반 엄마가 누구란 거 이런 거 하나씩 알게 됐고. 지금 상황이 어떤가 했더니 배에서 카톡이 왔다는 둥, 그런 사건이 많았잖아요. "누구, 누구, 누구가 문자가 왔다. 아, 그럼 아직도 배에 있는 애들도 있단 말이야?" 그리고…. 배가 한 대씩 들어올 때마다 가족들 다 우르르 다 몰려갔어요, 그 새벽까지 오밤중인데도. 어선이 [아이들] 구해서 타고 오는 줄 알아. 배만 오면 우르르 다 몰려가서 내리는 사람 다 쳐다보고, 아니면 또 눈물 나고. [아이들이] 타고 올 줄 알았는데 안 오니까. 밤새 배만 들어오면 울고, 배만 들어오면 울고 하다가 날 새버린 거죠.

　그래서 '안 되겠다. 상황실로 가야 되겠다', 이거는 팽목에 있으니까 아무것도 서로 모른다고 그러고…. (면담자 : 거기를 통제하거나 이런 것도 전혀?) 통제하는 사람도 있었는데 물어봐도 모르고 아무것도 몰라요. 그 얘기 들어보니까 "실내 체육관에 상황실이 있다"고 하더라구요. '가야 되겠다' [생각하고] 상황실에 가서 자리도 잡고, 상황실 가니까 중대본[중앙재난안전대책본부]에서 사람들 왔다 갔다 하고, 해수부 애들도 오고 단장도 오니까 상황을 들을 수가 있고 알겠더라구요, 지금 상황이 어떤 상황인지도 알 수 있었고. 그렇게 해서 유민이, 유민이 수습하기 전까지 같이 함께했던 거죠.

7

진도 생활, 거짓말하는 정부와 언론

면담자   그때부터는 주로 어디 계셨었어요? 팽목에 왔다 갔다
하셨어요?

유민 아빠   체육관에서 매일 왔다 갔다 했죠. 체육관에, 실내 체육
관에 있으면 화면이 떠요. 몇 번, 몇 번 누구 뜨고, 아이 몇 명 구했다
[수습했다], 구했다[수습했다 하고 떠요], 다 가서 일일이 확인을 해야 되
니까. 검안소 가서 아이들 다 누워 있어요. 일일이 다 보고 돌아오고,
보고 돌아오고. 처음에는 '살아 있으라'고 내가 빌었어요. '너는 아빠
성격 닮았으면 무조건 넌 살아 있을 것이다' [유민이가] 굉장히 강골이
었거든요. 굉장히 강인했어요, 고집이 세고. '내 성격 닮았으면 무조
건 살았을 것이다', 3일, 4일, 5일 그래도 나는 믿었어요. 다 하나씩 죽
어가지고 나왔잖아요. 그런데 '너는 살아 있을 것이다, 넌 살아 있을
것이다' 그렇게 살아 있을 거라고만 믿고 있는데, 가족들이 처음에 아
이 찾으면 '내 아이는 아니기를' 나 같은 마음 가지고 있었으니까. 우
리 아이는 살아 있을 거라는 기대가 있었기 때문에, 첫날부터 아이들
구조[수습]하고 시신으로 돌아오면 내 아이가 아니길 바라면서 검안소
로 들어갔던 거죠. 내 아이가 아니길 바랬어요. '얘는 살아 있을 거야'
라는 신념, 희망도 있었고, 기대도 있었고.

박근혜까지 실내 체육관 왔다 갔으니까 '구조될 거야. 구조될 거야. 좀만 참고 있어' 그러다가 3일, 4일, 5일 시간이 흐르다 보니까 아이가, 아이들이 다, 배가 가라앉아 버렸잖아요. 3일 지나서, 그때는 사람들이 유실이라는 걸 떠올리기 시작했어요. '이러다가 내가 뼈도 못 찾을 수 있겠다'. 왜냐면 그때 처음에 아이들이 구조해서 나온 게 아니라 물살로 흔들려 가지고 쏠려가지고 흘러가는 아이를 주워 왔거든요, 해경들이 3일 동안. '안 되겠다. 이러다가 우리 아이도 못 찾겠다. 죽은 아이 손도 못 만져보고 보내게 생겼네'. 유실이라는 게 생각나니까, 가족들이 일주일 정도 지나니까는, 5일 정도 지나니까 그런 거예요. 아이 찾아가지고 "올라간다" 그러면 "축하해", 내 아이 아니길 바랬다가 그때부터 부모들이 "축하해", "먼저 올라가서 미안해" 그 얘기를 다 했던 거예요. "올라가서 기다리고 있을게. 꼭 찾아갖고 와", "먼저 올라가서 미안해" 우리는 어떻게 자식이 죽었는데 축하한다는 소리를 [하며] 살아야 됐는지, 이놈의 세상이. 그래서 "축하한다"는 얘기가 나왔던 거예요, 유실 가족이 내가 아니길 바라기 위해서.

면담자　　　그 며칠 동안에는 체육관에서 정말 많은 사람들이 있었는데 그때 당시에 어떻게 보도가 나가고 있을까 생각을 하셨어요?

유민 아빠　　　다 봤죠. 우리는 화면 보고 있었잖아요. 박근혜 와서 지금 바다에 무슨 일이 벌어지는지 모르니까 텔레비전, "실시간 텔레비전으로 보여주라" 했어요. 근데 이놈 텔레비전 봐도 맨날 똑같은 장면만 있는 거예요. 멀리서 찍으니까 보이지도 않고 흐릿하고, 뉴스는 "500명 투입, 헬리콥터 몇 대, 함정이 몇 대, 500명 투입" 이게 며칠 동안 나오고 있는 거예요, 구조 중이라고. 우리 가족들이 가봤잖아요. 처음에는 우리 가족들이 돈을 걷어서 갔어요. 16일 날 밤에 12시 정도 해서, 야밤에. 왜냐면 해경한테 "현장에 한번 가보고 싶다. 구조하고 있는지 안 하고 있는지 보고 싶다" 했더니 안 하는 거예요, 얘네들이. 그래서 우리가 일반 어선을 돈 주고, 가족들이 돈 걷어가지고 갔다 온 일부 (면담자 : 있었죠) 있었죠. 이분들이 딱 도착해서 하는 소리가 "구조 같은 소리 하고 자빠졌네. 아무것도 안 하고 있다"고, 지금. 그래서 우리가 놀래기 시작을 한 거죠. 흥분됐던 거죠. 그래서 다음 날 나도 해경한테 "빨리 배 대라"고, 우리가 싸웠던 거예요. "배 대라"고. 그래서 정부에서 배 대주고, 나도 다음 날 아침에 가봤죠. 10시에 출발해서 현장에 가봤더니 아무것도 하고 있는 게 없었어요. 17일 날 10시 출발에서 12시경 도착했거든. 몇 대 배 있고 주변에서 왔다 갔다 하고 있는 거야. 그 밤에는 구명정 한두 대만 있었잖아요. 내가 갔을 때는 12시가 다 돼갔죠. 12시 넘어갔죠.

왜 배가, 함선들이 온 줄 아세요? 박근혜가 거기 가기로 했잖아요. 구조하는 거 보여주려고 그때사 헬기 날아다니고 별짓 다 한 거예요. 17일 날 오전에 다 몰리기 시작한 거예요. 그래서 배 한 대도 없던 오밤중에 구조 세력이 없었던 게 그때 박근혜 온대니까 다 몰려가지고 바다에서 구조하는 척했던 거예요. 그리고 실내 체육관에서 있으면서 "구조 어떻게 할 거냐?" 그런 걸 많이 우리가 요구를 했죠. 저는 제일 걱정되는 게 배가 시간이, 눈뜨고 다음 날 되면 하루, 17, 18일 가면 갈수록 가라앉는 게 보여요. '저거 가라앉으면 영원히 구조 못 한다. 영원히 구조 못 한다. 죽는다' 그걸 알기 때문에 해수부 애들 와서 브리핑해요, 아침에 한 번, 오후에 한 번 하길래, 제가 컵에다 100원짜리 가져가서 설명을. 물, 물컵에다가 17일 날 물컵에다 물 받아가지고 100원짜리 하나 떨어뜨렸어요, 그 해수부 브리핑하는 데 앞에 가서. 떨어뜨리니 동전 이렇게 가라앉았잖아요. 부력 때문에, 물의 부력 있잖아요, "3000톤이 됐든 5000톤이 됐든 크레인 불러서 빨리 걸어줘라. 물에 부력 때문에 저게 6000톤이 됐던 만 톤이 됐든, 물의 부력 때문에 가벼운 걸로 걸어만 놔도 가라앉지 않는다" 그걸 설명을 했는데, "크레인이 중국에서 온다 어쩐다"…. 평택에서 출발해서 결국은 왔어요, 18일 날. 근데도 안 걸었죠, 다 돌려보냈잖아요. 이런 걸 다 보고 있을 때 얼마나 화가 났겠어요. 그러고 나서 가라앉아 버리고…, 난 "걸어달라"고 분명히 얘기했고 조건을 내세웠어요. 그런데도 정부는 해준 게 없잖아요.

8
사복경찰들의 감시와 행동 제지

면담자   박근혜 왔을 때 마이크 잡으셨던 뒤로 계속 행동에 제약이 많아지셨다고요?

유민 아빠   그렇죠. 그때가 진짜 크레인으로 [세월호를] 걸어만 줬으면 돈이 이렇게 천문학적인 돈이 들어가지도 않았을 거고 구조[수습]하는 데 이렇게 오래 걸리지도 않았어요, 진짜 "크레인 걸어달라" 했을 때 걸어만 줬으면. 가라앉아 버렸기 때문에 4년 동안 물속에 있었던 거고…. 그런 걸 돌아가는 상황들이 엉망이라는 걸 이제 하나씩 다 알았잖아요. 뉴스도 다 거짓말로만 하고 그래서 난 할 소리 해야 됐었어요. "빨리 구조해 달라"고, 지금 "빨리 투입시키라"고, "투입시키라"고, 이게 요구 조건이었어요. 첫날은 16일 날, 그때 장관도 왔었죠. 무슨 장관이었더라?

면담자   해수부 장관하고 총리 왔었고.

유민 아빠   국무총리도 왔었고. 총리한테도 앉혀놓고 "빨리 무전으로 현장 연결시켜서 우리 확인시켜 달라. 투입하라는 명령을 내려달라. 명령을 내려달라", 안 해요, 새벽까지. 서로 미루고 "연락이 안 되네" 그러면서. 이런 상황을 겪었기 때문에 제가 흥분할 수밖에 없잖아요, 앞에 나가서 떠들 수밖에 없고. 그리고 박근혜가 왔죠. 박근혜가 오기 전부터 어떤 일이 있었냐면 밥을 먹으러 갔어요. 큰형이 연락받고 바로 [진도에] 내려왔으니까 큰형하고 아침을 먹으러 갔는데, 식당, 봉사식당이 있어요. 자원봉사가 와서 밥을 주잖아요, 유가족들. 자원봉사 조끼를, 건장한 청년이 등치도 좋고, 청년이 둘이나 있더라고요, 자원봉사에, 파란색 조끼를 입고. 그리고 이제 밥을 우리한테 갖다주고 계속 옆눈질로, 곁눈질로 우리를 쳐다보고 있더라고. 그때부터 형하고 나하고 했던 얘기가 "뭔가 이상해, 형. 뭔가 이상해" 이걸 느꼈어요, 감지했어요, "지금 돌아가는 게 구조가 아니다. 형, 뭔가 진짜 이상하다. 이상하다". "광주에 고립된", 5·18이 고립됐잖아요, "지금 그 느낌이 든다, 형". 왜냐면 16일 밤부터 애네들 정부가 하는 걸 다 겪었기 때문에….

16일 날 밤에 도착해서 17일 날 아침까지 상황이 한 몇 달 흐른 시간만큼 지루했고 너무 길어 보였어요. 그 짧은 시간이었지만 정말 몇 달 겪은 거 같은 긴 시간이 느껴졌던 거는, 구조도 안 하고, 거짓으로 막…. 우리가 MBC도 찾아가 봤어요. "방송에 [왜] 저렇게 내보내냐?", 지금 뉴스 보니까, 구조하라는데 구조도 안 하고 다 나 몰라라 하고 있고, MBC, SBS 다 와 있었는데 그랬어요. 그런 걸 다 겪었잖아요, 아침까지, 오전까지. 그러니까 점심을, 그때 점심인가 그랬어요, 바다 갔다 오고 나서 바로 밥을 먹으러 갔으니까. 그리고 갔는데, 점심 정도 됐겠네요, 아침이 아니라. 그때는 상황을 다 알았잖아요 우리가, 그러면서 앞에 가서 마이크도 잡기 시작했고. 근데 밥을 먹는데 건장한 사람들, 옆눈질로 쳐다보니까 나도 이제 하도 눈치가 그러니까 봤어요. 근데 구두가 똑같애, 신발이. 그리고 무전기가[를] 하나씩 차[고] 있어, 들어 있어 조끼에. "형" 막 눈치 했죠. "뭐?", "조용히, 조용히 나가자"고, "나가자"고 내가 "형 나가자"고, "왜?", "주머니 봐봐". 사복 입고 사찰하기 시작했던 거예요.

그때 내가 단상에서, 팽목 현장에 갔다 오고 마이크를 잡았거든요. "카메라들 다 나가라"고, "니네들 이따위로 보고할라면 다 나가라"고, 그래서 실내 체육관에 기자들 다 내쫓아 버렸어요, "당신들은 기자가 아니다". 그리고 현장에 갔다 왔는데 팽목항이 완전히 아수라장이 돼 있어요, 팽목항 자체가. 구조해서 17일이면 한 사람이라도 숨 가쁘게 올라온 애들이 있을 거란 말이에요. 숨이 붙어 있는 아이들이 올라오면 119 구조대가 대고 바로 출발할 수 있는 길을, 통로를 확보해야 되잖아요. 근데 내가 가는데 119 구급차가 저쪽에서 웽웽 하는데 갈 수가 없어요. 왜 못 가냐면 방송 차량들이 그 길을 다 막아버렸어요, 2, 300미터 되는 거리를, 검안소까지. 그걸 보고 나서 화가 났던 거예요. "당신들이 지금 기자냐. 언론 이 개새끼들아" 욕을 해가면서, "다 나가. 이 쌍놈 새끼들" 마이크 잡고 시작했던 거예요. "살아서 오면은 팽목항 입구에서 죽겠다. 방송 차 다 막아놓고 차도 못 다니게 하고". 그래서 열받으니까 마이크 잡기 시작했던 거예요, 나서기 시작했고. 그리고 이제 은근히 내 뒤쪽에 붙은 거 같애요, 사찰단들이.

면담자　　　그 순간이 처음 느끼셨던 때고?

유민 아빠　　네, 사찰단들이. 그리고 "박근혜가 온다"는 소리 들었어요. 박근혜 이제 딱 왔는데, 그 전에도 내가 우리 가족끼리 싸웠던 적이 있어요. 왜 싸웠냐면 실내 체육관에 보면 1층과 2층 나눠져 있잖아요. 사람들이 몇천 명이 돼요. 그러다 보니까 "어떻게, 어떻게 해수부하고 합의를 해야 되진 않겠습니까. 여러분 이렇게 이렇게 합시다" 하면 한 쪽에서 "네가 뭔데?" [하고] 싸움을 걸어요. 그래서 그러면 앞쪽에서 "너는 뭔데?" [하는] 시비조가 있어요. 그게 꼭 2층에서 많이 들려요, 2층에서. "당신 뭐야? 유가족이야?" 그렇게 싸우게 되고, 유가족인지 서로 몰랐다니까요. 이런 것도 있다 보니까 물병 던지고 싸움이 벌어져요. 그러다 보니까 서로 격분해 있잖아요. 마이크 잡고 "지금 싸울 때가 아닙니다. 정부가 바라는 게 우리 이렇게 싸우고 분열되는 겁니다. 아이를 구조하기 위해서 단합을 해야 되는데 우리끼리 왜 싸웁니까? 싸우지 마세요" 마이크 대놓고 내가 크게 떠들어요. 그럼 또 조용해지고 그런 걸 하기 때문에 또 붙었는지도 모르고.

　　박근혜가 딱 오는데, 입구에 들어오는데 네 명이 나한테, 파란색 조끼가 딱 붙어요, 앞에 두 명 뒤에 두 명이. 그때부터 느끼기 시작했죠. 아침에 점심 먹을 때 붙었던 사찰, 파란색 애들이 딱 붙더라고.

유민 아빠 김영오

'뭔가 진짜 이상하다' 그래서 가만히 있기로 했어요. 박근혜 연설하는데 바로 앞에 앉았죠. 동영상 있는데, 그때 박근혜 한창 이 사람, 저 사람 가족들 요구 조건을 들어줬어요, 손 들고 얘기하도록. 내가 이제 손을 딱 드는데 뒤에서 딱 쨍기는[잡아당기는] 거예요, 하지 말라고, 파란 조끼 입은 애가. "놔, 이씨. 여기서 소란 피울까? 방송 다 찍고 있는데" 옆에 있는 애가 "내비두라"고. 소란 피우면 더 안 되잖아요. 그래서 손들고 일어나서 내가 손가락질을 했어요. 박근혜한테 한 게 아니고 김석균이, 옆에 해수부 (면담자 : 해경청장) 해경청장 김석균이가 박근혜 옆에 서 있고 500명 구조하고 이런 얘기하고 있었죠. "저 새끼 바꿔달라"고, "저 사람 바꿔달라"고. 왜 그러냐면 그때 구조하러 SSU 요원, 그다음에 해군[이 있었기 때문에]. 얘들은 해경이에요, 해경. 해경은 구조할 수 있는 장비도 없고, 실력도 없어요. 다 알아요, 누구나. SSU 애들은 실질 잠수를 해요, 해군도 그러고 훈련을 받아요.

해군한테 그 전에도 물어봤어요. "왜 당신들 그 특수 훈련 받아? 왜 안 들어갑니까?" 했더니 해경이 막는대요. 지휘권이 해경한테 있고 해경이 막기 때문에 들어갈 수가 없다는 거야. 그걸 알기 때문에 "해경, 해수부, 모든 걸 총괄해서 지휘할 수 있는 한 사람을 만들어달라. 저 사람 말고" 그 얘길 하면서 손가락질했는데, "박근혜한테 욕했다"고 그게 언론에 퍼진 거예요, 짜깁기해서. 제가 했던 말은 그거였어요. 김석균이 저 사람 해경이 통제, 그 사람이 통제해서 해군도 못 들어오고, SSU도 못 들어오고, UDT도 못 들어와요. 구조를 500미터 밖에서 구경만 하고 있었던 거야. 그래서 "해경, 해경, 뭐 해수부, UDT 모든 걸 총괄해서 지휘할 수 있는 사람 한 사람을 만들어주세요" 그래야 구조가 될 거니까. 그 얘길 하는데 뒤에서 또 땡기는 거야. 손가락질하고 얘기하고 있는데 앉으라고 땡기는 거야. "놔, 이 새끼야" 그래서 욕을 했던 거고. 근데 그게 "박근혜한테 욕했다"고 퍼져나간 거요, 그걸 또 짜깁기해서(한숨). 그걸 또 단식 끝나고 나니까 일베들이 그것만 짜깁기해 가지고 "박근혜한테 욕했네, 어쨌네" 그러는 거예요.

면담자　　그때는 그런 거 저런 거를 생각할….

유민 아빠　　몰랐죠. 일베가 뭔지도 모르고 아무것도 모르는 상황이 잖아요.

9
가족 명찰 제작과 반 대표 선출

면담자　　앞서 가족분들이 싸우시면서, 가족 외 다른 분들은 체육관에 못 머물게 하는 결정이 있었잖아요. 그게 박근혜 오기 전이었어요?

유민 아빠　　몸만 오게? (면담자 : 가족들이 표시를 하게 되는?) 그거를 제가 제안을 했어요, 명찰. 한 이틀 동안 있다 보니까, 내가 이제 대책위 위원장은 아니지만 그냥 마이크 잡고 떠들게 됐어요. 전달할 게 있으면 지금 몇 시에 누가 오고 이런 얘기를 내가 전달도 해주고 이 일을 했어요, 17일 날, 할 사람이 없었으니까. (면담자 : 반 모임도 없을 때였고) 없었으니까. 급히 교사들은 딱 앉아 있었으니까, "반별로 지금 몇 명이나 왔는지, 이걸 우리가 확보를 해야 된다" 그래서 반별로 전부 다 누구누구 이름, 몇 반에 명찰 나오고 선생님한테 만들어달라고 하고…. 몇 반에 몇 명 정도 되고 거기 가면 알 수 있고 이런 상황까지밖에 안 돼 있었던 거예요. 누가 진짜 유가족인지 몰라요. 선생님한테 물어보면 이 사람 누구 아빠고, 이것밖에 모르는 거예요. 서로 얘기하다 보면 또 싸움이 나요. 계속 싸움이 나거든요, 서로 말이 안 통할 때. 반대 세력들, 또 사찰단들이 싸움을 걸어요, 일부러. 얘네들 시비를 살살 걸어요. 싸움을 만들게 해서 아수라장을 만들어놓거든, 계속. "당신 누구야?" 하면은 "나 유가족이야. 몇 반 누구 아빠야", 데리고 가보니까 아닌 놈도 있어.

면담자   그 짧은 시간, 벌써 하루 이틀 됐을 때?

유민 아빠   그래서 내가 "몇 달 시간이 흐른 거처럼 많은 걸 느꼈다"고 했죠, "보고 느꼈다"고. 오죽하면 17일 날, "여기 광주 5·18처럼 고립됐어, 형" 그걸 내가 얘기한 거야. 나는 이제 상황실하고 가족들한테 전달 역할을 했기 때문에 그걸 빨리 파악을 했던 거예요, 빨리 알게 됐고 그래서 모든 걸 나는 전달해 주고 하다 보니까 싸움도 벌어지고. '이건 도저히 안 되겠다' 유가족이란 게 표시를 해야 되긴 해야 되겠는데…. 그때 인천의 장종렬이, 인천 일반 팀은 장종렬이 대표를 맡고 있었어요, 대표가 아니라 책임자식으로. 나하고는, 나도 대표는 아니지만은 장종렬하고 또 송희 삼촌이랑 하고 있었고. "나는 도움만 주는 사람 하겠다. 여러분들이 해라. 나는 도와주는 역할만 할 테니까, 뒤에서" 그러면서 이렇게 대충 이끌어갔어요, 17, 18 한 이틀 동안. 싸움이, 나도 저 사람이 유가족인 줄 모르니까, 내가 장종렬이나 송희 삼촌 다 모아놓고 "우리 명찰을 만들자. 내일 아침까지 비밀리에 만들어야 된다, 이거. 비공식적으로". 그래서 학교 선생님을 오라고 했죠, 단원고 그때 쭉 앉아 있었으니까. "내일 아침까지 명찰 전부 다, 학부모들 해서 피해자들 명단 만들어서 아침 8시까지 딱 만들어서 가져올 수 있냐?" 했더니 최대한 해보겠대. 급히 명찰 목에 거는 걸 만들고 아침 8시 되기 전에 마이크 잡고 "지금부터 부르시는 분들, 호명하시는 분들 반 대표한테 오셔서 이거 받아가십시오. 이 명찰은 학생들 유가족한테만 줍니다. 엄마, 아빠한테만" 급히 만들었으니까 그때 다 나눠주고 "이거 가진 사람만 발언할 수 있습니다" 그래야 싸움이 안 나니까. 그래서 만들었는데 또 일반인하고 또 옥신각신돼 버렸던 거예요. 왜 됐냐면 인천 일반인들은 서운했을 거예요. 우리 단원고 학생들은 다 나왔어요. 근데 일반인들은 단 한 개가 안 만들어진 거야.

면담자   누가 할 사람들이 없었던 거예요?

유민 아빠   그래서 이제 일반인들이 우리한테 항의를 하기 시작한 거예요. "왜 니들만…" (면담자 : 표시하냐?) 그래서 다시 가서 그 담당관에 물어봤더니, "왜 이렇게 우리 학생들 거만 만들어서 분란이 일어나게 만듭니까?" 했더니, 일반인은 명단이 없다는 거야. "왜 없습니까?" 했더니 우리는 학교기 때문에 교육청에서 지시가 내려오고 반별로 선생님들이 다 하나씩 다 와 있어서 반별로 앉아 있었잖아요, 담당자들. 인천은 그게 아예 없었던 거야, 일반인들이. 누가 사망을 했고 뭐 했는지 알려면 시간이 오래 걸려요. 담당자가 없으니까 만들지 못했던 거예요. 그때부터 인천[일반인 실종자 가족]들은 우리를 오해하기 시작했던 거죠, 우리끼리만 뭉친다고. 우리끼리만 뭉친다 그래서 갈라지기, 슬슬 금이 가기 시작 하는 거예요.

"그게 아니다". 우리는 가만히 있어도 선생님들이 교육청에서, 단원고에서 와서 파악도 하고 정보도 주고 뭐 궁금한 거 있으면 가서 하면 다 해줘요. 그리고 아이들 하나씩 올라오고 구조가[수습이] 되잖아요? 그러면 선생님만 따라가면 돼요. 다 해서 이렇게 따라만 가면 되게끔 절차를 다 해놨어요. 근데 인천은 또 한 번 이런 일이 벌어졌죠. 일반인들이 병원에, 그때는 [목포]한국병원, 목포[기독]병원 나눠져서 갔잖아요. 병원에 갔는데 엘리베이터 앞에 일반인 그 어머니를 찾았는데 방치한 거야, 몇 시간 동안. 난리가 난 거죠. "왜 또 이 따위로 했냐?"고 또 이제 우리 상황실에 가서 얘기하니까 인천은 명단도 없고, 이게 담당자가 책임지고 하는 사람이 없다 보니까 병원에 연락이 안 가버린 거예요. 병원에 가면은 학생들 명단만 올라가 있는 거예요. 명단 보니까 없으니까, 당신이 [누군지] 모르니까 방치해 놔버린 이런 사건들 있으니까 갈라졌어요. 이런 정부가 된 거예요. 이렇게 무능한 정부였던 거죠.

면담자   명찰 만드시기 전에 반별로 대표를 뽑자고 하셨던 거는 언제예요?

유민 아빠   임시 대표로만 하고 있다가.

면담자   아버님은 10반 대표를 하셨던 거는 아니죠?

유민 아빠   그렇게 하면서 10반을 내가 이끌어갔어요. 가다가 이거 하다 보니까 정말로 똑똑한 사람이 해야 될 거 같더라고. 남자인

113

2회차

내가 하다 보니까 엄마들 등쌀을 못 이기겠는 거예요. 엄마들이 원래 좀 강하고 엄마들은 틀리잖아요. 왜냐면 의견이 한 가지 해야 되는데 의견이 둘로 갈라지는 거예요. "엄마들이 많이 이쪽, 이쪽 편으로 데리고 해야 되는데 이걸 하려면 여자가 반장을 해야 되겠다, 내가 뒤에서 무조건 도와줄 테니까 경주 엄마 네가 해라" [해서] 경주 엄마가 한 거예요. 그리고 대표만 해놓고 같이 계속 나는 알아보고 활동하고 팽목 왔다 갔다 하면서 정보 있으면 싸우고 그랬죠. 그렇게 해서 명찰도 시작이 됐고 오죽 못 믿으면 명찰까지 다 만들었겠어요, 그거를.

면담자   사찰이 굉장히 빠른 시점부터 시작이 된 거네요.

유민 아빠   담배를 내가 폈기 때문에. 그걸 목격을 했기 때문에 사찰이라는 걸 알죠. 17일 날 1게이트, 2게이트, 3게이트 문들이 있어요. 나가는 문이 있는데, 이쪽 1게이트는 안 나가, 사람들이, 2게이트 쪽으로 많이 나오지. 저는 담배를 피니까 1게이트 뒤쪽에 갔어요. 갔는데 관광차식으로 차가 두 대, 세 대가 쭉 들어오더니, 그냥 사복으로 전부 다 사복만 입고 건장한 남자들만 다 내리는 거야. '뭐지?', 담배 피고 '뭐지?' 눈치 보고 있는데, 얘기가 완전히 군대 격식 차리는 거 있죠. "과장님" 하면서 보니까 신발도 다 똑같고. '이거 뭐지? 아, 사찰단 왔구나' 내가 정보관지 아무것도 모르잖아요. 사복 입고 다 깔아버린 거예요. 그 사람들이 1게이트 그쪽으로 우리 가족들 앉아 있으면 쭉 뒤로 서 있는 거예요, 군데군데 퍼져가지고. 난 담배 피며 그걸 봤어요. (면담자 : 한꺼번에 내리는 거를) 목격을 했기 때문에.

면담자   그런 것들을 알릴 수는 없는 상황이었을 거 같고?

유민 아빠   없는 상황이었죠. 아니, 우리 가족들한테 얘기했는데 "[사복경찰이] 풀렸다. 풀렸다" [하고]. 그리고 우리가 5일 정도 그런 싸움을, 이런 싸움 저런 싸움 하다가 "청와대 가자" 해서 청와대 가기로 됐죠. 그때 청와대 가기로 할 때 우리가 앞에 나가서 마이크 잡고 막 "갈 거냐? 안 갈 거냐?", "청와대 행진할 거냐? 안 할 거냐?" 찬반 논의하고 있을 때, 어떤 한 사람이 계속 찍고 다니는 거예요, 이렇게 핸드폰으로 우릴. 앞에 나가서 우리끼리 마이크 잡고 토의하고 반별로 하고 있는데, 계속 중간 정도 다니면서 찍더라고. "너 뭐야?" 딱 한 아줌마가 잡았어, 한 엄마가. "핸드폰 뺏어, 핸드폰 뺏어" [해서] 봤죠. 봤더니 보니까 정보과야, 정보과 과장, 그때 계장이었구나. 정보과 계장 (면담자 : 어디 소속이었어요?) 저기, 저기 군산 아니 진도, 진도경찰서 정보과 계장. 그래서 "너 뭐야?" 그랬더니 이제 사찰관인 거예요 사찰, 그래서 사복 입고. "뭐야?" 하니까는 유가족이라고 핑계 댄 거야 그 사람이, "유가족이다". "명찰 어딨어?" 말을 못 하는 거지. 그래서 확 멱살 잡고 결국은 한두 시간 붙잡아 놨다가 풀어줬어요. "너도 인간인데 불쌍하다" 하면서 핸드폰 돌려주고 "가라" 하고. 왜? "너네들 주변에 깔린 거 알고 있으니까 가라", 보내줘 버린 거예요. 그 정도로 사찰이 심했으니까요, 다 알고 있었으니까.

면담자   박근혜 왔을 때도 이미 알고 계신 상황이셨던 거예요?

유민 아빠   박근혜 오기 전에 밥 먹으면서 봤으니까, 벌써 깔렸던 거예요. 16일부터 깔렸는지 17일 날 새벽에 깔렸는지 모르겠는데 벌써 깔려 있다는 거예요.

면담자　　　　그걸 박근혜한테 얘기하실 생각은 안 하셨어요? 왜 우리 지금 감시하고 있냐?

유민 아빠　　　그거는 설마 감시라고 생각을 안 했죠. 나는 정부를 믿었어요 그때도, '그래도 정부가 구해줄 거다'.

면담자　　　　'그냥 보는 거다' 그렇게 생각하셨겠네요.

유민 아빠　　　'지켜보겠구나'. 지금 생각하면 그때 벌써 증거 다 해놨겠죠. 우리 유가족들이 하나같이 지금 얘기하는 게 뭐냐면요, 그때 당시에 있었던 일들을 다 자료로 만들어 가지고 있었으면 이렇게 안 됐다는 거예요, 회의록이든지 뭐든지. 정부를 믿고, [정부가] 구해줄 거라는 거만 믿고, 알아서 다 해줄 거라는 거 믿고 방관하고 "어떻게 구조할 거냐?" 이 방법론만 계속 제시했던 거예요, 방법론만. "어떤 어떤 방법을 써봐라", 심지어는 "사다리를 만들어서 쭉 올리면 어떨까", 별놈의 여기저기서 다 나왔어요, 다이빙 벨도 오기도 하고. 이런 구조 방법에 대해서만 우리만 몰두하게 되지. 왜냐면 자식을 구해야 된다는 신념 하나뿐이 없으니까요.

면담자　　　　그렇죠. 며칠밖에 안 됐는데 정부를 못 믿는다는 게 오히려 더 이상하죠.

유민 아빠　　　그래서 우리가 방법을 제시해 주는 역할만 했어요, 해수부한테. "이러 이러 방법을 써봐라. 이러 이러 방법을 써봐라", 여기서 이 방법, 저 방법 별놈의 방법이 다 나왔죠. 근데 가족들이 했던 방법은 아무것도 없죠, 결국은. 자기네들이 구조를 못 한 거죠.

유민 아빠 김영오

면담자   '사람들이 돌아다니는구나, 이렇게 보는구나' 생각하지만….

유민 아빠   왜 사찰을 하고 하는지도 몰랐었다니까요, 왜 저렇게 사복 입고. '형, 사복 입고 왜 우리 감시하지?' 이런 것만 느꼈다 뿐이고, 17일 날 저녁 돼가면서 "형, 우리 광주항쟁 똑같애, 똑같애". 이걸 가만히 보니까 여기에서 정보가 밖으로 새나가지 정보를 막기 위해서 온 거 같애. 이걸 느끼기 시작한 거예요. ○○한테 내가 전화를 했거든요. "○○야" [하고], 여기 있는 소식 카톡으로, ○○도 그런 얘길 하는 거야, ○○도. "카톡을 보냈는데 친구가 못 받았대. 여기 있는 사진 그런 거 못 받았다" 그리고, "친구야, 잘 있니?" 이런 거는 "문자가 날아가고. 암만 해도 이상하다는 거야". 그래서 '5·18에 우리가 고립된 거처럼 우리를 가두는 거 아니냐. 팽목에 있는 이 사실이 널리 알려지지 않게끔 진도를 고립해 놓은 거 아니냐' 하나씩 하나씩 의심이 되기 시작했던 거죠. 카톡 때문에 (면담자 : 실제로 보냈는데 안 갔다 그런?) ○○가 그 얘기를 하는 거예요. 그래서 '진짜 고립되는 거 아니야?' 이런 의심을 하지만은 그래도 구조에 또 구조 방법에 대해서 싸울 수밖에 없었고 (면담자 : 맞아요. 에어포켓 있다, 없다 그 얘기가 계속 나오고) "지금 빨리 공기를 주입해야 되는데 어떻게 할 거냐?" 이런 얘기 하다 보면 또 까먹어지고, 지금 사찰이 문제가 아니니까요.

　　고립됐다는 걸, 사복 입고 경찰관들이 뿌려져서도 마찬가지지만, 저는 또 한 가지 또 느꼈던 거, 겪었던 거가 언론 때문에 팽목항이나 실내 체육관 왔다 갔다 하면서 매일 내가 보고 있었잖아요, 보고 있었는데 외신 기자들이 안 보인다는 거. 딱 한 팀뿐이 못 봤어요, 딱 한 팀. BBC라든지 CNN이라든지 NHK 외국 언론이 안 왔다는 거는 이상하다 뭔가…. 현장에 가도 없고, 사고 해역을 가도 없고 팽목에도 없고, 실내 체육관 없어요. 이 세월호 이 배가 넘어져서 아이들 구조하지 못한 게 몇백 명인데 정말로 전 세계적인 뉴스거리거든요. 근데 아무도 안 왔다는 거, 며칠 동안. '아, 우리 고립됐다' 그래서 또 한 번 느끼게 된 거예요.

10
진도대교 행진

유민 아빠　　　그래서 우리 청와대 행진을 시작했잖아요. 행진을 시작하면서 제가 뉴스타파, 또 학생들 그 SNS라는 게 많이 있더라구요. 자기 "페[이스북]친[구]이 5000명 돼가지고 보는 사람들 있다"고, 대학생들이 와서 그것도 같이 해주고…. 몇 명 있었어요, 그때 당시에. 행진하면서 가면서 내가 애들한테 그랬어요. "빨리 올려가지고 이 사실을 알려줘. 알려줘. 홍보 좀 해줘. 홍보 좀 해줘" 계속 알리면서 구호 외치고 갔던 거예요, "내 아이를 살려내라, 내 아이를 살려내라". 그런 게 팽목 입구까지 갔을 때 중간에 한 번 총리가 왔어요. 총리가 와서 우리 가족대책위가 "다시 돌아가자, 팽목항으로", 다시 돌아가자고 합의를 했대요. 나는 반대했어요. 내가 반대를 왜 외쳤냐면 "국무총리 지금까지 약속을 몇 번이나, 5일 동안 거쳐 가면서 뭐 하겠다 [해놓고] 약속 지킨 게 뭐가 있나, 또 속지 말아라. 또 속는 거다. 무조건 우린 가야 된다" 그래서 몇 명 아빠하고 나하고 먼저 출발해 버렸어요.

면담자　　앞장서셨어요?

유민 아빠　　네. 그러니까 한 명, 두 명 일어나서 따라오대요. (면담자 : 그렇게 해서 행진이) 연결됐어요. 그때 다 돌아가 버렸으면 알리지도 못했어요. 그래서 이제 아빠 몇 명하고 나하고 먼저 인나서 가버리니까 엄마들도 하나씩 하나씩 따라오기도 하고, ○○는 그때 쓰레빠[슬리퍼] 신고 따라왔어요, 그 먼 길을 쓰레빠 신고. 그렇게 해서 진도대교 앞에 딱 가니까 벌써 경찰들이 쫙 막아놨더라구요. 두 갈래 길인데 한쪽 갈래로 쭉 갔어요. 그러면서 앞에 경찰차 두 대가 계속 따라가고 있는 거예요, 우리를. 가면서 우리가 느꼈던 게 '아, 쟤들 우리 차에다 강제[로] 다 실어가지고 다시 갈려고 하는 거구나' 많이 그걸 간파하면서 갔죠. "만약에 잡으면 논으로 튀고 다 튀어가지고 어떻게든지 청와대 올라가야 됩니다. 올라가야 됩니다" 하면서 이런 얘기 해가면서 우린 걸어간 거죠. "만약에 경찰들 우리한테 달라붙으면 다 흩어져야 된다"고 여기서, 그런 얘기 하면서 대교 앞에 갔는데 벌써 [색깔이] 노래, 경찰들이. 이쪽 길이 있길래 "이쪽으로 돌아갑시다" 해서 갔어요. 그 길도 노랗게 막아버리고. 그렇게 하고 막 가면서 홍보를 '뉴스타파'에서 내보내고 엄청나게 하니까, 대교 앞에 갔는데 도로 한 2, 300미터가 차로 꽉 차 있는 거야, 기자들. 그때 CNN, NHK 다 와 있는 거야, 이제. 그래서 알리기 시작했던 거죠.

　　저는 언론에도 알리고 싶었어요. 그래서 학생들이나 뉴스타파한테 "이거 꼭 계속 홍보하라"고, 지나가는 학생들 등교하더라구요. "학생, 우리 이런 세월호 가족, 엄마, 아빤데 이거 좀 제발 멀리 좀 알려줘. 이것 좀 우리 억울한 것 좀 알려줘. 알려줘. 계속 학교 가면서도, 학교에도 얘기 좀 해주고, 방송사에도 좋으니까 얘기 좀 해줘, 얘기 좀 해줘" 빌면서 갔어요, 너무 우리는 다급했기 때문에. 그렇게 노력한 결과 딱 도착하니까 정말로 경찰들 막는 거 빼놓고, 기자들이 와 있더라구요. 그때 아, '이제 좀 알겠다', 한숨이 나오더라고, 안 왔던 방송사들이…. 저는 거기 가자마자 경찰들 쳐다본 게 아니라 어디어디 방송이 와서 우릴 찍어가나, (면담자 : 아, 그거 보고 계셨어요?) 네. NHK, CNN이고 다 와 있더라고, 영어 써 있는 차들이 많더라고. '아, 다행이다'.

그래서 이제 그렇게 하고 한 70명 정도밖에 없어, 400명이 출발했는데 다 돌아가고 70명이 도착한 거예요, 대교 앞에. 우리 싸우고 있다고 실내 체육관에 얘기했어요. 우리 지금 막혀가지고 싸우고 있다니까 실내 체육관에서 다시 차를 우르르 타고 다 온 거예요, 싸우려고 같이. 얘기 들어보니까 국무총리는 얘기하고 그냥 가버리고, 국무총리고 뭐고 이제 거기서 임시위원장이었죠, 그때. 통화하고 합의를 하고 다시 체육관을 갔던 거예요. 우리가 하겠다는 거, 구조 어쩌고 약속을 지켜라 해서 "하겠다" 했기 때문에 돌아간 거죠. 진도대교 행진을 안 했으면 이렇게 많이 알리지 못했을 거예요. 그러면서 그날부터 조금씩 달라진 게 많이 보였거든요, 외신들이 찍어가니까.

면담자　　　그때부터는 고립됐다는 느낌도 훨씬 덜 받으셨어요?

유민 아빠　　덜 받았죠. 5일 동안은 고립됐다는 거 굉장히 많이 느꼈죠.

면담자	진도대교 행진 반대하셨던 분들은 왜 그러셨어요?

유민 아빠   아니, 총리가 왔다니까 "총리를 보러 가자", 총리하고 얘기하면 될 줄 알고. 난 안 믿었어요, '안 될 거다. 안 될 거다'. 지금 일주일 동안 총리한테 붙잡아 놓고, 전화통화 직접 줬어요, "현장에 빨리 구조하라"[고]. 그렇게 앉혀놓고 얘기해 봤는데 되지도 않는데 무슨 온다고 되냐? 난 안 믿었어요. 그래서 "끝까지 가자", 행진을 했던 거고.

면담자   행진 때도 거의 선발대에 계셨던 거였어요?

유민 아빠   예, 앞쪽에 서가지고 계속 걸어갔었죠.

면담자   구호 외치는 모습이 그때 처음 나왔던 걸로 기억하는데.

유민 아빠   그럼요. 처음에는 이제 체육관에서 우리가 청와대 가자로 결정을 딱 했어요. 해서 이제 출발을 하려고 딱, 다 체육관에 나왔죠. 나오니까 노래, 벌써 경찰이 1차로 막고 있었던 거예요, 못 가게. (면담자: 체육관 앞을?) 앞을 다 막고 있던 거예요. 어떻게 싸우는 것도 모르고 일만 해가지고, 노동조합 해본 것도 아니고, 그리고 노동조합 정상적으로 가입은 돼 있었지만은, 제가 노동조합[에] 정직원 되면서 가입이 된 거잖아요. 어떻게 싸우는 건지 솔직히 나 모르고. 막고 있는데 싸움을 하긴 해야 되는데 어떻게 싸우는지도 몰랐어요, 진짜로 치고 박고해야 되는지.

면담자   그래도 이거 뚫고 가야 된다는 생각을 하고 계셨던 거죠?

유민 아빠   그렇죠. 저걸 분명히 뚫어야 되는데 어떻게 뚫어야 되는지 그것도 모르고 있었죠. 모르고서 처음 대면한 거예요. 머리털 나고 처음으로 경찰과 마주 선 거예요, 우리 가족들은. 가자마자 몇몇 아빠들이 "가자" 하니까는 경찰들 여기저기 목 잡고, 여기저기 멱살, 몸싸움을 하기 시작하는 거야. 나는 뛰어다니면서 "때리지 말아라, 때리지 말아라", "싸우지 말라"고, "때리지 말아라. 쟤들이 때리는 몽둥이에 우리가 맞아서 쓰러져야 된다. 그래야지 우리가 이긴다. 이긴다" 그래서 못 싸우게 했어요. "몸으로 밀어야 된다"고, 몸싸움을 하게 된 거죠. 처음에는 뭣도 모르니까, 나도 몰랐으니까. 근데 일주일 동안 겪어보니까 기자들이 찍어가는 거라고는, 내보내는 거라고는 지금 구조하지 않은 이유, 구조 못 하는 이유, 이런 거를 전혀 안 내보내고, 체육관에서 엄마, 아빠들이 버티다 버티다 거품 물고 울고 쓰러지잖아요, 사다리 놓고 찍어요, 그거를. 그거만 내보내는 거예요. 그 장면 잡으려고 다 대기하고 있는 거예요. 또 엄마, 아빠들 울잖아요? 거기 뛰어가서 그 사람들 찍어대고. 그런 걸 내가 봤기 때문에 "여기서 무조건 또 찍으면, 우리가 경찰들 때리면 이게 언론이 나가서 우리 또 고립된다. 절대 때리지 말아라. 때리지 말아라. 저들이 때리는 방망이에 우리가 맞아야 된다. 맞고 쓰러지는 게 우리가 이기는 거다". 한참 그렇게 하는데 몸싸움만 하고 있었던 거죠. 밀고 땡기고 요거만 했던 거예요. 하다가 "가자, 가자" 해서 결국은 이 사람들이 "1차는 뚫어주겠다. 경찰들이 뚫어주겠다" 그러고 진도대교를 막고 있었던 거예요. 여기는 뚫어주고 언론들이 많으니까, 결국은 뚫어줘서 간 거예요. 몸싸움해서 이긴 게 아니라. 계속 우리가 "왜 못 가게 하냐?" 싸우고 있으니까 보내준 거죠. 그리고 진도대교를 막았던 거예요.

유민 아빠 김영오

면담자   차로 가도 먼 거린데.

유민 아빠   지금 보니까 되게 멀더라구요, 그렇게 먼 거리를 우리가 밤새도록 갔으니.

면담자   그래도 이게 청와대로 목소리를 내는 거라고 생각해 외치셨던 거겠네요?

유민 아빠   그쵸. 그렇게라도 우리가…, 진짜 청와대 가면 좋았겠지만 못 갈 거라는 건 다 알고 있었어요. 진도 가고 중간에 1차, 1차 딱 뚫어주고 2차 가는데, 벌써 우리 쪽 기자들이 힘없는 기자들 있어요. "아버님, 진도대교 막고 있다는데요" [하고] 알려줘. "그래도 가는 데까지 가보자" 정보도 나도 듣고 있었어요. 기자들이, 5일 동안 있다 보니까 우리 쪽에 있는 기자들도 있더라구요, ≪미디어오늘≫이라든지, 그래도 ≪한겨레≫라든지. 물론 그때 당시에 힘이 없는 매체지만은 공중파가 아니어서, 우리 쪽에도 정보를 많이 줬어요. 그러기 때문에 나도 정보를 빨리 알 수 있었고.

면담자   의도된 건 아니었는데 발언도 하시고 소통 채널이 되면서 정보들을 빨리빨리 받으셨겠네요.

유민 아빠   좀 많이 받았죠. 왜냐면 제가 또 기자들하고 지금도 만나요, 그 기자들은. 사건 때 제 옆에 같이 밥도 먹고 했던 기자들 지금도 만나고 있는데. 대충 정보를 좀 주니까 상황, 돌아가는 상황들 알려주고 하니까 빨리 알게 되면 다시 가족들한테 전달해 주고.

면담자   아까 명찰 만들었다 말씀해 주셨는데 엄마, 아빠한테만

123

2회차

한정을 하게 되면 엄마, 아빠 안 계시는 애들도 있었고 다른 친척분이 와 계시거나 그런 경우도 있는데….

유민 아빠   그런 경우는 만약에 엄마, 아빠가 없고 만약에 할머니라든지 삼촌이 와 있으면 그 사람이 대신 거는 걸로, 딱 두 명만, 가족당 두 명만. 그걸 걸어야지 [걸지 않으면] 마이크를 못 잡게 했거든요, 싸움이 일어나니까. 그걸 걸고 나니까, 서로 걸고 나와서 "나도 한마디 하겠다"고 나오는 게 많았어요, 그때부터. 직접 믿고 "나도 한마디 하겠다" [하면] 마이크 서로 주고. 그래서 "이렇게 이렇게 하면 어떻겠냐?" 우리끼리 의논이었죠. 우리끼리 의논하면 뭐 해요. 해수부가 들어야 말이지, 말을 들어먹어야지.

면담자   반별로 모이기 시작했을 때요. 뭔가 차이가 혹시 있었어요? 여학생 있는 반과 남학생 있는 반이 있는데….

유민 아빠   우리 10반 같은 경우는 여자아이들 반, 9반도 마찬가지고. 근데 아이들 구조하는 거에 있어서 그렇게 차이는 없었어요. 거의 다 어떻게 하면 처음에는 구조냐, 또 어떻게 하면 시신이라도 볼 거냐, 수습할 거냐 여기에 몰두하다 보니까, 그래도 거의 다 명찰 차고 그렇게 큰 분란은 없었어요. 많이 없었어요, 이제. 안정화가 됐죠, 명찰 차고 나서 천천히.

면담자   반 대표 하신 분들은 공통점들이 있었을까요?

유민 아빠   공통점은 나와서 앞에 마이크 하는[올려놓은] 단상이 있으니까 그 앞쪽에 나와서 많이 나와서 얘기하는 사람들이 거의 다 맡았죠. (면담자 : 초기엔 당연히 그렇게 될 수밖에 없었겠네요) 왜냐하면 가만히, 가면 진짜 말 한마디 안 하는 엄마, 아빠들 있어요, 울고만 있는 엄마, 아빠도 있고. 누군가는 나서서 이런 중간 역할을 해야 되는데, 상황 파악을 보고 알려주고 이런 게 있어야 되는데, 누가 할 거냐 하는 건 그나마 앞에서 좀 왔다 갔다 한 사람들이 해야죠. 또 할 수밖에 없었고, 그게 "누가 해"가 아니라 자연스럽게 그렇게 흘러가고 됐던 거 같애요.

면담자 처음에는 가족협의회도 아니었던 거죠.

유민 아빠 그런 게 없었죠, 전혀 없었죠. 스스로 자발적으로 했던 거죠, 애초에.

11
유민이 나오던 날

면담자 유민이 나오는 날, 꿈꾸셨다고 알고 있는데요.

유민 아빠 실내 체육관이 사람들이 그때 당시에 가족들만 와 있는 게 아니라 가족당 몇 명씩 왔어요. 왜냐면 다 고모도 걱정되고 삼촌도 걱정되고 그러니까, 다 엄마, 할머니까지 다 와서 있다 보니까 그 넓은 실내 체육관이 자리가 없어요, 잠잘 자리가. 그래서 저희가 해수부한테 얘기했죠, "몽골 텐트 밖에다 두어 동만 쳐달라. 샤워실을 좀 만들어달라". 샤워할 때가 없었으니까요, 비좁았으니까. 그래서 샤워실 만들고, 몽골 텐트 두 동 치고…. 저는 처음에는 2층에 가면 의자들이 쭉 놓였는데 의자에 이렇게 쭈그리고 잤거든요, 처음 한 며칠은. 그러다가 몽골 텐트 지어달래서 거기서 잠을 잤어요. 몽골 텐트, 밖으로 나와서 몽골 텐트에서 나 혼자 잤어요, 거의 나 혼자. 다른 분들은 가족들이 있으니까 가족하고 같이 가서 자고, 나는 이혼을 했기 때문에 같이 앉아 있고 얘기하더라도 잠은 같이 잘 수가 없잖아요, 상황이 그러니까. 몽골 텐트에서 자면서 활동을 하고….

그러다가 새벽녘이 됐는데 몽골 텐트를 누가 살짝 열고 여학생이 뒤에 가만히 와서 저를 끌어안고, 가만히 끌어안고 자는 거예요. 그래서 처음에는 몸부림쳤죠, 빠져나갈라고. 근데 이게 가위 눌린 거더라고. 아무리 해도 안 떨어지고 꽉 끌어안고 있는 거예요, 뒤에서 여학생이 머리 길고 교복 입고. 죽어도 안 떨어져요. '이러다 죽는 거 아닌가. 일어나야 되겠다' 손가락을 어떻게 하나라도 움직이면 깨어날까 봐 소리도 "으" 지르기도 하고 별짓 다 해봤어요. 손가락을 딱 해가지고, 움직여 가지고 겨우 깼는데 보니까 아무도 없는 거예요. 그리고 잠을 못 잤어요, 가위 눌리니까. 그러다가 한 2시간 있으니까 날이 샜더라고요. 날이 새고 유민이 엄마가 팽목항을 안 가봤어요, 그동안. 처음에 실내 체육관에 데려다 놓고 실내 체육관에서만 생활을 했거든요. 단 한 번도 안 내려가고 나 혼자 왔다 갔다, 왔다 갔다 하면서 이제 애들 올라오는 거 나왔나 보고 했는데.

면담자   왜요? 건강이 안 좋으셨어요?

유민 아빠   아니, 그냥 또 [수습된] 아이들 보는 게 그렇잖아요. 누구, 내 자신이 확인하려면 그것도 그렇고, 화면에 머리, 키 (면담자 : 인상착의) 옷, 이것만 보고 있었던 거죠. 그래도 나는 혹시라도 모르니까 가봤던 거죠, 혹시, 혹시 이러고 가보고. 그러다가 유민이 엄마가 갑자기 아침에 "팽목항 한번 가보자" 그래. "그래, 가자" 안 가다가 그날따라 이상하게 가자 해요. 출발하려고 하는데 어느 정도 좀 출발하니까 ○○한테 문자가 온 거예요. "언니, 찾았대", 남방, 김유민 학생증, 명찰, 휴대폰하고 다 가지고 올라온 거예요. 김유민이라고 이름까지 나왔어요. 그렇게 해서 유민이 엄마도 뭔가 그날따라 달랐나 봐요. 그래서 그날 유민이가 왔다는 걸 알게 됐고 팽목으로 내려가서 확인하고….

검안소 갔죠. 검안소 갔더니 진짜 유민이었어요. 검안소에 다섯 명인가 같이 아이들이 함께 누워 있더라고(한숨). 말해 뭐 해 그거를, 유민이가 맞는데. 걔가 1월 31일 날, 나하고 이제 시골 갔다 올 때까지만 해도 통통했었거든요. 좀 통통해서 "살찌겠다" 얘기했는데 그날 검안소가서 딱 누워 있는데 말랐어요. 상처 하나도 없고, 눈 여기만 좀 시퍼래요. 여기만 시퍼렇고 너무 깨끗한 거예요, 상처 하나도 없고. 그 전에 애들은 막 퉁퉁 불은 애들도 있었고, 손톱이 빠진 아이도 있었고 별게 다 있었거든요. 너무 깨끗한 거예요. 유민이 그걸 보고 나서 제가 바로 부검을 한번 해볼까 생각을 했어요. 왜냐하면 '얘가 가만히 버티다, 에어포켓에서 버티다가 차가워서, 추워서 (면담자 : 저체온증) 저체온증으로 죽었을 수 있다' 분명히. 그때 "에어포켓이 있냐? 없냐?" 말들이 많았잖아요. 그걸 하려다가 안 했어요. 저렇게 힘들게 고통 속에 죽었는데, 또 아빠가 돼가지고 몸에 칼 댄다는 게 그게 더 힘들었던 거예요. 저렇게 깨끗하게 나왔는데 깨끗하게 보내주고 싶어서, 그래서 안 했어요, 하고 싶었는데. (면담자 : 그 생각이 당시에도) 번쩍 들더라고, 너무 깨끗하고….

내가 유민이 보자마자 저는 주저앉아 가지고 팔 주무르고 다리 주물러줬어요. 왜냐하면 금방 죽은 거 같은 느낌이 들어서, 마사지하면 살아날 거 같은 느낌이 들었어요. 그렇게 깨끗했거든요. 그래서 가자마자 "유민아, 일어나 봐, 일어나 봐" 주물러줬던 거예요, 살아나라고. 그렇게 깨끗했기 때문에, 그래서 부검이란 생각도 나와서 정신 차리고 보니까, '부검 한번 해볼까' 진짜 방금 죽은 그런 느낌, 죽은 지 얼마 안 된 느낌, 얘가 며칠을 배고파서 홀짝 말라버린 거 같은 느낌, 말랐으니까요.

면담자　　　며칠 더 살아 있었을 수 있겠다 그런 생각을 하셨던….

유민 아빠　　　그때 당시에 내가 전문가들한테 "에어포켓이 있을까? 없을까?" 얘기했을 때 "100프로 있다"는 얘기를 들었어요. 왜 들었냐면 이 배가 천천히 이렇게 가라앉으면 에어포켓이 없어요. 왜 그러냐면 천정에 환기통으로 물이 싹 빠져나가면 공기가 유입되기, 나가버리기 때문에 에어포켓이 없대요, 천천히 가라앉는 배는. "갑자기 뒤집어지는 배는 100프로 있다"는 거예요. 그게 맞는 말이거든요. 그리고 이렇게 쉽게 빨리 뒤집어진 배가 없잖아요. 그리고 10반 경주 엄마 같은 경우는 에어포켓 있는 사진을 가지고 있어요. 경주 엄마 같은 경우는 딸이 핸드폰 가져갔는데 포렌식을 했는데, 마지막 물 차기 전 이 구명조끼 입은 사진을 찍어놨더라구요, 아이들끼리 모여가지고 그 배 안에서. 그리고 나왔는데 옷이 바뀌어 있는 거예요. 나와서 시신을 봤는데 옷이 바뀌어 있어요. '며칠 동안 살아 있으면서 젖은 옷 갈아입고 자기네들끼리 버티고 있었구나' 직감을 한 거예요. 그게 아이들 포렌식이니까 그 당시에는 몰랐지만은 이제 포렌식 끝나고 나서 사진을 보니까 바뀌어 있었던 거예요, 옷이. 저는 '에어포켓에서 아이들이 저체온증도 버틸 수 있다', 왜? 서로 안고 있으면 되니까, 끌어안고 있으면은.

구조했던 민간 잠수사 얘기 들으면 "아이들끼리 팔짱을 끼고 쭉 같이 있었다"는 증언이 많이 나오거든요. 무섭고 어둡고 캄캄하니까…. [물속에서 수습할 때] 팔짱이 안 떼어진대요. 팔짱을 서로 빼려 [해도] 안[빠질 때] "엄마한테 가자" 하면 풀어진대요. (면담자 : 잠수사분들이 말씀하시는 거) 그러니까 그런 얘기도 듣고 저런 얘기 들으면, '좀 오래 버텼을 거다'. 아이들끼리 추워서, 사람과 사람의 체온으로 버틸 수 있잖아요, 시간을.

12
초기 검안의 허술함과 DNA 검사 시작

면담자 　　　혹시나 하는 마음에 다른 아이들도 보셨다고 하셨는데 검안소 상황이 초기 단계부터 점점 바뀌었잖아요?

유민 아빠 　　　처음에는 검안을 안 했어요. 깨끗하게 닦지를 않았어요. 온 그대로 해서 "이게 뭐냐?" 이제 좀 따지고 하니까, 그나마 깨끗하게 손질을 하고 아이들 닦고 반듯하게 눕혀준 거예요. 처음에는 아이들이 핸드폰을 가만히 웅크리고 있는 [자세를 취하며] 이 자세 그대로 [보여주니까] 엄마들이 기겁을 하고 쓰러져 버리는 거야. 그거 보면 죽죠. 그러니까 죽어 있는 그 상태로 우리 부모들을 보여주니까 얼마나 가슴이 미어지겠어요. 우리 애도 저렇게 될 건데, 저렇게 나올 건데, 그래서 우리가 "깨끗하게 검안해서 보여달라" 그러고 나서 아이들이 그다음부터 깨끗하게 나왔던 거예요. 그리고 하나같이 누워 있는 아이들이 딱 가서 보면요, 정말로 깨끗하게 검안을 해놨기 때문에 자고 있는 모습이에요. 들어가면 천사를 보는 줄 알았어요. 아이들 딱 누워 있는 거 보면 정말로 천사들같이 누워 있어요. 저렇게 이쁜 아이들이 다 죽었다는 게…. 나는 애들 하나하나 볼 때마다 천사로 보였어요, 정말로 깨끗하고 선하게 보이고.

면담자   초기에 검안하지 않은 상태가 며칠 동안이었어요?

유민 아빠   며칠 정돈지는. 하루, 이틀, 사흘을 날짜를 기억할 수가 없어요. 며칠인지도 정확히 모르겠고 한동안은 좀 그랬으니까, 그만큼 몇 달 걸렸던 시간을 느꼈으니까…. 너무나 긴 시간을 겪었어요, 짧은 기간이었지만. 며칠, 며칠, 며칠은 아직도 날짜 같은 걸 파악을 못 하겠어요.

면담자   유민이 엄마는 어떠셨어요? 애기 봤을 때.

유민 아빠   모든 엄마가 다 같죠, 똑같죠. 주저앉고 일어나지도 못하고 다 통곡하고 우는 거는 마찬가지고. 다음 날 냉동고에 보관해서 DNA 검사를 해요, 우리가. 유민인 걸 뻔히 알면서도 [아이를] 안 줘요. "DNA가 맞으면 보내주겠다"고 그래요. (면담자: 그게 한 번 바뀐 바람에) 아이가 한 번 바뀐 적이 있었거든요. 그 이후로는 이제 안 줘요. 그래서 "냉동실에 보관을 해야 된다"고 하더라고, 나올 때까지. 하루가 걸려요. 거기에는 유민이 엄마 못 보게 했어요. 내가 가서 확인하고, 또 확인하고 관에 넣고 출발을 해야 되거든요. 유민이 엄마는 내가 못 보게 했죠, 또 쓰러질까 봐. 딱 갔는데 너무너무 말이 안 나오는 게 어제는 굉장히 깨끗했거든요. 냉장고, 냉동고에 하루 보관했다가 꺼내놓으니까 귀하고 코에서 피가 나와 있는 거예요. 그걸 보고 나서, 내가 막, 돈 6만 원 보고 눈물이 나는 거예요. 맛있는 거 사 먹지, 그 10원도 안 쓰고 가지고 있었던 돈 보면서….

　　얼마나 독해졌는지 몰라요 제가, 유민이 죽고 나서 4년 동안. 처음에는 밥도 못 먹고 뜨거운 김만 봐도 눈물 나서 밥도 못 먹고 그렇게 눈물로 보냈는데, 지금 한 4년째 되니까 그런 얘기도 눈물도 안 나와요. 이렇게 눈물도 없어져 가요. 우리 엄마들, 엄마, 아빠들 많이 그러더라구요. 그러다가 갑자기 터져요. 갑자기 터져, 나도 모르게. 그때는 나도 몰라요. 지금 얘기하면서도 처음에 간담회 다닐 때는 팽목 얘기하면 눈물 닦고 얘기하고 했는데, 정말 사람이 독해져 버리는 거 같은지 아니면 눈물이 메마른다는 말이 맞는 건지.

면담자　　　　DNA 검사 미리 하게 된 것도….

유민 아빠　　　바뀌어가지고…. 아이를 [보러] 갔는데, 염하면서 뒤집어 보니까 뒷주머니에서 학생증이 또 하나 나온 거예요. [아이가 친구에게] 줬겠죠. 내 것도 네가 가지고 있으라든지, 가지고 가거라 했는지 어떻게 해서 보니까 학생증이 또 나와가지고, 바뀐 거라고 다시 DNA 검사 한 거죠.

13
장례식, 국회 농성, 단식 후 회사 사직

면담자   유민이 DNA 검사 결과 나오고 바로….

유민 아빠   네. 안산 제일장례식장으로 왔죠. 제일장례시작에[서] 장례 치르고, 그리고 직장에 안 들어갔어요. 한 삼우제 끝나고 그러니까 5월 초 정도 되더라구요. 그리고 5월 3, 4, 5일 날이 연휴였고. 한 2, 3일 쉬면서 유민이 보내놓고 삼우제 지내고 절에 갔다 오고…. 삼우제 때 그동안 못 사줬던 거 머리핀, 이쁜 시계, 그다음에 머리에 묶는 거, 여자들이 할 수 있는 거 이쁘다는 거 한 박스 샀어요, "같이 태워주라"고, 절에다가. 마지막 아빠가 해주는, 너 이쁘게 단장시켜 주는 거, 한 박스 사가지고 같이 보내줬는데…. 그러고 한 이틀, 삼 일 생각을 해보니까 '빨리 잊으려면, 잊을 수는 없지만 최대한 빨리 내가 회복하려면 직장을 다시 들어가야 되겠다', 그래서 5월 7일 날 다시 입사를 해요. 휴가를 내놨었잖아요. 5월 7일 날 다시 회사에 들어갔는데 야간만 걸리면 눈물 때문에 일을 못 하겠는 거예요. 언제가 눈물이 나면 야간 일 하다가 날이 슬슬 밝아오면 그 밝은 순간을 못 견디겠는 거예요. 일하다 말고 나가서 울고, 나가서 울고….

그렇게 하고 있다 뉴스를 가끔 접해보죠. 가족들하고 연락도 하기도 하고, 가족대책위하고 얘기해 보면 "박근혜 만나러 갔다"고, 청와대 갔다 왔다고 그 뉴스도 나오고. "가서 어쨌냐?", "다 해주기로 했어" 어쩌고저쩌고했는데, 그러고 5월 17일 날 박근혜가 유가족 초청해서 만났잖아요. "가지 말아라. 안 가는 게 좋겠다"라고 했어요. 근

132

유민 아빠 김영오

데 거의 비공식적으로 가버렸죠. "담화문 발표한다"고 며칠 전부터 얘기했어요, 박근혜가 청와대에서. "담화문 쓰기 위해서 부르는 거다" 분명히 얘기했어요. "담화문 쓰기 위해서 우리 유가족 부르는 거다. 왜? 유가족 요구 조건 그대로 아마 담화문 할 거다"라고 예측을 했어요. 그동안 겪어봤는데 몰라, 아니나 달라? 5월 19일 날 갔는데, 그때 10반 경주 엄마랑 통화를 했던 게, 경주 엄마, 반 대표들 옛날에 실내체육관 했던 엄마들하고 "어떻게 됐어?" 물어보기도 하고 직장 일 하면서 물어보니까 "담화에서 이러 이런 얘기했지?", "어, 어떻게 알아?", "담화문 나왔어, 벌써" 19일 날 담화문 발표가 그래요. "이러 이런 얘기했지? 요구, 박근혜한테 이거, 이거 해달라고 했지?" 맞대. "봐라. 담화문 쓰기 위해서 우리 부른 거 아니냐. 또 당했다, 니들".

그래서 '안 되겠다. 이거 이대로 가다가는 진짜 세월호 진상 규명 안 된다. 그리고 억울하게 우리는 억울한 아빠로서 영원히 묻힐 수 있다. 왜 구조하지 않았는지', 그때부터 하나씩 [생각이] 들기 시작하는 거예요. '이거 싸워야 되겠다. 왜 구조 못 하고 아이들 다 죽었는데 특별법 만들어야 된다라는 얘기 슬슬 나오기 시작했기 때문에 가서 싸워야 되겠다', 그래서 회사에다가 휴직계를 내요. 다시 반장님한테 "저 올라가겠습니다". 결국은 5월 21일 날까지 일하고 며칠, 한 2주일 하고 다시 올라와요, 안산에. 안산에 오면 내가 잘 데가 없잖아요, [집이] 아산이었기 때문에. 아산에서 매일 아침에 왔다가 저녁에 퇴근하고, 아침에 왔다가 저녁에, 분향소를 왔다 갔다 하다 보니까 기름 한 번 넣으면 한 4일밖에 못 타는 거예요. 돈이 만만히 들어가는 게 아니더라고, 경비도 마찬가지고. 그래서 아예 차에서 잤어요. 5월 달부터

7월 12일까지.

　7월 12일 날 우리가 국회 농성하러 가죠. 그날까지 차에서 계속 자고, 토요일 날 한 번 내려가요, 옷을 갈아입고 오고. 그리고 매일 차에서 자고, 차에서 자고 그러다가 5월[7월] 12일 날 가족들이 "국회 들어가자. 특별법 유가족이 제시한 거 아무것도 통과 안 되고 묵살당한다" 그래서 우리 가기로 했죠. 그리고 12일 날 농성으로 들어가게 되는 거죠.

면담자　　　회사는 17일까지만 근무를?

유민 아빠　　5월 7일 날 들어갔다가 5월 21일 날[까지] 다니고 다시 휴직계를 또.

면담자　　　회사 반장님 얘기하시니까 생각나는데, 그때 마지막으로 볼 수 있었는데 특근하느라고 못 만났고 그때 많은 생각들이 드셨을 텐데 혹시 원망스럽지 않으셨어요?

유민 아빠　　　원망스러웠죠. 근데 원망스러웠는데 반장님은 나를 생각해서 더 특근을 시켰는데 어떻게 원망해요. 아이 못 본 거에 대한 원망일 뿐이지, 반장님은 누구보다 나를 챙겨줬어요. (면담자 : 아, 그 전부터 계속) 엄청, 정말로 어떻게 해서든지 빚 갚게 해주려고, 일 없어도 [일을 시켜준] 반장님이에요, 한 푼 더 벌어가라고. 비정규직으로 한 10개월 있다가 정규직이 됐어요, 제가. 비정규직이 마흔여섯 넘어서 들어갔다 했잖아요. 그래도 정규직을 시켜주는 데 반장님 힘이 컸어요, 너무 일 잘하니까, 성실히 일 잘하니까. 반장님이 굉장히 거기에서 오래 다니신 분이고 좀 파워가 있어요. 조장들이 추천하고 반장

님이 "정규직 시켜라" 시켜준 거고, 그러기 때문에 나는 반장님 말을
잘 들었고.

면담자 ·   삼우제 끝나고 회사 가셨을 때 분위기가 어땠어요? 그
때는 전 국민이 애도하던 때였는데.

유민 아빠   애도했던 분위기였죠. 회사에서도 무조건 애도했던 분
위기였죠. 지금도 애도하죠 회사에서는, 같이 일한 동료의 딸인데.

면담자   도저히 회사 다니기가 힘들겠다 생각을 하셨던 게?

유민 아빠   그리고 단식 끝나고…. 그리고 14일 단식을 들어가서, 단
식 끝나고 복식하고 가을, 겨울 다 돼서 회사를 찾아갔어요. (면담자 :
그때까지 휴직 처리가 돼 있었던 거였어요?) 휴직 처리였으니까. 찾아가
서 "싸움이 1년, 2년 갈 거 같습니다" [하고 말씀드렸어요]. 지금 왜냐하
면 오직 박근혜가 거짓말로, 거짓 눈물 흘리고 그러기 때문에 단식을
했고, 또 증거란 증거 삭제한 게 하나씩 밝혀지고, 이런 것들 다 알
기 때문에 1년 가지고 안 된다는 걸 알았어요. 그래서 대출도 다시
받게 되고, 싸움이 장기간 될 거란 걸 다 알게 되는 거죠, 누구나. 회
사도 6개월 휴직 연장할 수가 없었어요. "아예 1, 2년 휴직 안 됩니
까?" 그랬더니, 안 된대요. 그러면은 "사표 처리해 주시고 제가 1년이
됐든, 2년이 됐든 진상 규명이 된 다음에 제가 다시 돌아오면 신입 사
원으로 받아주시면 안 됩니까?"라고 내가 제시를 했어요. 그랬더니
반장님이랑 하기로 했는데, 해주고 싶어 했는데 명신이라는 데가 본
사가 경주에 있어요. (면담자 : 아산이 본사가 아니었어요?) 네, 경주 본
사에서 나온 말이 "안 된다", "노[no]"를 해버린 거예요. (면담자 : 그때

이미 벌써 다 알려지시게 되고) 알려지고…. 그래서 "알겠습니다. 제가 뭐, 회사에서도 저 하나 때문에 감수하는 것도 미안하고, 알겠습니다. 사표 처리해 주세요" 하고 나왔던 거죠.

면담자　　　그때 완전히 끝나게 됐던 거였네요. 오늘은 이 정도로 마치고요. 국회부터 본격적으로 활동은 다음에 말씀 듣도록 하겠습니다.

유민 아빠 김영오

3회차

2018년 10월 3일

1
시작 인사말

면담자   본 구술증언은 4·16 사건에 대한 참여자들의 경험과 기억을 기록으로 남김으로써 이후 진상 규명 및 역사 기술에 기여하고자 합니다. 지금부터 김영오 씨의 증언을 시작하겠습니다. 오늘은 2018년 10월 3일이며 장소는 안산시 단원구 4·16기억저장소 사무실입니다. 면담자는 김아람이며, 촬영자는 강재성입니다.

2
참사 직후 복직

면담자   본격적인 활동에 대해 말씀 들으려 합니다. 5월부터, 대책위 만들어지는 시점부터 기억을 해주세요.

유민 아빠   14년도 5월이요? (면담자 : 예. 말씀 부탁드리겠습니다) 네, 5월부터 지금 하면 돼요?

면담자   네, 가족대책위 처음에 발족되는 과정에도 혹시 관여하셨는지?

유민 아빠   관여는 안 했구요. 처음에 24일 날 아이를 찾아서 와서 그리고 삼우제 지내고 그리고 조금, 며칠 쉬었다 5월 7일 날, 연휴가 4, 5, 6, 7 연휴가 끝나고, 7일부터 다시 회사에 복귀했어요. 복귀하고 가족대책위는 그때까지도 관여를 안 했었고. 정부가 다 알아서 해줄 거라고 그때까지 믿었어요.

면담자   그때 10반 대표는 경주 어머니가 맡고 계셨어요?

유민 아빠   네. 경주 엄마한테 맡겨놓고 그리고 이제 나는 '다시 직장생활 하면서 진상 규명에 대해서 지켜보겠다' [생각했었어요]. 또 진상 규명이라는 말 자체도 그때는 저는 생소했어요. 왜냐면 아이 찾고 와서 삼우제 지내고 그러고 나서 정부를 믿었거든요. 팽목에서 아무리 그렇게 방해를 하고 했지만은, 해경들도 그랬지만은 '그래도 정부가 알아서 다 해결해 줄 거고. 9월 정도면 느낌이, 9월 정도면 안산 [정부합동]분향소가 다 철거되겠구나'라는 생각을 했어요. '아이들 올라오면 다 철거하겠구나' 이런[이렇게] 안심을 하고 5월 7일부터 직장생활 하면서 아이를 마음에서 조금이라도 내려놓으려고 "일을 해야 잊어버린다"고 자꾸 그래서 주위에서 "가만있으면 더 생각나고 더 힘들고 답답해할 거"라고.

면담자   실제로 복직해서 일해보시니까 어떠셨어요?

유민 아빠   7일 날 가서 첫날 근무를 했죠. 근무를 하는데 안 잡혀요, 손이. 가슴속에 뭐가 좀, 시험 볼 때 답답한 느낌 있죠? 그런 게 꽉 차 있고 신경이 안 써져요. 로보트[로봇]가 굉장히 움직이기 때문에 위험하거든요. 제가 맡은 게 로보트가 용접을 하기 때문에 조금만 저기 [부주의] 하면 맞으면 날아가고 죽고 다치고 그런 위험한 일인데도 일에 대해서 집중이 안 돼요. 그리고 밤에 야간조 들어갔을 때는, 야간조 들어가게 되면 새벽녘, 날 밝을 때 그때쯤 하면은 나도 모르게 계속 눈물이 나가지고 앞이 안 보여요. 그래 다시 일하다 말고 그냥 기계 꺼놓고 나와버려서 울고 1시간, 2시간 있다 다시 들어가고, 그리고 퇴근해 버리고.

면담자　　　가족분들이 처음 언론에 나오게 된 게 KBS에 또 항의 가셨고, 청와대에 가시려고.

유민 아빠　　　그때 저는 일을 하고 있었죠. 일을 하고 있다 5월, 저는 반 대표 카톡에서 주고받고 대화를 어떻게 이어나가는지 그거를 지켜보고만 있었는데, 5월 17일 날 갑자기 유가족들 초청을 하더라구요, 박근혜[가]. [그래서 가족들이] "청와대 들어갔다"는 소리를 들었어요. 들었을 때, 그 전에 청와대에 들어가기 전에, 며칠 전부터 5월 19일 날 "대국민 담화를 한다"고 발표가 있었어요. 나는 일하면서 느낌이 오더라구요. '저거 담화문을 쓰기 위해서 유가족 초청하는 거다' 왜? 박근혜가, 지금 세월호 가족들, 시민들이 빨리 진상 규명하고 이런 거 때문에 슬슬 "유가족 특별법 제정할 때 유가족안을 집어넣어라"[는 목소리가 커지고 있어서], 각 당마다 가져왔으니까요, 법안을. "유가족안을 받아들이라"고 목소리가 컸기 때문에 정부에서는 담화문을 잘해야 되겠죠.

면담자　　　어떻게 초청이 되고 어떤 부모님들이 가게 된 거였어요?

유민 아빠　　　저도 그거, 그 부분은 거의 그때 당시에 임시대책위들이 가는 걸로, 반 대표라든지, 분과, 분과장이라든지, 그리고 가는 것도 저는 솔직히 몰랐으니까요. 그냥 '19일 날 담화문 어떻게 발표할까' 요거만 저는 직감을 하고 있었는데, '무슨 말을 할까, 도대체 무슨

말을 할까' 이거만 기대하고 있었었는데 17일 날 갑자기 유가족 초청이
돼서 들어갔던 거예요.

면담자 　　　그 전에 가족들이 가는 것으로 확정된 걸 아셨나요?

유민 아빠 　　　몰랐죠, 일을 하고 있었기 때문에. 근데 가서 다음 날
내가 물어봤어요. 그거 전문 좀 보내달라. 아마 그때 카톡으로 내가
받아놓은 게 있는데, 박근혜가 담화했던 내용[에] 그 요구 조건 그런
게 거의 다 들어갔더라구요. 그러고 나서 이틀 후 19일에 유가족들하
고 대화했던 장면들이 담화문으로, "민간, 저기 민간인까지 다 해서
특조위 구성해 줄 것이며, 별의별, 해경 해체하겠다"니 여러 가지, 그
리고 이제 뭐, 그리고 뭐 "보상을 먼저 선지급하고, 국가가 지급하고
그리고 그 청해진해운에 제3자의 은닉된 재산까지 모두 환수해서 채
워 넣을, 국고로 채워 넣을 것이다" 이렇게 얘기했어요, 세월호 재원
에 들어갈 거. 이런 것들이 담화문으로 나와버린 거예요. 그때는 유가
족의 얘기를 다 들어주는 걸로 알고 있잖아요, 담화문 내용대로라면.
'이건 아닌 거 같다. 아닌 거 같다' 생각을 하고 '올라가야 될까 말아야
될까' 고민을 하고 있던 차에, 아무리 일을 해도 눈물만 나와서 그냥
반장님한테 "휴직계 좀 더 써주세요" 하고 27일 날, 27일 날 다시 안
산으로 왔죠. 와서 이제 아산에서 안산까지 처음에[는] 출퇴근했어
요. 매일매일 왔다 갔다 출퇴근했는데 기름 한 번 만땅 채워 넣으면
한 4일, 기름값이 너무 많이 들어가는 거예요. 그래서 다음부터는 아
예 분향소에서, 차에서 잤어요. 차에서 자면서 생활하고 주말에만 한
번씩 토요일 날 내려가서 옷 갈아입고 오고, 그렇게 보내면서 12일까
지, 7월 12일까지 그런 식으로 계속 차에서 생활했던 거죠. 어떻게 돌

유민 아빠 김영오

아가는지 지켜보면서 그때까지도 전 가족대책위[에] 안 들어갔었어요.

면담자   대책위에 왜 안 들어가셨어요?

유민 아빠   분과장이라든지 그런 거까지 내가 깊이 관여하고 싶지도 않았고, 그때도 나는 '그래도 해주겠지. 담화문도 발표가 됐지만, 의심은 가지만 정부가 다 해줄 거야' 계속 믿고 있었던 거예요. 근데 그렇게 생활하면서 가족대책위가 어떻게 돌아가는지 대충 얘기 듣고, 또 몇 명 찾았는지 궁금하니까 한 번씩 또 팽목 내려가서 못 찾은 가족들 만나서 같이 하루 이틀 자고 올라오기도 하고, 같이 그 사람들도 용기를 줘야 하니까 먼저 올라와서 미안하단 말하고 내려가게 된 거죠. 왔다 갔다 하면서 분향소에 있기도 하고….

면담자   대책위 만들어질 때도 아버님이 유민이하고 같이 살지 않았다는 거 때문에….

유민 아빠   아휴, 그때까지도 내가 이혼 가족이란 거 몰랐어요. (면담자 : 가족분들이 다?) 가족들도 몰랐어요. 팽목항에 실내 체육관에 있을 때도 내가 이혼 가족이란 거 아무도 몰랐어요. 유민이 엄마 자리에 있는데 가서 같이 항시 얘기하고 왔다 갔다 하고, 또 같이 거기 앉아 있고 이런 걸 했기 때문에 부분 줄 알았나 봐요. 부부처럼 느끼게 됐고, 이혼한 거는 몰랐었어요.

면담자   스스로 그게 마음에 걸리셔서 전면에 이렇게 나서는 게 부담되신 건 아니었어요?

유민 아빠   그런 건 아니고, 그리고 임시 대책위들이 이미 다 구성

143
•
3회차

이 돼 있었어요.

면담자   직장 다니시는 그 기간 동안에?

유민 아빠   돼 있었어요. 그러기 때문에 우리가, 나도 하겠다 해도 자리가 없었고, 그리고 정식적인 임원들 우리가 선출해서 뽑은 것도 아니지만, 그런 것도 없었고, 그 상태에서 시간이 유유한 상태로 흘러가 가지고 임시적으로 대책위가 꾸려졌는데 그게 가족대책위가 처음 시작이 됐던 거니까.

3
특별법 제정 위한 단식농성 방법 제안

면담자   분과가 나뉘게 됐었는데 그중에서 어떤 게 제일 중요하다고 판단하셨던 게 있으신지….

유민 아빠   그때는 무슨 과, 무슨 과, 과라는 게 분과가 그냥 임시적으로 올랐기 때문에 대충대충 잡아놓은, 틀을 잡아놓고 갔던 거라, 군이 '내가 무슨 과 들어간다, 이런 걸 무슨 분과에 들어가서 일을 해야 되겠다', 이런 거 생각 못 했었죠. 못 하고 오로지 어떻게 흘러가고 있는지 지켜만 보고 있는 상태였었고…. 그러다 12일 날, 5월[7월] 12일 날, 10일 날 밤에 갑자기 "국회로 가야 된다"고 그걸 듣게 돼서 '그 정도로 지금 정부가 우리하고 우리 유가족들 법안을 안 받아준다는 건가?' 이제 하나씩 알게 됐고.

그래서 그때, 그 전에 내가 분과를 들어갔죠, 장례분과[에]. 나도 이제 장례분과에서 일을 한번 해보겠다 해가지고 장례분과를 들어갔어요. 그 전에, 6월 중순 정도 됐을 거예요, 6월 정도에. 들어가서 이제 분과 가서 일을 계속할 때 뭘 했냐면 어차피 추모사업이니까 '추모사업분과에 들어가서 아이들 올라오면 일단 내가 그걸 담당해서 잘 치러주고 또 하늘로 보내고 이걸 좀 해야 되겠다' 해서 그냥 가서 처음에는 장례분과로 들어갔던 거예요. 거기서 일을 하나씩 도와주고 또 장례분과가 하는 일이 이런 집회 같은 데 나가면 밥 먹는 거 다 대주고 가족들 보살펴 주는 일을 했었어요.

12일 날 국회에 들어간다고 하니까 무조건 저도 따라갔죠. 가서 가족들 차 대기시켜 주고, 또 이제 밥 같은 거 "몇 인분 해가지고 와야 된다" 이런 걸 하고 있었으니까, 그래서 그거 챙겨줘야 되고…. 12일부터 본격적인 농성이 들어가요. 국회 농성이 들어가고, 이틀 동안 우리가 농성을 했는데 국회에서는 새누리당이 그때 당시에 아무것도 저희 얘기를 듣지 않았죠. 아예 들어주질 않고, 오로지 정의당이라든지 민주당 이쪽에서만 우리 가족이 발의한 안, 이걸 가지고 계속 "유가족안을 받아들여야 된다, 넣어주어야 된다" 이런 싸움 하고 있었을 때, 13일 날 밤에 우리 집행부들이 모여서 얘기하는데 "아예 단 한 가지도 들어주는 게 없고 묵살을 다 당하고 있다"라는 얘기를 해요. 그래서 가족대책위 쪽에서 "우리 가족이 전체가 단식을 해야 되지 않겠냐?"

면담자   그 얘기가 그때 처음 나왔던 거였어요?

유민 아빠   "단식을 하자" 그래서, 저는 민주노총 소속이었잖아요. (면담자 : 회사에서?) 집회는 참여하지 않았지만, 그래서 민주노총 금속노조 쪽에서 저하고 붙어 있었어요, 붙어 있으면서 많이 방향 제시도 해주고 알려주기도 하고. 민주노총에서 같이 매일 제 옆에 계신 분이 "광화문에 한번 나가 봐라" 그러더라구요. "단식을 어차피 할 거면 광화문 가서 해야 된다. 국회에서는 아무 힘이 없다" 그래요. "그래요?" [하고] 제가 가족대책위 다 모여서 회의할 때 "우리 광화문에도 나가야 된다"고 안을 제시했죠. 그리고 "가족 전체가 단식을 해버리면 안 된다"고 내가 말렸어요. 가족 전체가 만약에 단식을 시작하잖아요? 하루, 이틀, 그때까지 우리가 3일만 하자고 했지만 3일 동안 못 버티고 하나씩 쓰러져 나가면 누가 가족을 보살펴 줄 것이며, 또 한 사람 한 사람 경찰들은 우리 끄집어내리려고 했어요, 농성장 없애려고. 국회 그 자리 우린 지켜야 되잖아요. 근데 쓰러져서 한 사람, 한 사람 나가버리면 우린 강제로 연행이 될 수도 있고, 이런 것도 걱정이 됐기 때문에 "전체가 하지[는] 말자", "국회에서 한 20명 정도 하고 광화문광장에 투사들이 나가자"고 했어요. "광화문은 대신 한 5명에서 10명만 가자, 많이 가지 말고". 그때 얘기를 해준 게, "광화문광장은 지금까지 그렇게 단식으로 집회를 해본 적도 없고…".

면담자   그렇죠. 거기 생긴 지도 그렇게 오래된 게 아니라서.

유민 아빠   "들어갈 수도 없을 것이며, 경찰들 아예 미리 막을 것이다" 이런 얘기를 많이 해요. 가게 되면 일단 맨몸으로 가야 된다는 거예요, 그래야 못 막으니까. "맨몸으로 가면 천막도 없을 거고, 우산 하나 쓰고서 버텨야 되는데 할 수 있겠냐?"고, 저한테 제시했던 사람이 [물어서] "저는 할 자신 있다. 나는 하겠다" 그랬어요. 그래서 가족대책위하고 변호사들이랑 박주민 변호사랑 황 변[황필규 변호사]이랑 다 모여서 그 제안을 했던 거고, 그래서 결론 난 게 굳이 광화문까지 나가면 안 된다는 여론도 있었고, 또 나가자는 여론도 있었고, 그렇게 해서 결론적으로는, 결과적으로는 광화문에 나가자고 했어요. 이제 회의에 그게 된 거죠. 회의가 돼서 나갈 때, 그러면 한 국회에서는 20명이 하되, 한 20여 명, 15명이 시작을 했죠 처음에는, 쓰러지면 릴레이로 그 자리를 메꾸는 걸로 하고. (면담자 : 인원을 유지하는) 대신 "광화문은 릴레이가 없다" 그랬어요. (면담자 : 계속 가야 된다) 제가 "릴레이를 하면 안 된다"고 했던 이유가 릴레이를 하게 되면 우리가 그때 문제가 뭐였냐면, 언론이 제대로 보도를 안 해줬고 국민들이 모르고 있었어요. 아는 사람만 알고 세월호 문제가 왜 이렇게까지 특별법 제정이 어려운 것도 몰랐고⋯. 그걸 알려야 되잖아요, 국민들한테. 왜 가족들이 정부에 대해서 요구를 하고 싸우고 있는 건지 보여줘야 되기 때문에, "광화문광장에 나가는 사람들은 정말로 정신력이 강한 사람들이 나가서 쓰러지면 그 자리 안 메꿀 거다. 그걸로 죽어가는 걸 보여줘야 된다" 그랬어요. "그래야 국민들이, 유가족이 단식해서 쓰러져 갖고 병원에 실려 가는 모습을 보여줘야 우리 편을 들고 또 특별법 제정하라고 외쳐줄 것이다" 그렇게 해서, 그런 합의가 돼서 14일 날 단식장에 첫날 가게 된 거죠.

면담자   민노총에서 아버님하고 의논을 하셨던 분은 어떤 분이세요?

유민 아빠   지금도 우리 가족, 4·16연대[4월16일의 약속 국민연대]랑 같이 세월호 문제 계속하고 있는 분들이에요. 내가 민주노총 금속노조라는 거를, 충남 지부하고 여기는 경기 지부잖아요, 연계가 다 돼 있으니까. 그중에 "유민 아빠가 금속노조 출신이라더라" 해가지고 서로 와서 인사도 하고 아이 찾고 올라올 때 장례식장에서 찾아오고 그런 게 연결이 되다 보니까….

면담자 일찍부터 그쪽에서는 관심 가져줬던 거네요?

유민 아빠 원래 금속노조도 가입이 돼 있으니까, 첫날 가고 한 2, 3일째부터 회사에서는 계속 내려왔어요, 내려와서 왔다 갔다 하고….

면담자 정부를 상대로 일을 해보신 것도 아니고 처음에 생각을 하시는 데에는 그래도 노조에서 도움을 주셨던 거네요?

유민 아빠 네, 그렇죠. 그리고 그때부터, 12일부터 제가 본격적으로 세월호 문제에 대해서 싸우기 시작했던 거 같아요. 그 12일 전까지는 가족들 올라오면 장례 절차 밟아주고 이런 일들만 했었는데 본격적으로 그때부터, 12일 날 내가 [국회에] 올라가서 이틀 동안 챙겨주다가 광장에 내가 꼭 나가야 될 거 같았어요.

면담자 그게 꼭 단식은 아니어도 1인 시위를 할 수 있고 방법은 여러 가지일 수 있는데….

유민 아빠 단식이 극단적인 호소이기 때문에 박근혜가 들어줄 거라는 걸 알았죠. 들어줄 줄 알았죠.

면담자 그 생각이, 사전에 합의가 있었던 건지요? 어떻게 결정이 됐는지가 궁금해요.

유민 아빠 이제 금속노조랑 계속 얘길 했죠. 얘길 했는데 아마 조금씩 계속 방법을 알려줬어요, "이렇게 이렇게 해야 될 것이며, 이렇게 이렇게 해야 된다"고. 저는 가족들 의견을, 원래 광장 나갈 생각도 안 하고 했으니까 설득을 시켜야 되는 입장이었으니까, 저는. 그때 처음으로 내가 가족들한테 거짓말을 해요, "나 단식, 금속노조 있으면서 일주일 해봤다. 내가 데리고 나가겠다. 다섯 명 같이 가겠다"[고]. "해 보셨냐?"고, "방법 어떻게 하냐?"고 [물어서], "무조건 참고 굶는 거밖에 없다"고 [답했더니] 가족대책위에서 "아버님이랑 몇 명 여기 차출해서 가자" 해가지고 합의가 됐던 거죠.

면담자   다른 가족분들은 국회에서든 광화문에서든 단식할 생각은 안 하고 계셨어요?

유민 아빠   아니, "가족대책위 전체로 하자"고 의견이 나왔었어요.

면담자   아, 전체 나왔을 때 아버님이 "그렇게는 하지 말자"고 하시고?

유민 아빠   광장에 몇 명 나가자 그랬던 거죠, 광장에. 민주노총, 옆에서 저같이 계속 같이 함께했던 분이 "가족 전체가 간다"는 의견이 나왔을 때, "저렇게 하면 안 된다"고 언질을 줬어요. "그럼, 어떻게 해야 됩니까?" 그랬더니 "광장에 나가라"고 얘기해 준 거예요. 그래서 "광장에 나가자"[고 제안을 했던 거죠].

면담자   그분 성함이 어떻게 되세요?

유민 아빠   방, 갑자기 물어보니까 [생각이 안 나네요], 김영호 여기 무슨 지부, 지회장, 무슨 지회장[민주노총 안산 지부장]하고 방우성[안산 시민대책위 상황실장], 그분들이 계속 방법을 알려줬었어요. 그분들 방법이 내가 생각해도 맞는 거 같애, 맞아. "국민들이 알게 하려면 보이는 시민들 앞으로 가야 된다"는 거, "광화문광장에 가게 되면 박근혜, 청와대한테 바로 호소하는 자리가 된다" 그래서 굳이 국회에서만 전체가 다 하는 거보다 '[광화문광장으로] 가자'는 쪽으로 나도 판단을 했던 거구요.

4
광화문 단식농성 시작

면담자　　　그때 다섯 분 가셨어요?

유민 아빠　　처음에 갔던 게 김병권 씨, 예지 아빠, 나, 그리고 저기 저기 맨날 나오는 사람, 아구 다 까먹었어. 이름들도 다 모르겠다. 얼굴은 아는데 이름을 기억을 잘 못 하겠어요. 다섯 명 그렇게 갔죠. 가서 막상 앉으니까….

면담자　　　어떻게 뭐 가지고 가셨어요? 우산하고 방석?

유민 아빠　　아니요. 몸만 갔다니까요, 일단. (면담자 : 맨몸으로요?) 몸만 가서 시민들이 많이 옆에서, 시민활동가들, 시민활동가들이 따라갔죠. 민주노총 몇 명이랑 미리 자리 깔아주고, 돗자리 은박지 쭉 깔아주면 거기 앉아서 다섯 명이 첫날 시작을 하게 된 거고. 겁을 먹었어요, 나도. 엄청 겁나더라고요. 저걸 내가 박근혜랑 정말 특별법 제정 싸움을 하기 시작을 하는데 '아, 단식도 하루도 안 해봤는데 내

유민 아빠 김영오

가 먼저 쓰러지면 어떻게 하지?' 이게 제일 두려웠어요. 왜냐하면 거짓말로 "일주일 해봤다"고 했잖아요. 오래 버텨줘야 되는데 거짓말로 데리고 왔으니까, '내가 제일 먼저 쓰러져 버리면 어떻게 하지'라는 게 제일 두려웠어요, 처음에.

면담자   다섯 분이 가실 때 어떤 얘기를 나누셨어요? 어떤 두려움 이런 것들을 다섯 분은 공유를 하셨는지.

유민 아빠   뭐 하는 얘기가, "어떻게 버티냐? 어떻게 버티냐?" 이런 얘기죠. 두려운 얘기죠. "언제 쓰러질까? 언제 쓰러질까?" 한 번도 안 해본 사람이 갔는데, 우리는 밥 한 끼만 굶어도 배가 고파 가지고 허기졌던 사람들이. (면담자 : 거기다 날이 더워지고 있는데) 처음으로 가봤는데 "이러다가 언제까지 버틸까?" 이런 게 많이 얘기를 했고, 두려웠던 거고. 어떻게 싸워야 되는 방법을 몰랐으니까요. 무지하게 "그냥 나가서 한번 버텨보자, 시작해 보자"가 다였거든요. 그리고 그때는 3일만 하면 됐거든요. 7월 16일 날이 국회 마지막 협상하는 날이거든요. 마지막 임시국회가 끝나는 날이에요, 법안이. 그때 특별법 제정이 안 돼버리면 국회에서 통과가 안 되면 완전히 끝나는 거예요. 몇 달 뒤에 국회가 열릴 때까지 한 몇 달 기다려야 된단 말이에요. 그래서 3일, 유가족이 그래서 극단적인 단식을 시작했던 게 계속 굶고 있으면 16일 날 마지막 날이라도 통과시켜 줄 거라는 희망을 가지고 했던 거예요, 그 희망 때문에. 근데 16일이 딱 됐는데도 답변이 없었어요. 그리고 통과가 안 됐죠. 그리고 다 묵살이 당해버렸죠, 세월호 유가족 법안 낸 게.

면담자   첫날 단식하셨던 기억나세요?

유민 아빠   첫날 가서 광장에 앉았는데 창피하기도 하고 부끄럽기
도 하고, 남들 앞에 앉아 있다는 게. 대중[이] 한 사람 한 사람 계속
쳐다보니까, 처음에는 없다가 우리가 딱 앉으니까 사람이 지나가다가
쳐다보고, 쳐다보고 계속 군중들이 모이기 시작하잖아요. 거기에다가
시청에서 광장 관리하는 사람이 욕을 해대가면서 "여기 이렇게 앉으면
어떡하냐?"는 식으로 막 하니까 좀 마음이 더 그렇죠. 그냥 가만있어
도 창피하고 부끄러운데 '우리가 잘못하는 건가? 이러다 진짜 일어나
서 가야 되는 건가?' 이런 생각 다 들고…. 민주노총 사람들이랑 그 세
월호 활동 도와주시는 분들이 끝까지 싸워주고 버티게끔 해줬어요. 그
사람들하고 싸움을 해주고 우리는 그냥 가만히 앉아 있으면 되게끔.

면담자   누가 와서 뭐라고 하면 그분들이 나가가지고 대응해 주
고요?

유민 아빠   다 보호해 주고, 그걸 했기 때문에 가만히 앉아만 있었
던 거죠.

면담자   첫날에 다섯 분이 나란히 같이 앉아 계셨어요?

유민 아빠   네. (면담자 : 그러면 대화도 사실 없는 거네요?) 대화도 하
긴 하는데 사람들이 쳐다보는데 무슨 대화를 하겠어요, 뻘쭘하게 있
는 거뿐이지.

면담자   시작 시간이 몇 시쯤부터였어요?

유민 아빠   점심때 정도 됐을 겁니다, 뜨거운 한낮이 됐으니까. 뜨

거운 한낮 돼서 시작을 하게 됐고….

면담자 　　　그거 깔고 앉으셔 가지고 밤에는 어떻게 잘 자리를?

유민 아빠 　　　그러면서 이제 천막 하나를 들고 오기 시작했어요. 근데 천막이 못 들어오잖아요. 엄청난 싸움을 했죠, 경찰들하고. (면담자 : 그 첫날 밤부터?) 몸싸움을 하기 시작해요, 저녁 때. 왜냐하면 세월호 가족들 나가고 할 때 활동가들하고 민주노총이랑 같이 붙었었잖아요. 시민활동가들, 대책위들, 국민대책위라 그랬죠, 그때는. 국민대책위 쪽에서 굉장히 몸싸움을 해서 텐트 하나를 집어넣어 줘요, 넣었는데 왜 경찰들은 못 가게 하는 거고. 거기는 단 한 번도 그런 집회라든지 천막 치고 농성하는 자리가 아니었거든요. 근데 경찰들한테 우리 쪽에서 한 거는 "그러면 유가족이 햇빛, 그늘도 없이 햇빛에서 쓰러져 갖고 죽으면 당신들이 책임질래?" 이런 걸로 싸웠던 거죠. "가족들 보호는 해야 할 거 아니냐?" 그러면서 실갱이하고, 경찰청하고 연락하고 해서 겨우 한 동이 딱 들어왔어요. 그래서 설치를 해서 천막이 딱 두 동이 된 거죠. 천막 밑에서 시작을 하게 된 거예요. 뭐 하나만 들어오면 경찰들 막고 몸싸움하고.

면담자 　　　그때부터 노숙이 시작되신 거네요?

유민 아빠 　　　네.

면담자 　　　밤에는 춥지 않으셨어요?

유민 아빠 　　　밤에요? 7월 14일이니까 낮에는 엄청 뜨겁고 밤에는 그나마 좀 버틸 만했어요. (면담자 : 오히려 낮이 더 힘드셨어요?) 낮에가

더워서 힘들죠, 뜨거운 한낮 태양빛[볕]에서 있어야 하니까.

면담자   처음에 걱정하신 대로 이제 다섯 분 중에서 처음 쓰러 지시거나 아니면 포기하시게 된 분도 나왔겠네요.

유민 아빠   3일 만에 쓰러지신 분이 있죠. 3일째 쓰러지신 분 있고, 창현이 아빠. 자꾸 기억력이…. 창현이 아빠가 3일째 쓰러지고, 16일 날일 거예요, 16일 날인가 17일인가 3일째 쓰러지고. 그리고 16일까 지만 하기로 했는데 정부가 우리 법안을 무시하고 통과도 안 시키고 그냥 유야무야 끝내버렸잖아요. 그래서 "더 버티자. 100일 위령제까 지만 버티자" 그랬어요. 7일을 더 버텨야 돼요. 10일째가 되는 날이 100일 위령제였어요. 우리끼리 또 회의를 했는데 "7일만 더 버텨야 되겠다", "왜요?" 그랬더니 "그날이 100일 위령제더라" [하더라고요]. '100일이 됐는데 설마 가족들 굶고 있는데 법안을 안 받아주겠냐. 통 과시켜 주겠지' 이런 기대를 했던 거죠. 그래서 다시 또 10일 동안 버 티기 작전을 들어갔던 거죠.

면담자   몸이나 마음 상태가 어떠셨어요?

유민 아빠   3일째, 3일째 되는 날이요.

면담자   같이 하다가 한 분 그렇게 되시면 기운이 빠지잖아요.

유민 아빠   겁나죠, 나도 저렇게 될지. 3일만 하고 끝내자고 했을 때도 3일째 되는 날 얼마나 배가 고팠는지…. 3일에서 5일째가 제일 힘들다고 하더라구요, 배고파 가지고. 3일째 됐는데, 이제 막 사람들 이 봉투 들고 다니는 거야, 검은 먹을 봉투 같은 거. 달려가서 뺏어갖고 있는 거 먹고 싶은 정도, 그런 충동을 막 느껴요, 너무 배고프니까. 아침에 일어나면 허리가 안 펴져요, 너무 물만 먹고 소금만 먹고 참아야 되니까, 물배만 차 있으니까. 배가 고픈데 오늘만 참으면 단식 멈출 줄 알았더니 또 10일 동안 또 하라네. "그래 한번 하자. 어차피 안 된 거 통과시켜야 될 거 아니냐. 합시다" 전체가 다 10일 동안 연장을 했어요, 100일 위령제까지. 그러면서 진짜 배고프고. 맨날 하는 얘기가 "너 얼마만큼 배고프냐?"는 거죠, 서로 하는 얘기가.

면담자   그때까지도 앉아 계신 분 네 분이었어요?

유민 아빠   4일째부터는 네 분이서.

면담자   뭐 먹고 싶냐 그런 얘기도 하셨어요?

유민 아빠   아고, 맨날 하는 게 "짜장면도 먹고 싶고…" 이런 얘기하면, "그런 얘기하지 마, 더 먹고 싶으니까", "먹는 얘기 절대 하지 말라"고. 그렇게 하다가 10일 날 시민들이 엄청 올라오기 시작했죠. 그 뭐야, 크게 플래카드 만들고, 그날 비가 어마어마하게 많이 왔죠. 100일 위령제 한다고, 그때 투쟁하고 또 비 맞아가면서 단식했던 사람들 다 나와서 경찰들 막고 있고 몸싸움으로 뚫는다고, 나도 가서 그때 같이 싸웠어요. 경찰들 방패 들고서 밀고 그렇게 했는데 못 뚫겠어요. 경찰 벽은 도저히 뚫지를 못하겠더라구. 경찰들은 약을 올리죠. 굉장히 약을 올리면서, 요렇게 우리는 울부짖고 있는데, 참 남의 일처럼, 남의 나라에서 벌어진 거처럼 저렇게 악랄하게 쳐다보고 있는 것도 싫었고. 그래서 100일 위령제까지 결국은 버텼는데 그래도 통과가 안 됐어요. 그래서 다음 날 이제 어쩔 수 없이 계속 더 앉아 있었던 거죠.

5
단식의 신체적 영향

면담자   의학적으로 보면 일주일만 넘어가도 위험하다고 보잖아요. 의료진이 대기를 한 시점은 언제부터였어요?

유민 아빠   의료진이 대기한 거는… 아마 119 구급차 같은 거는 옆에 항시 대기하고 있고, 도로변에 대기하고 있고. 이게 이제 소문이 슬슬 나기 시작하니까 인의협[인도주의실천의사협의회]에서 왔어요. 인의협에서 와서 나는 아예 건강검진이고, 혈당 체크고 일절 못 하게 했어요. 내 몸이 망가져 간다든지 이런 걸 정부한테 보여주면 내가 당할 거고 질까 봐. 항시 나는 튼튼하고 건장하다는 걸 보여줄려고, 투지가 살아 있다는 걸 보여주려고.

면담자   언제? 며칠까지?

유민 아빠   그때가 이제 슬슬 소문이 나고, 소문이 나고 해서 의료진이 왔던 게 며칠 지나서 여기 왔는데 날짜는 정확히 계산을 못 하겠어요.

면담자   100일을 기점으로 하면은 그 뒤였어요? 아니면 앞이었어요?

유민 아빠   아마 앞쪽에 와 있었을 거예요, 앞쪽에.

면담자	그렇죠. 한 며칠 지나면 벌써….

유민 아빠 오거든요. 왜냐하면 첫날, 이튿날은 안 오는데 한 3일, 4일 되면 오기 시작하거든요. 오는데 저는 절대 인의협이 뭔지도 몰랐고, 사회에도 아무것도 무관심하고 관심이 없었기 때문에 인의협이 우리를 도와주는 사람인지도 몰랐어요. "절대 안 받겠다. 내가 지금 쓰러져 가는 걸 박근혜한테 보고할라고 왔냐?"고 "당신들 가라"고 "안 받겠다"고 했어요, 안 믿었으니까, 못 믿었으니까. 그때 당시에는 나는 내 몸을 감추고 싶었어요.

면담자 다른 아버님들은 그때 검사를 하셨어요?

유민 아빠 한 사람도[이] 있기 시작했어요. 근데 나는 아예 끝까지 버티고 안 받다가 이제 얘기 들어보고, "우리 같은 힘든 사람 도와준다" 설득하고 해서 "진짜냐?"고 그래서 받기 시작한 거죠. 그때 믿고. 그래서 김의종 선생님이 먼저 와서 아침저녁으로 해줬고, 그러면서 이보라 선생도 교대로 오게 됐어요. 그리고 옆에 한참 있으니까 옆에서 정부에서 119 구급대 부스를 만들어놨어요. 우리 쓰러지면 언제든, 나는 그 사람들한테 죽어도 안 받았어, 정부 편이니까. 인의협만 받은 거예요, 얘네들[정부 측]한테 받으면….

면담자 상태 보고할까 봐?

유민 아빠 그거마저 난 막기 시작했어요.

면담자 단식이 개인적으로 외로운 싸움이잖아요. 다른 사람하고 나눌 수가 없는 고통인데 의식의 흐름에 어떤 차이가 있었는지요?

처음 3일째는 엄청 배가 되게 고팠다가 그 뒤로 차이가 있어요?

유민 아빠   계속 흐름이 있어요. 계속 흐름이 있어요. 근데 뭐 3일
에서 5일 그 배고픈 게 지나면은 조금 덜 배고파져요. 그냥 물 먹으면
버틸 만하고, 물 먹으면 버틸 만하고 이런 단계가 와요. 문제는 계속
화장실을 들락거리는 거예요. 밥을 안 먹고 물만 마시니까 관장을 해
야 되잖아요. 잠깐 앉아 있으면 화장실 가야 되고, 또 갔다 오면 배가
아프면 화장실 가야 되고, 물이 쏟아져요, 물이. (면담자 : 계속?) 물이
쏟아지니까 밥 먹고 매일 대변을 보고 힘을 줬다, 항문에 힘을 줬다
났다 해야지 항문에 근육이 계속 그대로 있는데, 조여진 게 없잖아요,
똥을, 변을 못 싸니까. 이것[근육]도 약해져 버리니까 줄줄 흐르는 거
예요, 이제. 팬티가 단식 끝나고 나니까 가방 하나야. 맨날 내가 "뭐
필요한 거 없어?" 물어보면 "팬티, 팬티, 팬티". 그리고 이제 슬슬 인
터뷰도 시작하기도 하고, 사람들 하고 앉아서 대화도 많이 하게 되고,
올라온 사람들 많이 대화하잖아요. 대화 중에 옷에다 많이 지려요. 그
러면 또 화장실 가서 옷 갈아입고 대충 씻고 나와야 되고. 옷에다 싸
는 게 되게 많아요.
　　정치인들 단식하잖아요. 그럼 내가 5일에서 10일 정도 되면 "저
사람들 못 해" 나는 왜 못 하는지 알고 있어요. 옷에다가 계속 똥을 싸
는데 명예 있는 사람들이 아무한테나 똥 묻은 팬티를 갈게끔 주겠어
요? 못 주잖아요. 부끄럽기도 하고 쪽팔리기도 하고 그게 아마 수치
일 거예요. 왜? 자기는 명성이 있고, 정치적으로 단식하는 사람들이
기 때문에. 그래서 김성태라든지 며칠 못 가. 나는 며칠 못 가는 걸 알
고 있어요. 단식하게 되면 관장을 하기 위해서는 대변이 매일 하루에

수십 번을 가요. 그걸 어떻게 버틸 거냐. 그래서 나는 10일 이상 못 버틴다고 장담을 하잖아요.

면담자   정해놓고 가는 화장실은 어디였었어요?

유민 아빠   광화문광장 지하. 지하 가서 매일 아침에 씻고, 소금으로만 닦아요, 비누도 못 칠하게 하고 치약도 못 쓰게 하고.

면담자   그거는 왜요?

유민 아빠   몸이 계속 굶었잖아요. 몸이 굶고 있으니까 화학 성분이 몸으로 흡수를 해버려요, 나쁜 성분들이. 비누칠하면 흡수해 버려요. 그래서 못 쓰게 하고 소금으로만 양치하고…. 그러니까 10일 정도 되기 시작하잖아요. 그러면 소금으로만 닦고, 이런 데 치석이 끼어요, 이빨 사이에 쌓이기 시작해. 이빨이 아프고 붓고 머리가 슬슬 아파오고, 이런 단계가 10일 넘으면서 와요. 그때부터 이제 치통 시작하고 근육, 다리 이런 게 슬슬 아프기 시작해요. 몸이 아프기 시작해요. 처음에 단식을 하게 되면 배 속에 있는 지방, 체지방, 단백질 이런 걸 태워요. 머리로 포도당을 올려 보내요. 이걸 올려 보내서 계속 생명을 유지시켜 주는 거죠. "책 보고 보지 말아라. 잡생각 같은 것도 하지 말아라, 최대한", 책을 보면 여기 머리를 신경 쓰면 포도당이 그만큼 몸을 태워요, 지방질을 태워서 올려 보내야 되니까. 지방질, 지방 같은 거 체지방을 다 태우고 나면은 몸에서 태울 게 없잖아요. 그때 근육을 태워서 올려 보내요, 머리로 포도당을. 근육이 빠지고 근육까지 다 태우면 그때가 위험한 시긴데, 더 이상 태워서 포도당 만들 게 없잖아요. 그러면 장기를 태워요.

면담자　　　　장기 내에 있는 지방이나 단백질?

유민 아빠　　　그건 다 썼잖아요, 초기에 썼으니까 첫 단계로. 두 번째 단계로 근육을 태워요. 근육을 다 써버리면 뭘 쓰냐면 내장, 장기를 태워서 포도당 올려 보내요. 그래서 30일 이상 넘지 말라는 게 장기를 태워서 올려 보내니까 단식 멈추고 나서 후유증, 또 죽음에 이를 수도 있고. 위험의 단계가, 30일째 넘으면 장기를 태우는 시기예요. 그래서 하지 말라는 거, 장기 단식 하지 말라는 거고.

6
단식장에서 쓴 일기, 동조 단식과 지지 방문

면담자　　　　제가 광장에 갔던 게 8월 중순쯤이었는데 동조 단식이 언제부터 시작됐는지 기억나세요?

유민 아빠　　　전혀 기억을 못 하겠어요. 머리도 깨질 듯이 아프고 그냥 사람들이 많이 오고 있다는 것만 알아요. 많이 올라오고 있고 만나서 애기 들어보면 학생이 "아버님, 저 제주도에서" 학생이 "저 혼자 비행기 타고 왔어요. 아버님 보러 왔어요". 저기 또 삼척, 이런 데서 학생들, 또 엄마들이 애기 손잡고, 그리고 애기들이 편지를 써갖고, 유치원생들이 편지 써갖고 엄마 손 붙잡고 "'거기 꼭 가자 가자' 해서 어쩔 수 없이 왔다"는 거야. 그렇게 보챈대요, 애기가 편지 써갖고 "이거 전해줘야 된다"고. 이런 응원들이 막 올라오는 걸 느끼고, 알게 되고, 직접 만나고…. 그러면서 사람들이 끊임없이 오고 동조 단식도 옆에

서 하나씩 하나씩 시작되고…. 첫날 밤에는 잠을 안 잤죠. 거의 잠을
안 잤죠. 왜냐하면 밤에는 군데군데 경찰만 서 있기만 하고 몸싸움하
는 것도 없고, 잠을 자는데 우리 옆에서 시민활동가들이, 처음 왔던
사람 10명 정도, 10명에서 20명 정도 같이 우리 자는데, 앞에 마당에
대충 돗자리를 깔아놓고 자고 있는 이 모습만 보이는 거예요. 그러다
가 문화집회라는 걸 시작을 해요. 며칠 쨋지 모르지만 문화집회를 시
작하는데 "그래서 사람을 끌어모으자" [해서]. 며칠 동안 계속 사람이
없었으니까요.

면담자   아버님들하고 활동가들 분들만 있었으니까.

유민 아빠   시민들이 올라오지 않았으니까, 5일째도 안 올라오고.
"문화집회를 저녁마다 해야 되겠다" 해서 그걸 시작을 해요. 지나가면
서 알리게 되고 하나씩 하나씩 사람이, 다음 날 저녁에 다 잘 때 새벽
녘에 보면 오늘은 10명이었다가 15명, 20명 늘어나더라구요, 광장,
우리 눈앞에. 그러다가 어느 순간 단식장이 만들어지고 많은 사람들
이 옆에 매일 100명, 200명씩 잠을 자고 이게 됐던 거죠.

면담자   밤샘을 하는 분들도 점점

유민 아빠   엄청 많아졌죠.

면담자   첫 인터뷰는 혹시 기억나세요?

유민 아빠   예. 처음 인터뷰를 어떻게 시작했냐면 이하늬라는 ≪미
디어오늘≫ 기자가 있어요. 이하늬라는 ≪미디어오늘≫ 기자가, 팽목
에, 우리 실내 체육관에 같이 있었던 기자예요. 우리 옆에를 지켜주면

서 같이, 기사 써서 올려 보내고 맨날 했던 ≪미디어오늘≫. 다른 방송은 전혀 내가 안 믿는데 거기는 있는 그대로 써서 올려주거든요. 그래서 ≪미디어오늘≫기자가 "아버님, 이렇게 해가지고 도저히 알릴 수가 없겠다. 홍보가 안 되겠다. 단식하는 걸 [시민들이] 모르겠다", "그럼, 어떻게 하면 될까요?" 했더니 "아버님이 매일 일기를 써주세요" 그러더라구요.

면담자   이하늬 기자가 며칠째부터 그 제안을 했어요?

유민 아빠   그 기사가 나와 있어요. 이하늬 기자, 그 날짜별로 해서 몇 월 며칠, 몇 월 며칠 해가지고. "그래요, 일기를 써서 대충 드릴게요" [하고] 대충 썼어요. 그 기사 보면 아마 며칠째 뭐가 있었고, 며칠째 뭐가 있었고, 사람들 올라오고 이런 게 많이 나와 있을 거예요. 그 편지를 써서 줬어요, 일기를 한꺼번에. 그때가 7월 말인가 그 정도 됐을 거예요, 7월, 8월 초나 7월 말 정도. 한 일주일 분량 정도 써가지고 줬더니, 그걸 ≪미디어오늘≫에서 크게 실린 거죠. 사진을 찍고 기사를 올리니까 바로 다음 날 손석희 아나운서가 "생방송 인터뷰하자", 그 뉴스 기사를 보고, ≪미디어오늘≫ 기사를 보고. 텔레비도 안 나가 보고 아무것도 안 해본 사람이 생방하자는데 얼마나 떨리겠어요. 알리긴 알려야 하는데 "내가 하지 말고 당신들이 해" 옆에 그때까지 있었으니까 "아, 네가 해" 서로 그거 때문에 피하고 싸우고 그랬지, 서로 인터뷰 안 하려고 부끄러우니까. 나보고 해야 된대, 왜냐하면 내 거 일기가 나가버렸잖아.

면담자   다른 분들은 일기를 쓰시지는 않으셨어요?

유민 아빠   네. 또 내 기사가 나갔기 때문에 내가 어차피 해야 되고, 어떻게 해야 될지도 모르겠고, 아무튼 "하겠다"고 했어요. 손석희 아나운서가 생방으로 연결, 채널 연결해서 그때 처음으로 인터뷰를 해요. 왜 단식을 하게 됐는지 [등등 물으면] 이렇게 해서 거기에 대한 답변을 해주는 거죠. 그때 방송은 떨리면서 했어요. "아버님", 하다가 "여기만 쳐다보라"고 앞에서 피디들은 그러지, 더 떨리는 거야. 그래서 그때 "세월호가 왜?", "법안이 안 받아들이기 때문에 계속 묵살당해서 제정 좀 시켜달라"고, "통과시켜 달라"고 단식을 하고 있다. 새누리는 지금 너무 눈 하나 깜짝 않고 있다. 그거 때문에 단식한다" 이런 인터뷰를 했어요. 그다음 날부터 광화문광장이 북적이기 시작했어요. 오××라는 어린 초등학생이 스케치북을 가지고 "아버님" 이렇게 넘기기 시작했던 게, 그 아이가 처음으로 했던 이유가 "JTBC 어제 방송 보고 알게 됐어요. 아버님, 힘내시고" 막 써가지고 보여줘요. 그러면서 사람들이 계속…. (면담자 : 다른 언론사에서 기사를 내기 시작했죠?) 엄청 올라오고, 모든 기사들이 다 쓰기 시작했고, 그래서 이제 광화문광장이 너무 많은 인파로 몰리기 시작한 거죠, 그때가.

면담자   전국에 방송이 한번 나가면 많이 알려지게 되는 건데 그때도 좀 겁나지 않으셨어요?

유민 아빠   이제 그런 것도 느끼지만은 3일만 하기로 했던 싸움이 10일, 12, 13, 14 날짜가 흐르면 흐를수록 분통이 터지는 거예요. 그런 거 생각이 안 들어지더라구요. '이제 투쟁을 해야 되겠다' 제가 투쟁가로 변하고 있었더라고요. 왜냐하면 가족들이 이렇게까지 단식을 하고 굶어 죽어가고 있는데 눈 하나 깜짝 안 하니까. (면담자 : 그때 막

분노가 생기기) 더 생겨버리는 거야, 이게 오기가 생기고. 그래 내가 '누구 고집이 센가 보여주겠다' 그래서 해버린, 왜냐하면 들어줄 주 알았는데 안 들어주니까. 그때는 막말을 해도 다 기사들이 추려내고 좋은 말만 써줄지 알고 했던 거였는데, 그때 내가 이런 말 저런 말, 채널A 이런 데서도 들어와서 찍고 오보해서 내보내고 편집, 이런 게 많았던 거죠. 그러면서 17일쩬가 됐었어요. 17일째 됐는데 너무 가족이 그때 한 사람, 한 사람 쓰러져 나가고 나하고 두 명인가밖에 안 남았었을 거예요, 다 쓰러지고. 유가족들이 걱정이 됐던 거예요. 여기 "릴레이로 해야 되지 않냐? 이러다가 유민 아빠 죽어버리면 어떻게 할 거냐?", 이런 걱정이 돼서 안산에서 회의를 했어요. "릴레이로 하루씩 하고 오늘까지만 하고 단식 멈추게 하자" 얘기가 나와요.

다음 날 일어났는데 가족대책위에서 이제 그러더라구요. "오늘까지만 하고 단식 멈추라", "왜?" 그랬더니 "그냥 이러다가 생명을 잃는 거보다 릴레이 하는 게 낫다" 그러면서 "오래된, 더 오래된 싸움이 될 거 같다"고. 서로 간에 알았으니까. 그래서 내가 2시간을 광장에서 사람들 있는 데서 화를 내고 "이러려면 시작을 하지 말지. 사람이, 유가족이 죽어서 쓰러져 가는 모습을 보여줘[야] 국민들이 계속 깨어나고 올라올 거 아니냐?" [했어요]. 내가 단식 멈추면 올라오던 사람도 안도의 한숨 쉬고 "아, 유민 아빠 단식 멈췄대" [하고] 내려가 버린단 말이에요. 그때는 언론도 타고 이미 "유민 아버님 힘내세요, 힘내세요", 국회의원부터 와가지고 활동가들 옆에서 계속, 제가 아침 7시에, 8시에 정자세로 앉아 있어요. 밤 10시, 10시까지 앉아 있어요. 사람이 너무 많이 오니까, 누워 있어야 되는데 누워 있지도 못하고. 거기다가 3000배를 하죠. 밤에 시작하면 새벽에 끝나요. 잠이 오나요? 잠도 못 자고 굉장히 몸이 혹사당하고 있을 때였으니까. 그만큼 사람들이 많이 왔다는 거예요. 방송 나가고 나서 하루가 틀리게 어마어마하게 불어났어요. 가족대책위에서는 그걸 단식을 릴레이로 하자고 제안이 왔던 거예요. 제가 화를 내고 "그럼 당신들끼리 릴레이 시작해라. 나는 돗자리 깔고 저 앞에서 끝까지 할 테니까. 당신들끼리 하라"고 그렇게 화를 냈어요. 가족대책위에서 내 성질을 못 이기니까 "알았다. 계속해라" 했던 거예요.

7
교황 시복 미사에 대한 준비

유민 아빠   그러면서 이제 천주교 신부님한테, 문정현 신부님이 항시 옆에 있었잖아요. 문정현 신부님이랑 와서 천주교 쪽에서 그런 얘길 하더라구요. 여기에서 8월 16일 날 시복 미사가 있대요. "시복 미사가 뭔데요?" 교황이 와서 행사를 하는 거래요. 인파가 어마어마하게 온다는 거예요. 여기 다 치워야 된대. "저는 안 치울 건데요" [했더니], 그러면서 어쩔 수 없이 치워야 된대. "그래요? 그러면 제가 16일까지 버티고 있으면 정부에서는 전 세계적인 행사를 하는데 이걸 다 치우겠네요?", '치워야 되려면 합의를 봐줄 것이다' (면담자 : 오히려 특별법을) '제정해 줄 거다. 왜? 나는 고집 피우고 안 비키고, 이 자릴 고수하고 지키고 있으니까 나를 들어내기 위해서는 특별법 제정을 해줄 것이다' [하고 생각이 들더라고요]. 그때는 강제로 못 들어낼 상황이 왔어요. 사람들 너무 많이 왔으니까. 나 혼자가 아니라 거기는 몇천 명이, 몇백 명이 왔다 갔다 하루에 내가 세어본 적도 있어요. 오전까지 왔는데 500여 명 정도가 나한테 인사하러 와요. 내가 옆에 세어보라고 몇 명이나 왔는지 너무 많이 와버리니까. "아버님, 도저히 못 세겠어요", "지금까지, 점심 먹을 땐데, 아침에 벌써 500명 정도 왔어요". 얼마만큼 많은 인파들이 왔는데 그걸 강제로 들어낼 수 있겠어요? 못 들어내잖아요. (면담자 : 그렇죠) 버티면 (면담자 : '뭐라도 이제 승산이 있겠다' 생각을) '박근혜가 들어줄 거다. 특별법 통과시켜 줄 테니까 제발 자리 비워달라', 이거 협상 카드로 쓸려 그랬었던 거[예요].

그래서, 그렇게 하면서 천주교 신부님들한테 제가 그랬죠. 교황이 쓴 책 같은 거 하나 갖다 달라 그랬어요. 쓴 책을 갖다준 게 백선, 교황백선[김종봉, 『파파 프란치스코 100』]이란 게, 자기가 100가지 말한 걸 구해다 주더라구. 천주교에 대해서 아무것도 모르는데 그 책도 읽어보고 그리고 "편지를 쓰자"고 했어요. 시국 미사 오게 되면 유가족이 단식하고 있으니까 손 한번 잡아달라고, "기도해 달라"고, 비공식적으로 계속 천주교 옆에 앉아 있던 분들이 [교황에게] 서신을 보냈어요. 답장이 안 왔죠. 서신을 보내고 또 답장이 오기만을 기다렸는데 답장이 안 오지. 제가 뭐라고, "유민 아빠가 뭐라고 한번 써야 될 거 같은데" [해서] 편지를 어떻게 썼냐면 교황이 한 말 중에 "가장 약하고 힘없고 배고픈 사람들 끌어안아 주고 기도해 주고 사랑으로 감싸주는 게 교황이 할 일이다"라는 걸 얘기하더라구요. "교황님께서 말씀하셨듯이 힘없는, 힘없는 사람이 교황님께 손을 내밀고 있는데 저를 안 만나주시겠습니까"라는 식으로 글을 썼어요. "교황님께서 하신 말씀인데 제가 힘없는 사람입니다"라고 썼죠. 그런데도 답변이 없었어요.

　　그러면서 12, 8월 12일, 13일, 늦어도 8월, [16일의] 3일 전까지는 정부에서 연락이 올 줄 알았어요. "통과시켜 줄 테니까 이제 자리 비워라" 이럴 줄 알았죠. 13일 날이 됐는데도 깜깜 무소식. 14일 날 아침에, 우리가 눈뜨면 그래요. "오늘은 정부에서 왔어요? 연락 왔어요? 통과시킨답니까?" 아직 아무 답변이 없다는 거예요. 15일 날도 마찬가지. 그러다가 결국은 15일 날 제안이 왔죠. 이걸 다 치워야 되니까, "무조건 다 치워야 한다"고 해서 협상을 했던 거죠, 우리 쪽하고. "한 동은 냄겨[남겨]놔라. 나는 단식할 거니까 끝까지 연결해서 할 거니까. 한 동을 냄겨놓고 나머진 다 철수해 주겠다. 그리고 교황 가면 다시 만들 거다. 이 약속을 하지 않으면 안 비켜줄 거다"라고 했어요. 그래서 결국은 정부도 그 약속 지켜줄 테니까, 그것도 이제 서울시가 박원순 시장이니까 가능했던 거죠. 서울시가 박원순 시장님이었으니까 가능했던 거고 그 약속이. 어차피 광장은 시 권한이니까요. 그래서 이제 세종문화회관으로 15일 날 다 들어가요, 우리는. 그리고 다 [천막을] 철거를 다 하고, 다시 한 동만 딱 냄겨놔요. 시복 미사 하는 날 보면 그 많은 인파 중에 딱 텐트 하나 있었잖아요. 거기 앉아 있었던 거죠.

면담자　　　그때까지도 아버님 입장에서는 엄청 긴 시간이잖아요. 다른 사람들은 한번 왔다 가거나 하루 이틀 동조 단식 하는 사람들이 대부분이었던 건데.

유민 아빠　　　힘이 났어요, 오히려. 왜냐하면 하면 할수록 영화인들 동조 단식, 예술인 동조 단식, 너무나 많은 시민들이 여기저기에서 해주니까. 김혜수부터 해서 연예인들이 "힘내라"고 피켓 들고 사진 찍어

보내주고, '아, 이제 많이 알려지고 있구나. 이 정도 알려지면 특별법 제정할 수 있겠구나'라는 희망이 있었으니까.

면담자   오히려 그래서 몸 상태도?

유민 아빠   나빠도 마음이 즐거웠어요. 왜? 국민들이, 처음에 첫날 갔는데 10명 자고 있는[던] 광장에 이렇게 많은 인파로 매일 몰리고 특별법 제정하라고 피켓 들어주고…. 그러면서 교황한테 우리가 편지를, 서신을 보내면서, 만약에 정부가 이 자리를 안 비켜주고 행사를 하게 됐을 경우를 대비를 해야 되잖아요, 우리도. 그때 대비는 어떻게 했냐면 만약에 정부가, 박근혜가 협상카드를 통과를 안 시키고 '이 자리를 넘겨놓고 시복 미사를 하겠다' 하면, 천주교 쪽에서는 그랬어요. 광화문 북단 현판 앞에 보면 거기가 교황이 연설하는 자리예요. 나머지 쫙 인파가 끝에까지 있고, 그 맨 앞에다가 제 자리를 만들어준다고 했어요. "대신 아버님 그 자릴 만들어주겠다" 그래 내가 "그건 절대 안 한다"고 했어요. 왜 안 하냐? "만약에 내가 그 자리 앉게 되면, 지금 내가 기다렸던 이유가 뭐냐. 전 세계 언론한테 알려야 할 거 아니냐, 이 사실을. 시복 미사까지 이런 행사를 하는데도 눈 하나 깜짝 안 하고 우리하고 불통인 이 정부, 소통도 안 하고 이런 거 다 까발리고 알려야 될 거 아니냐. 그러려면 교황이 나한테 걸어오게 만들 거"라고 그랬어요. 옆에선 안 믿죠. "교황이 누군데 너한테 걸어오겠냐?" 하는 사람도 많았고. 만약에 안 오면, 내가 지팡이 짚고 다녔잖아요. "지팡이 짚고 그 사람들 앞에서 뛰어나갈 거"라고 그랬어요. "그래서 이슈를 만들 거"라고 그랬어요, 제가. 아픈 사람이 단상에서 만나달라고, 그 카메라들 보고 있는데, 찍고 있는데 뛰어나가면 경호원들 말리고 별짓 다 할 거 아니에요. 이 소란이라도 피워서 알리고 싶었거든, 싸워서라도. "죽어도 현판 앞에 안 앉겠다. 내가 현판 앞에 앉아버렸으면 교황이 나 만나주지도 않고", 그리고 전 세계가 유민 아빠가 단식하고 있다는 것도 몰랐어요, 세월호 가족들이 [단식하는 걸]. 그걸 알리기 위해서는 "무조건 교황이 나한테 걸어오게끔 만들어야겠다", 그러기 위해서 서신을 계속 보냈던 거예요. 결국 15일 날 세종문화회관에서 우리가 하루 저녁 시간 때우고, 벌써 다 치우고 한 동 넘겨놓고 다 만들었잖아요, 시복 미사 행사 자리를. 16일 날 새벽부터 일어나서 자리를 찾아서 나오는데, 아침 되니까, 날이 밝아오고 아침 되니까 이게 이제 두 번째 고비죠. 첫 번째는 날[나를] 현판 앞에 앉게 만드는 거, 그러면 이슈가 안 되잖아요. 두 번째로 첫날 갔는데, 천주교 옷을 보면 소매가 엄청 길죠. 그 신부님들이 우리 유가족들 쫙 앉아 있는데, 우리 앉아 있는데 앞을 다 일자로 다 막아 펜스를 쳐요. 그리고 이걸 팔을, 옷[으로 가려서] 우리가 안 보여버리는 거예요. 그래서 우리 가족들이 또 싸웠죠, 시민들이랑. "당신들 뭐냐?"고, "또 정부가 보낸 거냐? 왜 우리 가로막냐?". 유가족 다칠까 봐 우리가 보호해 주는 거래. "보호 다 필요 없으니까 가라"고, "이거 행사 못 하게 다 엎어버릴 테니까 나가라"고, 이렇게 싸웠죠. 결국은 유가족들 흥분하면 안 되니까, 또 시끄러워지잖아. 행사가, 행사가 안 되니까, 그렇게 또 싸워가지고 그 사람들 내보냈어요, 내보내고….

면담자   그분들은, 천주교 내에서도 천주교정의구현사제단하고 아예 다른?

유민 아빠   다른 사람들. 세월호가 싫은 사람들, 지금도 있잖아요, 염[수정] 추기경. "유가족이 참아야지" 했던 염 추기경, 걔 밑에 있는 사람들이죠. 그 소속들이죠. 방해가 굉장히 많았어요. 단식하면서도, 교황 만나기 전까지 방해가.

8
단식 중 일화

면담자　　어떤 것들이 인상적이었어요?

유민 아빠　　뭐, 교황 온 날? 아니면? (면담자 : 아니요, 그 전에) 인상적인 거요? 인상적인 거 너무 많죠. 인상적인 거야 어떻게 하루하루 말로 하겠어요.

면담자　　정부에서 부스 만들면서 실랑이 있거나 그러진 않았어요? 정부에서는 아버님의 상태를 일단 계속 체크하고 싶어 했을 텐데.

유민 아빠　　우리가 처음에 한 동이었다가 옆에 하나 옆에 하나 계속 늘려나갔잖아요. 이거 하나 들어올 때마다 엄청난 싸움을 해요. 못 들어와요, 뭐 하나만 들어와도 싸움을 하고. 인상적인 게 그런 거죠. 보수 어버이연합, 엄마부대가 매일 2시간씩 우리 앞에서 약을 올리고, 그리고 특별법 반대 집회를 해요. 보상금을 더 받기 위해서 그런다든지 "특별법 제정은 특례 입학, 의사자 이런 걸 들고서 그걸 요구하는 특별법이다"라고 해서 반대집회를 할 때 울화통이 터지죠, 울화통이. 그때까지는 유민 아빠 어쩌구 이런 피켓은 없었어요. (면담자 : 아버님 개인에 대한 얘기, 그런 건 없었고) 그런 피켓은 전혀 없었고, 유가족들 특별법이 "특례, 그리고 의사자 지정, 이런 것들 요구하는 게 돈 때문에 그런다”는 그런 걸 많이, 집회를, 반대집회를 하는 거고, 그래서 반대하는 거고.

면담자　　　　규모로 봤을 때는 지지하는 쪽이 훨씬 많았죠?

유민 아빠　　　많았다는 걸 알죠.

면담자　　　　오히려 반대하는 사람들이 득세를 하게 될 거라는 생각까지는 못 하셨을 거 같은데 어떠셨어요?

유민 아빠　　　아, 근데 매일 저렇게 와도 경찰들이 딱 보호해 주고 우리하고 몸싸움 안 나가게끔 경찰들이 딱 가로막아 주고 집회하게끔 만들어준 자체가 화가 났던 거죠. 저게 거짓이고 아닌 거 알면서 왜 경찰들은 막지도 않고 보호만 해주고 있는지, 이런 거가 화가 났던 거죠.

면담자　　　　정부 쪽에서는 천막 들어올 때 막는 거 말고는 따로 접촉을 하지는 않았었어요?

유민 아빠　　　접촉하려고 했던 거보다, 이제 국회의원들이 많이 와서… 저는 그랬어요, 국회의원님들한테. 여기 와서 하는 말이 저한테 “단식 중단해 달라”고, “그만하라”고, “우리가 알아서 싸우겠다”고 그 말을 다 하러 와요, “이러다 쓰러지시면 안 됩니다”. 저는 지팡이를 두드리면서 “나한테 그럴 힘으로 여기 와 있으면 국회 가서 그 힘으로 싸우라”고, “통과시키라”고. 국회의원들 오면 자리에서 일어나지도 않았어요. 그리고 “그런 말씀 하시려면 오지를 마세요. 국회 가서, 저한테 와서 이런 만류할 수 있는 힘으로 국회 가서 그렇게 더 힘으로 싸우라”고, “그 힘으로 싸워달라”고, “왜 통과를 왜 못 시키시냐”고. “저 단식 멈추는 거는 통과시키는 거뿐이 없다. 통과시켜 주면 될 거 아니냐" 그렇게 할 때 안 온 사람들이 있죠. 같은 민주당 소속이라도 좀 반대 아닌 반대, 싫어했던 사람들도 있었어요. 문재인, 지금 그때 당시 문재인 대표였죠. 문재인 대표가 "민주당 사람들 다 야외투쟁을 하자"고 해서 "특별법 제정하라"고, 우리 단식할 때 쭉 줄 서 있을 때, 일렬로 서가지고 민주당 의원들 다 했죠.

그때 안 온 사람들, 그게 바로 민진모[민주당 집권을 위한 모임] 사람들, 국회의원 민진모 사람들. 그 사람들이 안 왔죠, 반대했죠. "국회 가서 싸워야지 왜 나가[서] 장외투쟁을 하냐?"[고] 반대한 사람들이 있어요, 민진모 사람들이. 몇 명 되죠. 지금 내가 이름 거론을 안 하는 거는 내가 정치적으로 누구누구 이름 발설하면은 거기 지지하는 사람들이 나를 욕을 해요. 페이스북 페친을 끊어버려요, 누군지 얘기하면. 그래서 그 사람에 대해서 얘기도 안 하고, 우리한테 잘못된 얘기라도 안 쓰는 이유가, 같은 민주 [진영의] 의원이거든요. 당만 틀렸다[다르다] 뿐이지 지지하면서 같이 와서 "힘내세요" 해줬던 사람들이니까. 그래서 내가 지금도 얘기 안 하는 거예요. 그거 하는 순간 "아버님" 하고 딱 벌써 페이스북, 페친 끊어버리고 그래서 참 지금까지 쓰레기 아닌 쓰레기처럼 했던 사람, 내가 말 한번 못 하고 못 가는, 누군지 대충 알겠죠?

면담자 　　　당시 그 힘이 나는 장면들로 멀리서 온 학생들이나 어린 아이들을 먼저 말씀을 하셨는데….

유민 아빠 　　　그러면서 힘이 나는 게 외국 활동가들이, 외국에서 그렇게 영향력은 없더라도 외국에서 취재를 요청이 와요. "왜 단식하냐?" 이런 거 물어봐 가지고 외국 기사에 한 번씩 실어줄 때, '천천히 외국에 알려지고 있구나. 외국에 알려지고 있구나' 느끼기 때문에 그 때 '힘을 내야 되겠다' 이런 것[생각]도 들고. 그리고 한번은 어떤 노인 이 계속 텐트, 천막을 1시간을 계속 왔다 갔다 쳐다보고 고개 숙였다 쳐다보고 그러다가 저하고 만나, "앉아서 얘기하면 안 될까요. 손 한번 잡으면 안 될까요" 해가지고 상황실에 얘기했더라고. "아, 오시라"고, 저는 국회의원들 오면 안 일어도 시민들이 오면은 발 벗고, 맨발 벗 고 나가서 "고맙습니다". 왜? 힘을 실어주고 있으니까 "고맙습니다". 어떤 시민이든 다 만나줬어요. 근데 상황실에서는 "몸이 힘드니까 제 발 만나지 말고 앉아 있어야 된다. 앉아 있어야 된다" 하는데 저는 남 들 다 퇴근할 때까지, 그 오밤중까지 앉아서 그걸 다 얘기 다 들어주 고, 만나서 얘기하고 왜 단식하는지 지금 특별법이 어느 정도 문제가 있는지 알려주고, "진짜 깨어나야지 세상이 바뀐다", "깨어나셔야 됩 니다" 이런 얘기 주고받고. 근데 이 노인이 결국은 들어왔어요. 들어 오자마자 무릎 꿇고 큰절을 하는 거예요. 그리고 울어요. "죄송합니 다" 그래. "왜 그러시냐?"고 했더니 "제가 조원진을 뽑았습니다" 그래, "죄송합니다". 조원진이가 닭에 비유하기도 하고 우리를 조롱했잖아 요, 조원진이가. 그리고 특별법 극구 반대했잖아요, 조원진이가. 그래 서 제가 "닭 모가지를 비틀어도 새벽이 온다"는 걸 내가 보여주겠다고 피켓을 썼잖아요. 조원진보고 한 소리거든요, 저도.

그리고 그때 당시에 새누리당 의원들은 계속 나한테 막말을 집어 던졌으니까. "제대로 단식을 했으면", 안홍준이 걔도 "단식을 했으면 벌써 쓰러졌어야지" 이런 얘기할 때, 제가 그러면은 그 얘기 하자마자 내가 그랬어요. 오늘부터 "이 시간 이후로 건강의 체크, 일절 의료진보내지 말아라. 안 받겠다" 했어요. 그걸 이제 국회 얘기해서 안홍준까지 전달이 된 거예요. 며칠 동안 안 받았죠. "이대로 가만히 있다 죽을 거니까 안홍준이 사과할 때까지 안 받을 거"라고. 결국은 안홍준이 사과했어요. 사과하고서 다시 의료 검진을 받게 되고 여러 상황들이 엄청 많았죠. 어떻게 46일 동안 수백 가지, 수천 가지 일이 있었는데, 다 어린아이들, 매일 곁에서 같이했던 사람들, 특히 어린아이들, 학생들이 굉장히 많이 왔어요. 앞에서 줄 서가지고 「아빠 힘내세요」 이런 노래도 앞에서 불러주고 이럴 때 힘이 많이 났죠. 제일 힘이 날 때가 어린 애들이, 또 이제 유민이 친구 애들이 많이 왔어요. 고등학생들, 중고등학생들, 이런 애들이 와서 같이해 줄 때, 집회 같은 거 하면은 같이 와서 많이 참석해 주고, 이런 거 이런 거 하나씩 느낄 때, 보고 있을 때 힘이 너무 많이 났고.

9
문재인 대표 동조 단식, 특별법 협상안 거부

면담자　평일과 주말, 아니면 일상에서 어떤 차이가 있었나요?

유민 아빠　완전히 시장판, 난장판처럼 텐트들이 여기저기 어마어마하게 붙어 있으니까, 그리고 행진해서 올라오기도 하고, 시민 단체를 만들어서 "특별법 제정하라" 하고, 자전거 부대부터 걸어서 예술인 단들 광화문광장까지 도착지로 해서 올라오고, 힘을 실어주고 있었으니까 힘이 날 수밖에 없죠.

174

면담자   분향소가 설치된 게 언제인가요? 아버님 단식 중에 만들었던 걸로 기억하는데.

유민 아빠   분향소 설치가 내가 단식 멈추고 생긴 거 아닌가? 분향소가 있었나요?

면담자   제가 8월 중순 무렵에 분향소에서 분향을 하고 단식을 했던 걸로 기억이 나요.

유민 아빠   분향소가 있었나? 있었나 모르겠다. 가물가물하네, 벌써 4년[광화문 분향소는 2014년 7월 14일에 설치됨].

면담자   그 당시에 문재인 대표가 제법 오래 며칠 동안 단식을 했었잖아요. 교감이나 대화를 나누셨어요?

유민 아빠   처음에는 "단식 그만하라"고, "멈춰달라"고, "우리가 국회 꼭 싸워서 통과시키겠다. 단식 멈춰달라" 하고 저를 설득하러 왔었죠. 설득하러 왔는데 제가 뭐라고 하겠어요. 다른 의원들하고 똑같이 "그런 말씀 하시려면 오지 마십시오. 지금 나 설득할 힘으로 국회 가서 싸우면 될 거 아닙니까" [그랬더니] 나 단식 안 멈추면 자기도 안 가고 같이 굶겠대요. "그럼 굶으세요, 저 안 멈출 거"라고, "특별법 제정될 때까지 난 안 멈출 거"라고 그랬어요. 그때 특별법 제정이 원재민 변호사가 제 옆에 항시 있었잖아요. 법안이 1차, 2차도 다 했었는데 1차 때는 다 무조건 협상, 어차피 내가 단식하고 있고, 가족들이 단식하고 있고 하니까 계속 협상을 했었어요. 협상 범위가 유가족안을 집어넣어 달라는 거였잖아요. 단식하고 하니까 하나씩 그 틈에 국회에서는 계속 협상을 하고 있었어요. 그럼 "이걸 넣고 이걸 빼자" 이런 사안들이 있었기 때문에 1차 협상 때 우리 가족들이 반대를 했죠. 왜냐면 이렇게 하게 되면, 수사권과 기소권이 없으면 진상 규명 절대 안 된다는 걸 어느 누구나 다 알고 있었으니까 "무조건 안 된다" 파토를 시키죠. 그러면서 2차 협상안을 박영선 의원이 가지고 오죠. 2차 협상안, 협상안들이 나올 때마다 나는 원재민 변호사한테 물어봐요. 이렇게 됐을 경우에 그때 수사권·기소권을 안 주는, "삼권분립에 위배된다 그래서 안 주는 대신 특별검사를 임명하겠다"고 했잖아요. 특별검사 때문에 또 싸웠던 부분이에요.

특별검사는 마지막 우리가 몇 명 추천하고, 또 여당이 추천하고 그래서 여기서 두 명을 대통령한테 올리면 대통령이 임명하게 돼 있어요. 그러면 100프로 여당 특검이 되는 거죠. 그렇잖아요? "거기에 안전 고리를 넣기 위해서 그러면은 이 법안을 좀 이렇게 수정하자, 수정하자" 그래서 했는데, 2차 법안을 갖고 왔는데 그것 또한 딱 보게 되면 100프로 임명이 여당 몫이에요, 여당 추천 몫. 그래서 박영선 의원이 가족들 설득시키려고 분향소도 가고, 아침에 새벽에 일찍 저한테 오게 되죠. "아버님 특별법 협상이 카드가 여기까집니다. 더 이상 얘기가, 협상 카드가 안 나옵니다. 없습니다" 딱 그래. "왜 없습니까?" [그랬더니] "이게 마지노선"이라는 거에요. 그래서 제가 탁자를 치면서 그랬죠. "다 빠지시오" 다 빠지시라고, "내 목숨 하나 바치고, 내가 만들고, 내가 통과시키고, 나 혼자 싸울 테니까 다 그만두시라"고, 그렇게 해서 결국 2차 협상안도 무효를 시켰어요. 안 받아줬어요. "더 이상 카드가 없다"는 거에요. 협상 카드가 없다는 거에요.

또 2차 그렇게 했을 때 인천에, 인천은 협상을 받아들였죠. 인천

유민 아빠 김영오

팀들은 받아들였어요. 그게 김영한 수첩이 나오고 나서 밝혀진 건데, "유가족들을 분열시켜라" 하면서 그걸 지시가 나오고 바로 다음 날 김무성이 갔드만요, 인천에. 그러고 협상을 하고 걔네들은 "받아들이겠다", 나는 "죽어도 안 받아들인다" 해서 우리 건 안 받았죠. 그렇게 해서 2차 협상도 파토시키고 계속 단식을 이어갔던 거죠. 단식을 그렇게 이어가니까, 천막을 다 내려놓고 그렇게 얘기했는데, 이 언론들이 얼마나 우스운지, TV조선 얘네들, 그 틈새로 그 장면들을 다 찍었더라구요. 그래서 박영선 위에 문재인, 문재인 위에 유민 아빠, 야당 총재 딱 이렇게 써놓은 거야. 그래서 까기 시작하는 거예요, 또. 보수들이 보기에는 완전히 정치세력으로 봤을 거 아니에요, 저를. 단순히 나는 아이가 죽어서 진실을 밝히는 특별법 제정, 수사권에 거의 맞먹는 특검을 만들어야 되거든요, 수사권·기소권 안 주기로 했으니까, 그걸 위해서 저는 단식을 하고 싸웠던 건데, 그냥 어떻게 야당 총재로까지 비하[비아냥]하면서 정치적으로 몰고 가는 거예요. "저 새끼 정치할라 그런다", 이걸 보여주려고…, 우리 세월호 유가족들을 와해시키는 거예요. 정치 논쟁으로도 많이 갔죠, 그때는.

10
교황 방문 후 해외 '세월호를 사랑하는 모임' 결성

면담자　　　교황 방문 때 인터뷰가 많이 나왔는데.

유민 아빠　　방문하고 나서 CNN, BBC부터 해서 좀 언론에 영향력 있는 해외 방송사들 굉장히 많이 왔죠. 그래서 방송에 나가서 전 세계가 거의 알게 됐고, 그러면서 '세사모'도 만들어지고…. 동조 단식을 지금도 해요, 세사모가.

면담자   세사모?

유민 아빠   뉴욕, 세계적인 [도시들에 만들어진], 일본부터 해서 '세월호를 사랑하는 모임'. 지금까지도 동조 단식을 하고 있어요, 4년이 지났는데도. 단식하면서 이제 외국에서 뉴스가 나가고, 나가고, 알려지기 시작하니까 세사모가 만들어져서 동조 단식을 시작을 해요. 지금까지 이어오고 있고, 엄청난 변화가 있었죠. 외국에서까지 이렇게 지지해 주고, 또 단식 하루하루를 어떻게 얘기 다 할 수 없지만은, 매일매일 외국에서도 서명을 다 받은…. 우리가 서명받았었잖아요. 650만의 특별법 제정 서명 받을 때 외국에서 다 받아[서] 직접 비행기 타고 가지고 와서 나한테 전달해 주고, "외국에서 지지해 주고 있다" 이런 걸 또 보여줘요. 더더욱 힘이 나는 거고, '외국에서까지 이제 지지해 주는구나', 서명도 잔뜩 받아오고. 그래서 역사적으로 처음으로 100만이 넘었던 서명, 세월호 서명인 거 같아요. 마지막까지 한 다음에 650만 됐으니까요, 국민들의 서명이.

면담자   다른 가족분들은 서명을 많이 받으러 전국에 버스로도 다니시고, 간담회 하러 다니시고 그랬지요. "단식 17일 하셨을 때 가족들도 만류를 했다"고 하셨는데 그때부터 [가족들과] 활동의 길이 달라졌다고 해야 될까요?

유민 아빠   아니요, 아니요. 그냥 내가 단지 유가족이 죽으면 안 된다는 걱정하에 한 거니까, 결국은 "알았어, 알았어. 계속해" 해서 그때부터 끝난 거예요. 같이 함께 가고 했던 거죠.

11
보수 단체의 행태, 단식 중 인터뷰 준비

면담자   광화문에서 운영하는 상황실은 언제부터 만들어지고, 누가 운영 주체가 됐던 거예요?

유민 아빠   그거는 국민대책위 사람들하고 우리 유가족 꼭 한두 명씩 같이 지켜주고 있었던 거고, 매일 같이 옆에서 잠을 자고 고생들 되게 많이 했죠. 시민들, 함부로 그때는 막 날뛰는 시민들도 많았으니까 다 통제도 해야 되고, 여러 가지, 일베들이 갑자기 달려와서 밥상 엎어놓고 가기도 하고 하니까 이런 것도 다 통제하고.

면담자   당시에 일베나 엄마부대봉사단 같은 사람들의 존재에 대해서 알고 계셨어요?

유민 아빠   몰랐죠. 광장에서 처음 본 거예요, 사회에 그런 사람들 있는지도 몰랐고. 지금도 느끼는 건데요. 진상 규명을 꼭 하면 진짜 어버이연합이나 보수 단체들 이런 사람들이 바뀌기를 바라고 있었는데, 지금 4년 동안 그 사람들 겪어본 결과 뭘 느끼냐면, '아무리 진상 규명 밝혀도, 또 박근혜가 우리를 다 죽였다고 밝히더라도 안 바뀐다', 그걸 알았어요. '아, 저게 보수의 이념이구나. 생명보다 돈, 이익이 눈앞에 있는 거. 바뀔 수가 없구나' 그걸 깨닫게 됐어요.

면담자   일베가 폭식투쟁 한다고.

유민 아빠   그렇죠. 일베가 시작을 했던 거죠, 피자 먹고.

면담자   그때는 어떤 생각 드셨어요?

유민 아빠   머리끝까지 화가 나고 분을 못 이겨가지고 어떻게 할 줄을 모르죠. 아니 노인네들 같으면 그렇다 치는데, 젊은 사람들이, (면담자 : 이해를 잘 못하셨을 거 같아요) 내가 이해를 못 하니까 화가 나고, 왜 계속 조롱하고 비하하고…. 노인네들이 짜장면 먹는 거는 이해하겠다는 거예요. 젊은 사람들이 사리 판단이 있을 건데, 뉴스를 어떻게 접했길래…. 그래서 난 발언을 하면서 그런 얘기했어요. "당신들 미워하지 않겠다"고, "미워하지 않습니다, 일베들을" 왜냐면은 "언론이, 언론이 제대로 보도만 해준다면 이렇게까지 나를, 우리 세월호 유가족을 비하하고 조롱하고 하지 않을 것이다. 언론이 잘못됐으니까, 언론을 원망할 거다"고 했어요. "내가 싸우는 거는 특별법 제정해서 두 번 다시 세월호 같은 사고가 일어나지 않게끔 안전한 나라 만들기 위해서 하는 거다. 거기에는 여러분도 포함되어 있다". 진짜 진보와 보수 싸움이 아니잖아요. "보수들, 어버이연합이라든지, 다 당신들 가족, 손녀들. 다 안전한 나라에서 살 수 있게 만들어주기 위해서 내가 특별법 제정 요구하는 거다. 진실을 밝히고 책임자 처벌이 돼야지 이런 사회를 만들 거 아니냐?" 이래서 그런 연설도 하기도 하고.

면담자   짧은 시간 안에 많이 알려지고 발언도 많이 하게 되면서 스스로 점점 달라진 과정을 말씀해 주세요.

유민 아빠   누가 "인터뷰하자" 그러면은 우리 옆에 앉아 있는 사람

유민 아빠 김영오

들 같이 만날 도망 다녔어요. "위원장이 당신이 해야지. 왜 내가 해? 누구 아빠가 해" 서로 떠밀고, "나도 안 해" [하면서] 서로 그때는 안 하려고. 그리고 앉아서 잠깐 인터뷰하는 것도 그것도 하기가 싫었어요. 카메라 들이대면 떨리고, 서로 안 하려고 떠밀었어요, 그때 앉아서. 근데 어느 누군가는 해야 되는데, 해야 되는데 하면서 한 번, 두 번 하다 보니까 조금씩 익숙해진 거예요. 익숙해지고 또 주말에 큰 집회들 많이 하잖아요. 집회들 크게 많이 하는데 "거기 가서 발언 좀 해달라", 딱 앞에 가면 "몇천 명이 앉아 있는데 어떻게 내가 발언을 하나?"고, 한 번도 안 해봤는데. 그런 거 한 번 할 때마다 떨리고 올라가서 뭔 말을 했는지도 모르고 앞이 보이지도 않고 그러면서 한 번, 두 번 하고, 그게 몇 번 되다 보니까 그나마 좀 나아지더라구요. 나도 모르게 그렇게 돼가고 있었던 거죠. 그리고 눈뜨면 '오늘도 인터뷰해 달라고 분명히 오겠지'. (면담자 : 일상처럼 돼버리는 상황이네요?) '그러면 세월호 문제에 대해서 어떻게 얘기를 해야 될까?' 벌써 고민이 들어가고, 생각을 하게 되고, 글을 쓸 때도 어떤 글을 써야 하는지 이런 거부터 고민하는 거예요.

면담자   가족분들과 협의를 하시는 게 있었어요?

유민 아빠   거의 나는 원재민 변호사한테 물어봐요. "지금 법안이 이 상태면 우리가 어떠냐. 특별법 제정을 하더라도 수사권이 없는데 진상 규명 어느 정도 할 수 있냐?", 이런 걸 서로 의논하고 매일 하기 때문에 그날그날 전 알고 있어요. 가족들은 가족들끼리 모였으니까 대책위에서 듣겠지만 난 대책위에 한 번도 참석할 수 없잖아요. 알 수 있는 거는 원재민 변호사한테 물어봐요. "법적으로 이렇게 했을 때 어느 정도까지 조사할 수 있겠냐?", 범위, 조사 범위에 대해서 계속 물어보고 문제점이 뭘까 물어보고. 인터뷰를 하려면 알아야 되잖아요. 그러다 보니까 페이스북에 매일 써요, 그날그날. 그래서 쓰면서 그들이 얘기하는, 보수들이 얘기하는 특별법 반대, 그러면 "이런 거, 이런 거, 이런 거 때문에 삼권[분립]에 위반되지 않는다" 설명을 해서 글을 또 올려주기도 하고. "지금 현 상황이 수사권과 기소권이 없으면 아무것도 안 되고" 이런 얘기를 가끔 또 페이스북으로 알리기도 하고, 알리는 역할이 자연스럽게 되더라구요. 인터뷰할 때도 거의 그런 걸 했죠. 지금 "이 상황이 만약에 통과를, 우리가 유가족 측이 받아주게 되면 아무것도 할 수가 없다"라고 설명도 하고 기자들한테. "이래서 안 되는 거다. 아직 그래서 우리가 2차 협상안까지도 받을 수가 없다" 설명도 하고, 오히려 기자들[한테] 설명을 해주는 거죠. 그러다가 지금은 뭐 카메라 들이대도 떨리지도 않고. 자연스럽게 되지. 내가 뭐 된 게 아닌 거 같애요. 나도 모르게 어느 날 보니까 그냥 자연스러워졌더라구요, 어느 날 보니까.

면담자   단식을 하고 계신 상태잖아요. 여기서 계속 뭘 알아야 되겠는데 머리가 안 돌아간다거나 힘드시지는 않으셨어요?

유민 아빠   그런 거 때문에 변호사한테 매일 물어봐요, 매일. 왜냐면 어느 날은 [광장을] 보니까 아무도 없고 저 혼자 단식장 지키고 있었잖아요, 다 쓰러지고. 그 JTBC 인터뷰하고 나서 거의 나한테 많이 와요. 또 인터뷰 요청도, 기자들이 나하고만 하려고 하니까 계속 지식을 알아야 했어요. 인터뷰 아무것도 모르고 할 수가 없잖아요. 계속 지식을 물어보고 지금 상태, 상황, 그걸 스스로 내가 터득하고 배우고 할 수밖에 없었어요. 그래야지 설명을 하고 인터뷰를 하고, 그냥 "특별법 제정해 주세요" 하고 단식할 수 없잖아요. 그러다 보니까 특별법 1기 통과의 문제점 같은 거 다 파악하고, '지금 이 상태에서 만약에 제정이 돼버리면 뭐가 문제가 된다'라는 것도 파악하게 되고, 스스로 변호사하고 얘기하면서 배우고 공부하게 되더라구요.

12
장기 단식으로 인한 몸과 감각의 변화

면담자　　단식을 마치기 전에 건강상으로 가장 위기감을 느끼셨을 때는 언제쯤이었어요?

유민 아빠　　단식하고 한 10일 되니까, 10일 좀 지나기 시작하니까 머리가 지근지근 지근 아프고 이제 근육, 관절 같은 데가 슬슬 아파오고. 15일 좀 지나고 하니까 양치를 소금으로만 하다 보니까, 여기가 부어가지고 움직이지 못하고 아리기 시작하는 거예요.

면담자　　욱신욱신하는 거예요?

유민 아빠　　너무 아프니까 인의협에 얘기했더니, 누워가지고 치석 제거하는 그 사진이 그때 뿌려지기 시작했던 거고. 눕혀놓고 막 이빨에 있는 치석을 긁어내요. 그렇게 해서 치료를 받고 좀 나아지더라고요. 나아지는데 문제가 뭐냐면 단식할 때 눕고 싶은데 눕지 못하는 거. 정말 힘들어 죽겠는데 몸은 천근만근이에요. 눕고 싶어 죽겠는데 줄 서 있어요, 제 손 잡겠다고. 근데 그분들 앞에서 쓰러지기가 싫었어요. 정말로 눕고 싶었어요. 얼마나 몸이 힘들었냐면 이빨 치료받고 나고, 어느 정도 이빨 치료해 놓으니까 다음에 어디가 아프기 시작하냐면 허리하고 이 갈비뼈 [속] 내장이 아파요. 20일째 넘으니까, 꼿꼿이 앉아 있으니까 배, 먹어서 기름기가 받쳐가지고 딱 서야 되는데 아무것도 없으니까 쓰러져요. 꼬꾸라져요, 앞으로. 이걸 받쳐야 되잖아요. 그러면 또 이게, 그러면 또 [몸을] 꾸기면 아무것도 없어요, 지방질이 없으니까. 결국에 이걸 반복하다 보니까 장기가, 내장이 부어버려요. 보니까 갈비뼈가 장기를 계속 찌른 거야 이게, 아무것도 없으니까 배 속에. 여기 [복부]가 붓기 시작하더라구.

그래서 원재민 변호사한테 "나 지팡이 하나만 사다 줘" 그래서 그때 지팡이 이렇게 들고, 맨날 이러고 있었죠. 턱에다가 지팡이 받쳐놨던 게 이걸[상체를] 들어야지 장기가 안 찔려요. 근데 이걸 꼿꼿이 스면[서면] 배가 고파서 앞으로 고꾸라져. 장기 찔를 수밖에 없죠, 지방이고 뭐고 아무것도 없으니까. 양쪽 보니까 부어오르더라고, 찔려가지고. 지팡이 짚고 항시 있었고, 결국은 마지막까지 지팡이로 의지하고 있었던 거죠. 그때가 제일 고통스럽고 힘들었죠. 아픈 거, 몸 아픈 거는, 몸 아픈 거는 버틸 수가 있었어요. 어떤 날은 너무 배도 고프고 몸이 아픈 건 아픈 거지만은, 30일째 지나면 장기를 태우기 때문에 옆에서 의사랑 "이러다가 돌아가실 수도 있어요" 이런 얘길 하더라구요, "30일째 지나면 위험하다"고. 그러면서 하는 소리가 "누구누구 몇 명 단식하다 죽은 사람도 있어요" 이런 소리를 또 옆에서 해요. 그때 죽음에 대한 공포가 밀려오기 시작하더라구요. 몸 아픈 거보다도 '아, 이러다가 진짜 죽는 거겠네' 하도 죽을 수도 있다는 얘기를 하니까.

그때마다 힘이 됐던 게 유민이었어요. 유민이, 공포스럽다가도 유민이 딱 떠올리면 다시 힘이 났어요. 그리고 행복했어요 오히려, 이러다가 갑자기 쓰러져 죽게 되면 유민이한테 바로 간다는 게 있었기 때문에. 왜냐하면 '내가 싸우고 있다가 죽으면 유민이한테 바로 가겠구나'. 그동안 못 해줘서, 해줄 거 해주고 사줄 거 사주고, 먹을 거 제대로 사주고 먹였으면 이렇게까지 내가 원통하지 않았을 건데…. 유민이 얘기 들었으면, 굉장히 날 생각했던 애였고 "아빠, 아빠" 했던 애니까, 내가 유민이 소원 풀어주는 거, 니네가 왜 죽었는지 밝혀주는 게 내가 꼭 할 일이었거든요. 왜? 살아생전에 이혼해서 아무것도 못 해줬으니까, 이거라도 내가 마지막 해주는 거니까. 근데 이렇게 싸우다가 바로 가게 되면 아빠를 이해해 줄줄 알고, 아빠 고생했으니까 다 용서해 줄 거야. 그래서 행복했던 거예요.

면담자   몸이 정말로 안 좋아지신 건데, 죽음의 문턱까지 갔다는 기분을 느끼신 적 있으세요?

유민 아빠   저는 단식하면서 의사가 혈당이랑 다 체크하잖아요? 단식 체질이래요. 아니, 맥박도 나빠지고 해야 되는데 나중에 한 20일 지나니까 내가 "오늘 혈압 몇 나올 거야. 맥박 몇일 거야" 내가 얘기 먼저 해요. 그럼 거의 다 맞아요. 그 몸 상태를 어떻게 아냐면 내가 몸이 가만히 앉아서 보면 숨이 헐떡거리거나 몸이 막 아프고 열이 몸에 좀 올라오잖아요. '오늘은 130 나오겠네. 120 나오겠네' 그걸 내가 느껴요, 몸으로. 하도 매일 체크하다 보니까 '아, 이 정도 됐을 때 몇 나왔으니까 지금 내 몸 상태가 이래. 몇 정도 나올 거야' 하면 다 맞춰요, 거의. 내가 내 몸을 알아버리더라고.

면담자   단식 체질이라고 하는 거는 어떤 거예요?

유민 아빠   피를 뽑아서 검사하잖아요, 이런 게 정상이라는 거. (면담자 : 아, 성분이나 이런 것들을 봐도) 점도 같은 게 정상이기 때문에, 나빠져야 되는데 건강한 사람처럼 매일 있으니까. 그리고 내가 조절을 해요. '이렇게 하면 혈압이 떨어지겠다' 그러면 일어나 가지고 한 바퀴 뺑 돌아요. 운동을 해요, 그러면 또 정상치를 만들고. 혈압이 너무 많이 올라가면 가만히 쉬고…. 조절이 돼요. 그래서 맞추는 거예요.

면담자   나중에는 물맛이나 소금 맛도 좀 구별이 되지 않으셨어요?

유민 아빠   사람 냄새…. 이게 단식을 계속하니까 한 30일쯤 지나니까 처음에는 그걸 못 느꼈어요. 사람이 이렇게 오면 악수하고 얘기하면서 하는데, 30일째 지나니까는 사람마다 냄새가 다 틀려요. 역겨워져요, 이제. 단식하면 냄새에 민감해져요, 사람 냄새에. 할아버지, 어르신들 와서 계속 얘기, 계속 얘기하시는 분들 있죠. 역겨운 냄새가 나는데 못 있겠는데 냄새를 못 맡겠는 거예요. 그런데도 표현을 하면 안 되니까 [참으면서] 얘기해 주고…. (면담자 : 너무 고통스럽네요) 사람마다 냄새가, 특유의 냄새가 다 틀려요[달라요]. 냄새가 굉장히 민감해지더라구요. 단식 오래 한 사람들 냄새를 맡아요, 사람마다 냄새를. 사람마다 다 맛있는 냄새가 틀려요(웃음).

면담자   정말 상상도 못 할….

유민 아빠   그리고 이제 소금, 처음에 죽염소금을 많이 갖다주더라구요. 아홉 번 구운 죽염소금. 계란 냄새가 나요. 처음에는 그냥 먹었어. 이것도 며칠 먹으니까 너무 역겨운 거예요. 지금은 내가 죽염치약을 맛도 못 봐요. 그때도 죽염소금을 넣으면 도저히 못 먹겠는 거야. 매일 먹으니까, 계란 노른자 맨날 먹죠? 그 맛이 나는 거예요. 그래서 상황실에다가 그냥 천연 하얀 소금 사달라고, 그 굵은 거 있죠? (면담자 : 굵은 소금?) 그걸 녹여서 먹었어요. 그냥 그걸 녹여서 먹었어요, 나중에는. 그리고 물도, 사람들하고 한참 얘기하다 보면 물 먹는 걸 까먹어요. 시민들이 자리에 일어나서 가고 나죠? 그러면 몸이 팍 쓰러질라 그래. 몇 시간 동안, 어떤 사람은 1시간 동안 앉아 있다가 얘기하고 가거든요. 물을 마시지도 않고 계속 대화하다 보면 탈진 상태가 되는 거죠. 원래 안 먹고 굶었던 사람인데, 가면 뭔가 이상해요. 핑 머리가 돌아요, 쓰러질 거 같이. 그럼 여기 귀에서 환청이 들려요. "아빠, 물 마셔. 아빠, 물 마셔" 그래요. '아, 맞아. 물 까먹었구나' [하고] 그때 또 마시고.

면담자　　　그것도 원칙이 있지 않은가요? 목이 탄다고 갑자기 물을 벌컥벌컥 드시는 건 아닐 텐데요.

유민 아빠　　며칠 동안 어둠에 있다든지 어디 갇혀 있다 오면 탈진이 있는데 그런 건 괜찮아요, 한 2시간 정도.

면담자　　　그 화장실 문제는 나중에 더 상태가 심해지셨나요?

유민 아빠　　관장해도 마찬가지, 물만 먹으니까. 이 항문을 조였다 폈다 할 수 있는 힘이 없어요. (면담자 : 그 상태가 계속 지속되는 거예요?) 그래서 가방 하나가 있었는데 전부 다 팬티였어요. (면담자 : 빨 수가 없는) 할 수가 없으니까. 가져가서, "팬티 사 와. 팬티 사 와", 버릴 수도 없잖아요, 사 왔는데 아까워서. (면담자 : 그 상황을 다 상황실에서도 알고 있긴 했었어요?) 네, 아는 사람만 알았죠. 창피해서 말도 못 하고 똘똘 말아가지고 가방에 넣어놨던 거죠, 얘기 안 하고. 근데 단식 하는 사람들 오래 되면 대변 때문에, 대변 때문에 힘들어요.

면담자   단식 이야기가 길어질 줄은 알았지만 벌써 2시간이 다 돼가고 있습니다.

13
교황과의 만남

유민 아빠   괜찮아요. 46일 그거를 어떻게 한두 시간에 다 끝내요? 못 끝내지. 고비를, 내 고집으로 그냥 버텨와서 정말 다행이라는 거, 지금. 내가 만약에 가족대책위에서 진짜 "단식 릴레이로 하자" 제안했을 때 그거 받아들였다면 국민들이 이렇게 깨어났을까? 지금 이 상황에. (면담자 : 다행이었다는 생각 많이 하세요?) 참 고집 잘 피웠다는 생각도 들고, 그래서 박근혜 탄핵까지 연결됐던 불씨들 만들어줬으니까. 세상이 정말로 생명보다 돈이 우선이었고 엉망이라는 사회, 이걸 단식하면서 올라와서 싸우고 있는데, 대통령이란 사람은 도대체 불통이고, 우리 만나주지도 않고, 청운동 그 앞에 내가 사무실까지 현장까지 가서 면담 요청서까지 쓰고 왔는데도 불구하고 만나주지도 않지. 이런 불통인 걸 보고 나서 사람들이 "이건 아니다"[고] 박근혜를 욕하게 되고, 그러면서 깨어나기 시작했던 거죠. 내가 단식을 내려와 버렸으면 그런 생각 가지게 할 수 있겠냐, "가족들 릴레이 하고 마는데…" 하

188

유민 아빠 김영오

지, 뉴스만 보고 말 건데. "교황도 직접 걸어오게 만들겠다" 한 것도 고집 잘 피웠고, 앞에 내가 스포트라이트 받으면서 앞에 앉아 있으면 뭐 할 겁니까?

면담자　　　그게 또 많은 사람들한테 영향을 줬죠. 교황 만나는 건 정말 예상 못 하셨어요?

유민 아빠　　올 거라는 50프로, 나를 만나주겠다 50프로 만나주지 않겠다 50프로. 왜냐면 문정현 신부님이 무슨 말씀 하셨냐면 "교황은 좀 팍 튀는 사람"이래요. 꼭 저걸 들러야 될 때는 예고 없이 간다는 거예요. 그래서 "올 수도 있겠네요? 거의 오겠네요?", "올 확률도 있어" [하셔서] 조금 믿고 있었던 거예요.

면담자　　　약간의 마음의 준비가 있었네요.

유민 아빠　　교황 오기 한 1주 전에 내가 마지막 편지를 내가 썼던 게 "교황이 해야 될 일, 힘없고 약한 국민들 안아주는 게 교황이 할 일이라고 교황께서 직접 말씀하셨습니다. 제가 약하고 힘없고 억울한 사람입니다. 저를 외면하시겠습니까" 하고 썼으니까.

면담자　　　그 답신이 한국 천주교 교구에 오지 않았을까요?

유민 아빠　　모르죠, 왔는데 아마 빼돌렸을 수도 있고 우리한테 전달 안 해줬을 수도 있고. 근데 교구에서는 "안 왔다"고 하더라구요. 답장 자체가 없었대요. 그래서 '올 거다'라는 걸 예상을 한 거예요.

면담자　　　오히려?

유민 아빠　　이슈를 그분도.

면담자　　　　예를 들어서 '아니면 정말 곤란하다, 어렵다는 답장이 왔다고 하면 안 올 텐데, 답장이 안 왔다는 것으로 오히려 가능성이 있겠다' 생각하셨겠네요.

유민 아빠　　　교황이 오면 카퍼레이드 하는 노선이 있었어요. (면담자 : 그렇죠, 동그랗게 도는 데) 우리가 여기 처음에 광화문 그 이순신 동상 바로 앞쪽에 있었으니까 이순신 동상 우편[오른쪽]으로 쭉 해서 올라가서 [광화문] 현판까지 돌아서 다시 내려와 가지고 우리 앞으로 지나가는 노선이 있었어요. 근데 우리 노선을 모르고 있었잖아요. 옆으로 우측으로 처음에 지나갈 때 "파파! 파파!" 하고 외쳤잖아요, 우리가. 쳐다도 안 보고 그냥 올라가 버렸어요. 그때 뭐라고 생각했냐면 가족들 땅을 치고 울다시피 했죠, '우리 안 만나주는 구나. 안 만나주는 구나'. 그때 문정현 신부님 다시 또 막 전화한 거예요, "왜? 여기 안 만나?" 그렇게 해서 "한 바퀴 돌고 다시 지나갈 거"라고 전화가 왔어요. 그리고 교황 옆에 통역했던 분이 있죠. 그분하고 문정현 신부님하고 잘 아는 분이에요. 계속 통역하는 분하고 통화를 하고 있었어요, "어느 쪽으로 들어갈 거고 언제쯤 지나갈 거다" 알려주기도 하고. 근데 이분이 옆에 못 타게 방해했던 세력이 염 추기경이에요. 알고 있었기 때문에, 이분이 올라가면 날 만날 거라는 거를 알고 있었기 때문에 염 추기경이 반대를 했어요. 근데 어떻게 끝까지 어떻게 잘 싸웠는지 이분이 다행스럽게 교황 옆에 타서 계속 해설·통역을 했던 거예요. 그분이 탔기 때문에 된 거예요.

면담자　　　　염 추기경이 반대했다는 거 그때도 이미 알고 계셨어요?

유민 아빠   그날 문정현 신부님하고 계속 그런 대화를 했었어요. "탔어? 탔어?", "어, 제가 탔어요" "아 다행이다, 탔으니까" 이렇게 된 거예요.

면담자   통역하신 신부님이?

유민 아빠   네. [통역을] 못 할 상황이 있었거든요. 반대를 했던 거죠, 염 추기경 쪽에서. 그리고 바로 지나갈 때 문정현 신부님이 "여기야, 여기" 그 [통역하는] 친구분한테 손짓을 해가지고 (면담자 : 그렇죠, 사람이 그렇게 많은데) 모르니까요. 전부 다 가면은 펜스에 붙어가지고 양손 다 흔들고 그랬죠, 환영을 했죠. 우리는 "그렇게 하지 말자"고 그랬어요, "다 주저앉아 버리자, 땅이 꺼지게". 유가족들 한 4, 500명 됐잖아요. "꺼지게 앉아버리고 나 혼자만 피켓 들고 서 있자. 그러면 앞으로 지나가면 보일 거 아니냐", 그렇게 한 상태에서 이제 우리 쪽으로 오기 시작할 때 "여기야, 여기" 손짓해서, 같이 손짓했죠. 그러면서 거기다 통역을 한 거예요. "저기 편지 서신 했던 유민 아빠", 그런 얘길 해서 [차를] 세우고 내려왔던 거예요. 내려왔을 때 우리나라 경호원이 못 오게 딱 막아버렸잖아요. 그 교황청 경호원이 딱 "비키라"고. 우리 한국 경호원을 "저리 비키라"고 길을 터주게 만든 거예요. 그래서 걸어왔던 거죠. 제지를 했었죠, 못 오게 아예. 박근혜가 지시했겠죠, "절대 오더라도 방어하라"고. 근데 교황청 경호원이 더 세요, 파워가. 그래서 결국은 교황청 경호원들이 얘네들 물리치고 길을 만들어준 거죠.

면담자   교황이 다가올 때 드는 심정은 어떠셨어요? '뭐라고 해야 될까?' 그런 생각 혹시 하셨어요?

유민 아빠   저는 알고 있었어요. '교황을 만난다고 해서 특별법 제정이 되는 건 아니다', 저는 그때 알고 있었어요. 만나게, 만나려고 했던 거는 이슈를 만들기 위해서 했던 거였어요.

면담자   그렇죠, 이제 전 세계에 나갈 수 있다는.

유민 아빠   알리고 싶어서. '만난다 그래서 특별법 제정, 우리나라가 해줄 것 아니다'라는 거 알아요. 대신 이 수치를 보여주고 싶었어요, 박근혜의 수치. 이렇게 단식하는 사람을 광화문 한가운데 행사 자리에 앉혀놓고. 그러면은 이 수치를 느끼면 전 세계 언론들이 한마디씩 할 거 아니에요. (면담자 : 그게 정권에 부담이 되니까) 그 압력을 저는 바랬던 거죠. 외국 언론들이 이런 사실을 알려서 압력을 넣는 거죠. 말 못 하는 압력이죠 그게. 무언의 압력이죠. "박근혜, 대한민국 아직도 이런 나라다", 이런 수치를 보여주면 보여줄수록 정부가 부담이 갈 거란 말이에요. 그래서 '특별법 제정이 하루빨리 되겠다'는 거, 그런 생각을 했죠. 교황님 만나러 걸어올 때 그걸 벌써 간파했으니까 하늘을 뛸 듯 기뻤죠. '이제 알릴 수 있구나. 정말로 고맙습니다' 하고, 내가 뭐 천주교 신자도 아니고 막상 만나면 어떻게 해야지 내가? 큰절을 해야 되는 건지 아무것도 모르고.

면담자   그걸 어떻게 생각하셨어요? 그거는 의논이 안 됐어요?

유민 아빠   그런 것까지 안 물어봤죠. 그래서 '아, 이거 어떡해야 하지? 다가오는데' 손을 딱 내밀길래 악수를 했잖아요. 그 전에 우리 가족하고 문정현 신부하고 앉아서 한 얘기가 있어요. 교황님하고 만약에 걸어와서, 만약에 만난다면 교황님 노선이 한 10초 정도 손 잡아주고 가는 사람이래요. 전 세계, 아니 왜냐하면 행사하고 시간이 정해져 있으니까 "한 10초 정도밖에 여유가 없을 건데 무슨 말을 할 거냐", 막 우리가 얘기한 거예요. 간단하게 10초 안에 해야 될 말들 이런 거 서로 생각하고, 그거는 생각했죠. 머릿속에다 "세월호 특별법 제정될 수 있도록 기도해 주십시오. 그리고 세월호를 잊지 말아 주십시오" 이걸 하고 있었는데, 막상 만나면 '가만있어 봐. 10초를 어떻게 버텨야지' 이런 생각하고 있었다가 손을 내밀길래 악수를 했어요. 그래 가지고 안 되겠다 고개 처박아 버리자. 손에다가 탁 처박아 버렸죠. 내가 고개를 들어야 손을 놓을 거 아니에요. 왜냐하면 손등에다 [머리를] 묻었고 어떻게 빼겠어요. 시간을 한참 끌었어요. 끌고 나서 "감사합니다. 감사합니다" 하면서 "세월호 특별법 제정하게" [하고 말하려고] 일어나서 하는데 [교황이 단] 배지가 거꾸로 되어 있는 거예요, 노란 배지가, 세월호 배지가. 그래서 다시 반듯하게 돌려주고 "편지 하나 드려도 되겠습니까" 하니까, 통역관이 "줘도 된다"고 해서 편지 받으니까 고맙다고 손에다 또 한 번 묻어요. 그래서 오래 있었잖아요.

면담자   예상보다도 훨씬 더.

유민 아빠   엄청 오래 있었죠. 계속 세월호 사진이 나가게끔. 세월호 가족들 이렇게 힘들게 싸우고 있는 거 보여줘야 하니까. (면담자 : 그 사진이 전 세계적으로 제일 상징성을 가지게 됐죠) 세월호 싫어하더라도 "그 장면을 보고 너무나 많이 울었다"고, 국민들이 그 얘길 하더라구요, "너무 감동적이었다"고. 이모도 그날 그렇게 관심이 없었는데 그거 보고 너무 많이 울었대요, 감명받아서. 어머니는 내가 단식하는 것도 몰랐었어요. 내가, 형들은 어떻게 알았냐면, 우리 식구한테 일절 얘기 안 했거든요, 내가 단식한다 그러면 단식 중단하러 올까 봐 아무런 얘기 안 했는데, ≪경향신문≫에선가 조그맣게 처음 또 내기 시작한 거예요. 형이 신문을 보고 알게 된 거야. 셋째 형이 전화가 왔더라고. "나, 단식해. 어머니한테 절대 얘기하면 안 돼" 어머니한테 비밀로 하고…, 그러다가 거의 끝나갈 무렵이었죠. 끝나갈 무렵인데 KBS '아침마당'인가 거기에서 SBS인가? '아침마당'에서 출연 좀 잠깐 하자고 했는데 그걸 어머니가 봐버린 거예요. "너 뭣 하냐? 단식하냐? 굶고 있냐?" 그러는 거예요, "엄마, 걱정하지 마". 그날부터 어머니 울기 시작하는 거예요, 자식이 며칠을 안 먹었다는데….

14
'아빠 자격' 논란

면담자 단식 중에 유민이 엄마는 따로 연락하시지 않으셨어요?

유민 아빠 계속 문자 주고받고 했어요. 계속 그때까지는 문자, "유민이 생각해서 단식 그만하라"고…. 그때까지는 우리가 사이가 나쁘고 그런 문제가 아니었어요, 그때까지는. 단식 멈추고 40일째 쓰러지고 병원에 실려 갔는데 삼촌[유민 엄마 남동생]이 글 올렸잖아요, 캡처해서 올려놓은 거…. 그게 이해가 내가 안 되는 게, 그동안 받았던 여행자보험, 단 10원도 안 주고, 내가 안 쓰고 다 줬단 말이에요. 그리고 내가 민주노총 소속이다 보니까 장례식장에서 돈 엄청나게 많이 줬어요. 난 10원도 안 가지고 다 줬어요. 별도로 동부보험인가, 삼성화잰가 보험 든 것도 다 줬어요. 단돈 10원도 안 받고 다 주고 나서, 싸우려고 내가 2000만 원 대출을 받았죠. 다 포기각서, 유민 엄마 계좌번호로 사인해 주고 다음 날 나는 외환은행 가서 그 2000만 원 대출받았다고 그랬잖아요. 그러고 나서 7월 달에 단식을 시작해서 계속했던 거잖아요.

근데 내가 돈을 더 달라고, 돈을 바라고서 단식한 게 아니잖아요, 그 목적이 특별법 제정이었는데. 근데 거기다 대놓고 그런 말도 안 되는 카톡 내용을 뿌려가지고 특별법 제정, 정말로 약해져 버린 거예요. 와해돼 버린 거예요, 사건이 터지고 나서. 그것만 아니었으면 아마 특별법 제정 더 됐을 겁니다. 일베들, 보수들, 모든 언론들이 나를 공격하기 시작했잖아요, 아빠 자격 논란으로.(면담자 : 그때가 정말) 설사 내가 돈은 정말로 요구했더라도, 특별법 제정 때문에 싸웠기 때문에 그런 걸 해서도 안 되는 거였고, 인간적으로. 나는 이해가 안 가요, 아직도 그 부분이. 그래서 아마 단식할 때, 단식해서 쓰러지기, 그 언론이 나오기 전까지, 그때까지는 그래도 계속 나 집회하는 데도 와 있었고, 같이 오고 왔다 갔다 했었단 말이에요, ○○ 데리고 오고. (면담자 : 삼촌이?) 아니, 유민이 엄마가. "단식 멈춰라. 힘들잖아" 막 이렇게 하면서 [소통]했었는데, 그날 이후로 원수가 돼버렸어요, 저는. 내가 어떻게 그 사람하고 지금 원수가 되지 않을 수가 있겠어요? 인간으로서. 내가 단돈 10원도 안 쓰고 다 줬는데도 불구하고, "양육비 10원도 안 주고" 이런 소문이 나게끔, 났는데도 불구하고 "그런 사람 아니다" 라고 인터뷰해 준 적 있어요? 안 해주잖아요. 내가 돈을 나눠 50 대

50이었으니까. 1억 나와서 5000만 원 내가 가지고 단식을 시작했다면 당연히 욕먹어도 싸요. 당연히 그렇잖아요. 내가 유민이 안 키웠기 때문에 미안해서 다 줬는데, 양육비도 제대로 많이 못 부쳐줬고, 나 힘들어서 힘들 때 못 부친 날도 많이 있었잖아요. 그러다 보니까 내가 다 준 거예요, 달라고 해서 준 것도 아니고.

면담자 · 삼촌은 왜 그랬을까요? 그 얘기 혹시 해보신 적 있으세요?

유민 아빠 그 이후로 나 그 집안 안 만나요. (면담자 : 아예? 그쪽에서도 이제 연락을?) 못 하죠, 이제. 할 수도 없죠. 세상에 나쁜 아빠를 만들어놓은 게 그 집안이었는데 내가 어떻게 지금 뭐 전화해서, 그것도 싫어요.

면담자 그게 설명이 안 돼서 저희도 답답한 거예요. 왜, 왜 그 랬을까?

유민 아빠 그것만 아니었으면 특별법 제정, 더 우리가 유가족이 발의했던 거, 법안 더 많이 집어넣었어요. (면담자 : 그렇게까지 생각 드세요?) 그 '못난 아빠' 자격 논란, 그 사건으로 인해서 "세월호가, 유민 아빠 쓰레기다" 하면서 거기에 모든 게 다 집중이 되고, 특별법 제정은 물 건너가고, 얘기가 많이 없었잖아요. 나한테만 집중을 해버리잖아요, 모든 언론이. 특별법 제정이 중요한 게 아니라 "저게 진짜 아빠냐? 아니냐?" 여기에 언론을 끌고 가버린 거예요. 그래서 특별법 제정은 시끄럽지가 않게 돼버렸던 거죠. 부담이 안 가죠, 정부는. 왜? 유민 아빠만 공격하면 되니까. 그러면서 대리기사 폭력 사건 나니까 나한테 공격해 버리고, 이런 것들 계속 연결이 됐던 거예요, 그때부터

유민 아빠 김영오

오늘날까지.

면담자   오늘은 아버님 이 정도로 말씀 듣고요.

유민 아빠   너무 많은 시간을 보내와서 기억나는 거도 그러고, 뭘 물어봐야 기억나요. 너무 많은 걸 겪어왔기 때문에 기억하는 것도 힘들고….

면담자   또 다음에 뵙고 말씀 나누도록 하겠습니다.

4회차

2018년 10월 10일

1
시작 인사말

면담자   본 구술증언은 4·16 사건에 대한 참여자들의 경험과 기억을 기록으로 남김으로써 이후 진상 규명 및 역사 기술에 기여하고자 합니다. 지금부터 김영오 씨의 증언을 시작하겠습니다. 오늘은 2018년 10월 10일이며 장소는 안산시 단원구 4·16기억저장소 사무실입니다. 면담자는 김아람이며, 촬영자는 강재성입니다.

2
단식 중 주변 환경

면담자   오늘은 또 많은 얘기 들을 텐데요, 지난번에 단식하셨던 걸 말씀해 주셨는데 점점 한 달 지나는 그 시점부터 말씀해 주시고, 기억나는 일화들이나 남기고 싶으신 말씀, 단식하던 기간 중에 생각나셨던 거 있으시면 또 말씀해 주세요.

유민 아빠   지난주 거 잠깐 수정할 게 있어서…. 그 제가 고통스러웠던 게 몸 아픈 것도 있지만 변 보는 거라고 그랬잖아요. 근데 저는 아침 7시 정도 정자세로 앉아서 밤 10시, 11시까지 정자세로 하루 종일 앉아 있어요. 그러면 사람들이 너무 많이 오잖아, 시민들이. 얘기하다 보니까 갈 시간도 없고, 변이 흘러나왔던 거고. 근데 이제 그 얘기 하면서 내가 다른 사람들 "이래서 정치하는 사람들 못 할 것이다"라고 얘기했는데, 그분들하고 나하고 환경 차이가 있어서 아마 내, 나만, 나는 어쩔 수 없는 상황이었고, 그분들은 다 국회 같은 데라든지, 보좌관도 있고 그렇지 않을 거[라는 이야기] 그 부분을 수정을 해야 되겠다는 거예요. 왜냐하면 내가, 내가 이랬다 그래서 그 사람들 편견을 갖고, '그 사람들 또 그렇게 나왔을 것이다' 하면 안 되죠. 그 사람들은 환경이 더 좋잖아요. 화장실도 좋고 왔다 갔다 할 수, 시간이 있고, 그래서 나만의 고통으로 그렇게 바꾸는 게 날 거 같애요. 그래도 한두 번은 쌌을 겁니다(웃음). 나도 모르게 흘러나오는 거니까.

면담자 　　　단식을 안 해도 가만히 몇 시간씩 한자리에 계속 있다고 하는 것, 사람 많이 만나는 자체가 힘든 일이잖아요. 상상이 되는 고통은 아니더라구요.

유민 아빠 　　　저도 계속 시민들도 "누워 있어야 된다"고 단체에서 그랬거든요. 쓰러지니까 "누워 있어야 된다"고 그랬는데 눕는 순간 내가 박근혜와 싸움에 지는 거 같은 느낌이 들어서 투지로 버텼던 거죠, '정자세로 꼭 보여줄 것이다'.

면담자 　　　밤에 잠자리는 어떠셨어요?

유민 아빠 　　　엄청 시끄러워서 잠을 못 자요. 그때 유난히 그 세종문화회관 그 앞 도로하고 우리하고 그 사이 도로 있죠? 일부러 저녁만 되면 꽝꽝꽝꽝 도로를 깨요, 밤새도록. 시민들이 더 잘 알아요, "저거 우리 잠 못 자게 하려고 일부러 하는 공사 아니냐?"라고. 한 달 내내 계속 매일 저녁만 되면 그걸 꽝꽝꽝꽝대요. 뚫는 거 있죠? 그걸 가지고, 잠을 잘 수가 없고…. 또 밤에는 차들이 많이 안 다니니까 한 번 지나갈 때 씽씽 달리거든요. 그러면 이 텐트가 펄렁펄렁해 가지고 잠을 잘 수도 없고…. 한번은 바람이 되게 세게 불었죠. 세게 불어서 천막이 주저앉아 버렸어요. 내 거, 우리 단식장 있고 옆에다가 해놨는데 바람이 얼마나 세게 불었는가 그때는 조립식으로 펴서 하는 텐트가 주저앉아 가지고 고꾸라졌던 거예요. 우리는 밤새도록 기둥을 붙잡고 있었고, 무너지고 날아갈까 봐. 그게 만약에 잠들어 가지고 우리 게 만약에 쓰러졌으면 다들 다쳤죠. 근데 그걸 계속 기둥을 잡고 바람이 펄렁이면 또 일어나서 다시 고정하고 이런 작업을 밤새도록 했어요. 바람이 되게 세게, 태풍이 한 번 갔을 겁니다, 그때가.

면담자   광장 구조가 낮에는 사람이 많고 밤이 되면 사람이 쫙 빠지는 데잖아요.

유민 아빠   네, 없죠, 조용하고.

면담자   차 다니는 것도 소리가 좀 크게 들려오고.

유민 아빠   바람 때문에 진짜 안에 앉아 있으면 펄렁펄렁 막 해요, 이 천막 자체가. 시끄러워서 잠을 못 자요, 계속 쾅쾅쾅쾅 공사를 하니까. 왜 그렇게 공사를 했는지 지금도 묻고 싶어요. 가끔가다 시민들, 그때 단식할 때 만났던 분 보면 왜 그렇게 그때 쾅쾅댔는지 그분들도 궁금해서 묻고 싶대요.

면담자   늘 몽롱한 상태?

유민 아빠   잠도 제대로 못 자고, 그리고 정말로 눕고 싶은데, 누워서 진짜 편하게 있고 싶은데 사람들, 시민들 너무 많이 올라오니까, 그것도 멀리서 오잖아요. 누울 수도 없고, 다 만나서 얘기 들어주고,

굉장히 피곤했죠. 엄청 힘들었죠, 힘들었죠. 하지만 시민들 앞에서 절대 피곤한 내색도 안 했어요.

면담자   나중에는 배고픔이라는 것보다도, 삭신이 쑤시고 그런 단계로 넘어가나요? 갈비뼈가 계속 아프셔서 지팡이.

유민 아빠   지팡이 짚고 있었죠. 머리가 깨질 듯이 아파요.

면담자   두통이요?

유민 아빠   머리가 깨질 듯이 아프고 온 어깨, 무릎, 관절 이런 데가 너무 통증이 오는 거죠. 없으니까 지방도 없고, 통증이 오고, 그래서 시간마다 일어나서 한 바퀴 돌고 오고, 돌고 오고. 걷는 운동을 매일 했던 이유가, 아프니까, 가만히 있으면 더 아파요. 한 바퀴 돌고 오고 이런 운동을 좀 했죠, 운동도 하고.

3
단식 40일째 입원, 국정원 사찰

면담자   입원을 하시게 된 게 단식하신 지 며칠째 되던 날인가요?

유민 아빠   40일째. 그때 40일째[에] 쓰러졌던 이유가 39일째 청와대를 갔다 왔잖아요. 분수대 앞에 가서 경찰들하고 청와대, 청운동 분수대 앞에 가서도 돗자리를 다 가지고 갔어요, 사람들이. 휠체어를 태워다 주고 오겠다 했는데 "하지 말아라. 내 힘으로 지팡이 짚고 갈 것이다", 휠체어도 물리고 돗자리[에]도 안 앉았어요. 지팡이 하나로 딱 의지하고 2시간 동안 계속 서 있었던 거죠. 그리고 가겠다고 [해도] 막으니까, 그 청와대 경호원들이 막으니까 2시간 동안 서 있다가 몸싸움을 해요, 뚫고 들어가겠다고. 거기에서 그 한 30명 되는 건장한 체구들하고 나하고 1 대 30으로 몸싸움을 하는데 내가 이길 수 있나요. 몸싸움하고 거기서 막 지쳐가지고 그다음 날 또 가려고 했는데 몸이 쓰러져 가지고 하루 종일 누워 있었던 거죠. 그리고 박영선 의원이 아침에 오고, 스트레스까지 겹쳐버리고 이러다가 40일째 [되는 날] 바로 쓰러져 버린 거죠, 이제. 그래서 쓰러진 거예요.

면담자 대기하고 있던 구급차로 일단 이동을 하시게 되셨어요?

유민 아빠 대기하고 있던 구급차로 이동을 하는데, 보수 언론에서 그때 깠죠. "왜 동부병원에 갔냐?"고. "왜 동부병원에 갔냐?"고 했는데, 그때 당시에 무슨 삼성병원인가 어딘가로 가더라고요. (면담자 : 강북삼성병원이 제일 가까운 병원이었을 텐데) 근데 이보라 선생이 내 주치의였잖아요. 근데 단식을 하면서 내 몸을, 내가 이상, 옛날에 아팠던 거를 얘기를 했어요, 이보라 선생한테. 폐가 안 좋아서 양쪽을 잘라냈어요. (면담자 : 아, 언제 몇 살 때?) 그때가 한 20대 중반, 30대 나이였을 거예요. 30대 좀 넘었을 겁니다, 30대 중반 정도에 (면담자 : 결혼하고 나서?) 결혼하고 유민이랑 있을 때 2003년도다. 2003년도. 2003년도, 2002년도 그때 굉장히 큰 수술을 했어요. 양쪽 이 옆구리에 구멍을 세 개씩 뚫어가지고 호수 세 개씩 뺐어요. 호수 세 개를 빼고, 눕지도 못하고 앉아서 있었어요, 너무 아파 가지고. 폐, 기흉이란 게, 한쪽에만 있어야 되는데 보니까 양쪽에 다 꽈리가 있었던 거예요. 근데 그 수술을 하고 그 이후에 병원을 한 번 못 가봤어요, 제가. 그래서 걱정이 돼서, 폐를 이런 수술을 했는데, 이보라 선생이 그때 물어보니까 폐 담당이에요, 전문, 폐 전문의예요. "그러냐?"고 "나 폐 이런 수술을 받았는데 그 이후에 한 번도 검사를 안 받아봤다" 했더니 "아버님 그럼 단식 마치시고 제가 폐 봐드릴게요" 그래서 구급차 올라탔는데, 삼성병원 어디 간다고 하더라고. 저기 "동부병원 차를 돌려달라" 그래서 동부병원 돌려서 갔던 거예요, 왜냐하면 주치의도 그 병원에 있었고 내 폐도 알고 싶었기 때문에. 그래서 동부병원으로 향했던건데 말들이 굉장히 많았죠, 어떻게 알게 됐는지. 그러면서 국정원이 달라붙기 시작했고…. 쓰러지기 전날 이보라 선생이 근무한 동부병원에 그 국정원, 원장한테 찾아오죠, 국정원이. 그래서 이보라 선생과 나의 관계, 어떻게 알게 된 사이고 이보라 선생 신상을 털기 시작해요. 물어본 거죠, 누군지, 나를 어떻게 알게 됐는지.

면담자   직접 이보라 선생을 찾아왔던 거였어요?

유민 아빠   아니 원장한테 물어봤던 거죠. (면담자 : 아, 병원 원장한테) 예. 그리고 나서 다음 날 쓰러지죠. 실려 가고 나서 바로 어머니한테 점심때쯤 이상한 전화가. "동네 이장이 왜 너에 대해서 꼬치꼬치 캐묻더라" 그래서 그때 직감을 했죠, '아, 사찰을 당했구나. 사찰하고 있구나, 얘네들이'. 그래서 그때 사찰이란 걸 알게 됐던 거예요, 그때.

면담자   단식하시는 동안에는 워낙 사람이 많아서 의식하실 겨를이 없으셨던 거예요? 아니면 알고 계셨어요?

유민 아빠   아니요. 주변에 항시 "쟤 정보과"다 "쟤 누구다", 사복 입고 있지만 우린 알아요. 다니면서, 그리고 거의 정보과 애들은 나하고 인사하고 다니고. 다 알아요, 사복 입으면 "응, 쟤 정보과".

| 면담자 | 매일 같은 사람이 오나요? 주기적으로 오는 사람들이?

유민 아빠　　과장이나 계장 같은 급들은 매일 같은 사람이 나오는데 밑에서 경계 서는 사람들, 이 사람들은 매일 바뀔 수도 있고 틀리죠[다르죠].

면담자　　종로서에서만 오는 건가요? 아니면?

유민 아빠　　그렇죠. 거의 종로서, 종로서에서 오죠. 한번은 정보과, 계급은 내가 모르겠는데 인사를 하더라구요, 저한테. 단식하고 있는데 "누구세요?" 그랬더니 "아버님, 저 목포 실내 체육관에서 내려와 가지고 저지하고 사찰했었잖아요" (면담자 : 진도에서?) 그때 얼굴을 대충 알아서 '어디서 많이 본 듯한데, 어디서 많이 본 거 같은데', "저 실내 체육관에서 정보과 그 누구예요" 그러더라고. "근데 여기 왜 올라왔어요?" [하고 물었더니] "여기 파견 나왔다"고 하더라구. 그래서 광화문광장 또 지켜요, 그 사람들이.

면담자　　그 사람 소속은 원래 어디였는데요?

유민 아빠　　그걸 나도 모르죠. 정보과에 내가 캐물을 수도 없고, 정보과에 내가 해올 수도 없고.

면담자　　그 사람이 먼저 아는 척을 했어요?

유민 아빠　　예. [내가] "아휴, 왜 여기까지 올라와 가지고 고생하냐?"고….

면담자   그럼 늘 감시를 하고 있다는 건 일단.

유민 아빠   다 알고 있죠.

면담자   알았는데, 그게 대체로 누군지, 어디 소속인지, 경찰인
지 국정원인지 그런 거까지는.

유민 아빠   전혀 모르죠.

면담자   대체로 '아마 경찰 정보과 소속일 거다' 이렇게 추정을
하게 되는 거고. 그래서 고향 어머니도 '좀 뭔가 이상하다'는 생각을
하셨대요?

유민 아빠   어머니가 이제, 어머니한테 전화를 받고 '분명히 그러
면 아마 국정원에[서] 사찰했을 거다' 그 의심을 들었던 게 병원에 실
려 간 날 베란다 쪽 난간 쪽에 꼭 사복경찰 두 명이 있었거든요. 어디
소속인지는 다 모르잖아요, 우리는. '벌써 우리 옆에서 지키고 있구나'
[싶었죠]. 우리가 나가면 서성서성 갔다가 다시 와 있고, 계속 지키고
있었던 거예요. 내 주변에[서] 걔네들을 먼저 봤기 때문에, 봤기 때문
에 '아, 시골 우리 어머니 집까지 사찰을 하고 있는 거구나' 느껴서 제
가 '뉴스타파' 쪽에 제보를 했어요. 최승호 피디가 직접 시골 고향 집
까지 가서 다 사찰에 대한 거 인터뷰, 면장을 통해서 인터뷰도 따보고
이장도 만나보고, 전부 다 그때 당시 오리발을 내밀었죠. (면담자 : 면
장이나 이장이나?) 네. 내가 바로 실려서 가고 아무도 안 만났어요. 만
날 수가 없잖아요. 동네에, '뉴스타파'에, 내가 동영상 보여줄 건데, 거
기 딱 보면 인터뷰 내용 읽어보면, 동네 부면장이 "어떤 할아버지가
알려줘서 거기 사는지 한번 볼려 그런 거다. 그 할아버지가 면회를 갔

유민 아빠 김영오

었다더라, 나한테" [하는 게 나와요]. 내가 면회받은 사람이 없거든요. 그런 거짓말까지 해가면서 "누가 좀 알아봐 달라기에 알아본 거다"라고 발뺌을 해요. 그리고 나서 국정원에 대한 사찰 내용이, 국정원까지 통화를 다 했는데도 불구하고 "그런 적 없다"라고 얘기했었어요. 그러다가 김영한 업무 수첩이 나오고 거기에 대해서 자세히 나와 있는 거예요, 22일 날 시골집 사찰한 거. "김영오 사찰, 정읍, 부면장한테 통화하고" 뭐 내용, 뭐 (면담자 : 그런 내용까지 다 들어가 있었어요?) 다 있었어요. 동부병원 사찰한 것도 맥박, 혈당 뭐 이런 걸 다. "건강 이상 무, 엑스" 막 하고 다 들어가 있는 거예요. 건강 체크까지 다 해간 거예요, 걔네들. 그리고 어머니 계시고 그다음에 뭐, 명절에만 한 번씩 내려오는 어쩌고저쩌고 자세하게 다 사찰이 됐던 거예요. 지나고 나니까 그게 사찰이었던 건지 알게 된 거죠. 국정원은 "사찰한 적도 없[다]"고 그런 발뺌을 했었는데 김영한 수첩 보고서 밝혀진 거예요, 그게.

면담자   단식하고 계실 때에는 그 정도로 '모든 정보가 다 노출될 수도 있겠다'라는 생각을 하지 못하셨을 거 같아요.

유민 아빠   그 정도까지 안 했죠. 설마 나하고 싸우는 거지 우리 가족들하고 싸우는 건 아니기 때문에 나도 그렇게까지 알아보고 사찰할지는 몰랐거든요. 그 사찰이 22일 날 사찰이 끝나고, 23일 날부터 대대적인 일베, 언론, 보수 단체들이 공격이 들어와요. 플래카드 만들고 기자회견까지 하고, 아빠 자격 논란으로 TV조선에서 ≪조선일보≫가 먼저 때려요. 그게, 그리고 때리고 나서 오후에 탈북연대, 어버이연합, 엄마부대, 이 보수 단체들이 피켓을 들고 아빠 자격 논란, "금속노조원이다", "양육비도 안 줬네" 이상한 헛소리들이 그날부터 나오기 시작한 거예요. 사찰 끝나고, 끝나고 다음 날 그게 대대적으로 방송부터 언론, 그리고 내가 글 하나 써서 올리잖아요? 일베들이 5000명 이상 막 달려들어요. 댓글을 보면 2만 5000개, 댓글 자체가. 그중에 거의 절반이 일베들. 계속 날 까는 거예요. "양육비도 안 줬대" 그리고 국궁 3만 원짜릴 "200만 원 주는 귀족 스포츠 다닌대", 별의별 얘길 다 하고 까요. 그게 대대적으로 23일 날부터 시작이 돼요. 그래서 내가 나쁜 아빠, 못난 놈, 못난 놈이었는데 나쁜 아빠로 변형이 돼버린 거죠, 그날부터. 근데 보수 단체들이 정보도 없는데….

내가 그리고 양육비 이 사건이 왜 터졌냐면, 유민이 삼촌이란 사람이 글을 하나 올렸는데 "똥 기저귀 한 번 안 갈고 1년에 몇 번, 한두 번 본 게 다고, 말발만 세 가지고 네가 단식해서는 될 놈이냐" 이렇게 썼는데, 양육비 얘기도 없고, 고아원 얘기도 없고, 아무런 얘기가 없어요, 거기에는. 하태경하고 일대일 친구가 갑자기 돼 있는 거예요. 하태경이 캡처를 해. 캡처를 하고 다 뿌려, 하태경 자기 지인들한테. "아직 최종 확인된 게 아니니까 아직 뿌리지 마라" 이 메시지까지 다 했어요, 하태경 글에, SNS에. 하태경이가 조작을 해서 뿌렸던 거죠. 그것도 23일 날 새벽, 23일 날 모든 작업이 다 들어가요. 정보과가, 국정원에서 모든 사실들을 지시를 했던 거지. 일반 개인들이 어떻게 대대적으로 한꺼번에 나설 수 있고, 나의 정보를 허위 사실이 됐든, 가짜가 됐든 그렇게 피켓까지 만들고 나올 수 있냐는 거예요.

면담자   그 당시에는 사실 판단을 하기에는 너무 몸도 안 좋으시고, 생각을 정리하실 수가 없잖아요.

유민 아빠 김영오

유민 아빠 　억울해서, 그때 얼마나 병원에서 억울해 가지고 누워 있어야 되는데 일어나 가지고 어떻게 할 줄을 몰라가지고 서성대고, 말도 안 되는…. 통장을 봐도 양육비 찍히고, 그다음에 애들 핸드폰 요금 다 내주고, 거기다가 유민이 엄마 핸드폰 요금 다 내주고, 증거 자료가 있는데도 불구하고, "양육비 10년 동안 20만 원, 200만 원밖에 안 줬대, 혼을 내고. 그리고 이혼하고 평생 얼굴 한 번 안 보고 갑자기 보상금 받을라고 나타난 놈이다" 이렇게 또 계속 까는 거예요. 말도 안 되는 걸로 세월호 유가족들 약화시키는 거죠, 세력을. 이런 작업들이 그날부터 대대적으로 들어갔던 거예요, 23일부터.

면담자 　그럼 병원에 계실 때 그런 일이 벌어진다는 거를 어떻게? 언론 기사를 보고?

유민 아빠 　나는 텔레비전만 보고 알 수밖에 없죠. TV에서 여기 틀어도 내 방송, 저기 틀어도 내 방송, 계속 나만 아빠 자격 논란으로 채널A, TV조선, MBN부터 해서 (면담자 : 계속 반복적으로 나오고) 하루 종일 반복으로. 그거 볼 때마다 사람이 미치는 거예요. 병원에서 씻을라고 이렇게 머리 한 번 딱 넘기면 한 주먹씩 머리가 빠졌었어요, 얼마나 스트레스를 받았는지 그때. 진실이 묻혀버리고 거짓이 진실이 되는 상황이잖아요, 그때 당시가. 그 당시 심정은 말로는 표현할 수 없어요. '이래서 연예인들이 자살하는구나. 이런 악성 댓글 때문에 자살하는 구나', 그걸 나를 공감이 가더라고. 왜? 내가 너무 버티다 보니까 '이러다 죽어버릴까?', 죽어버리고 싶은 심정인 거야, 막 뒤집히니까. 속이, 어떻게 할 줄은 모르겠으니까, '그냥 아, 진짜 죽어버릴까' 생각도 많이 들어버리고. 그래서 연예인들 죽는 거를, 자살하는 거를,

내가 아 공감이 가더라고, '이래서 죽는 거구나. 자살하는 거구나'. (면담자 : 몸이 아프신 거보다 그 스트레스가) 정신, 몸 아픈 거는 전혀, 내 몸은 생각도 안 나요. 오로지 눈뜨면 이 댓글, 댓글 일베들이 계속 달라붙어요. 몇천 명이 달라붙는데 이걸 다 하나하나 넘겨가며 읽으면 미치는 거예요. 어떤 놈들은 욕까지 해가면서 "전기톱으로 제 목을 잘라버리고 싶다"라느니 별의별 얘길 다 하고.

4
'아빠 자격' 논란, 일베와 언론의 공격

면담자　　유민이 외삼촌이 글 올렸던 거는 며칠이었어요?

유민 아빠　　23일 새벽 한두 시에 올렸다가.

면담자　　다 같은 시점이었어요? 그거 먼저 올렸던 게 아니고?

유민 아빠　　그게 제일 먼저 올라가죠. (면담자 : 그걸 시발점으로 해서) 캡처해서 다 뿌려버리는 거죠. 그래 놓고 새벽 네다섯 [시]에 그걸 삭제를 했어요. 유민이 엄마한테 전화했더니, "뭐 하는 거냐고 지금" [하니까] "올린 것도 몰랐다"고, 동생한테 나무라면서 "글 내리라"고 해서 바로 내렸어요. 그런데 하태경이 캡처를 다 해버린 거예요.

면담자　　올라가 있던 시간은 그렇게 길지는 않았던 거네요?

유민 아빠　　근데 하태경이가 다 캡처를 해놨던 거죠.

면담자　　삼촌이랑 하태경은 어떻게 아는 사이예요?

유민 아빠 　　　얘기, 변호사 얘기 들으니까, 어느 날 갑자기 그날 23일 날 갑자기 둘이 페친이 되어 있던 거예요. 친구가 돼가지고, 그리고 처남이란 사람은 페이스북은 있지만은 글도 안 올리는 사람이었고, 근데 어느 날 갑자기 글을 올리게 되고, 그리고 하태경이가 친구가 맺어서 그 글을 캡처를 하고…. 나는 이것도 작업이라고 봐요. 나는 작업이라고 봐요. 작업이라고 봐요, 나는. 우리가 그때 당시에는 힘이 없었잖아요. 우린 편에 서 있는 사람이 아무도 없었어요, 정보 얻는 것도 마찬가지고. 가족들이 카톡 대화 내용도 우리가 보관을 해야 되는데, 1년을 끌어 얘네들이 일부러. 1년을 끌어서 1년이란 기간이 되면 정보를 얻을 수가 없어요, 카톡 내용을. 2014년도 15, 16일 날 무슨 내용들이 왔다 갔다 했는지 이걸 다 갖고 싶은데도 KT에서는 그걸 1년이란 기간을 넘겨가지고 그걸 또 우리가 못 뽑잖아요. 그런 상황이 왔잖아요. 하태경[이 올린] 그것도 마찬가지였어요. 어떻게 내가 그걸 뽑아올 수도 없고 그러다 보니까 지금 이 상황까지 왔는데, 하태경하고 삼촌의 대화 내용을 내가 꼭 어떻게서든 알고 싶은데 이제 없잖아요, 근거가. 무슨 작업들을 했는지 알고 싶은데도. (면담자 : 저도 궁금해요) 되게 궁금해요.

면담자 　　　거기가 이해가 잘 안돼요.

유민 아빠 　　　모든 증거, 모든 자료 이건 아무것도 없다는 거예요, 이제.

면담자 　　　그 당시에 삼촌 글이 올라왔다는 건 언제, 어떻게 처음 아셨어요?

유민 아빠 　　　제가 그때는 SNS, 하루 하면 100만 명 이상 봤어요. 꽝장히 그때는 파장력이 있었거든요.

면담자   그중에서 누가 보셨어요?

유민 아빠   그게 이제 댓글로도 하고 다 오는 거예요. 이거 뭐냐?
이거 뭐지? 알게 되는 거죠, 바로.

면담자   전화했을 때 유민이 어머니 반응은 어떠시던가요?

유민 아빠   "그런 거 올린지도 몰랐고 전화 바로 해가지고 내린다"
고 내렸어요.

〈비공개〉

유민 아빠   "네가 생각이 바르게 컸으면 내가 돈 달라고 단식했던
게 아닌데, 삼촌한테 그런 글 올리지도 못하게 했어야 되고, 만약에
했더라도 나와서 이건 아니다", 특별법 제정 때문에 내가 한 거 아닙
니까, 보상금 더 달라고 싸운 것도 아니고, 그리고 유민이 엄마한테
돈 10원 더 달라고 단식한 것도 아닌데. 그러면 이건 가짜 뉴스라고
인터뷰를 해줘야 되는데, 기자들이 가면 다 피해 다니고, 도망 다니
고. (면담자 : 엄청 붙었을 텐데) 한 달 동안 그 집 주변에 있었거든요.
그런데 단 한 번 거짓말이란 소리 안 해요. 거짓이라고 얘기 안 하고,
다 피해 다니고, "나는 몰라요", 장모는 이런 식으로 인터뷰하고. 그래
서 지금은 박근혜하고 나하고 원수가 됐듯이, 유민이 엄마 가족하고
유민이 쪽하고 원수가 됐던 거예요. 그 사건이 터지기 전에는 그래도
가끔 만나고, 유민이 엄마, 우리 시골에 내려가면 ○○하고 유민이한
테 그래요. "할머니 집 김치 맛있으니까 올라올 때 김치 좀 가지고 와"
명절 때 데리고 가면, 그렇게 왔다 갔다 했어요. 우리 "김치가 맛있다고

갖다 달라"고 이렇게까지 지냈던 사람이 원수가 돼버린 거예요, 이제.

면담자   그 배·보상을 유민 엄마는 신청을 해서 받으셨어요?

유민 아빠   예, 받았죠. 나는, 국가 책임 0프로로 돼 있어요, 보·배
상이란 게. 구하지 못했고, 초기 대응 또한 못 했잖아요. 그런데 그거
를 구하지 못한 거를, 국가 책임 0프로로 했다는 거 난 인정할 수가 없
어요. 그때 당시에 돈 받아가는 사람들은 서류에다가 "법적으로 다음
에 싸우지 않겠다" 뭐 이런 걸 다 써요. 그리고 각서에 사인하고서 받
아가요. 나는 사인 안 했어요. 그랬더니 정부에서 그때 어떤 소문들을
흘리냐면, "이게 기간이 3년 안에 안 받아가면은 못 받을 수 있다"라
는 소문을 흘려요. "우린 안 받아도 된다. 내가 돈 때문에 싸우는 것도
아니고, 진상 규명을 위해서 그리고 국가 책임 꼭 묻겠다" 그래서 가
족들이, 일반인하고 합쳐서 한 140여 가정이 소송을 했던 거예요. 국
가 책임을 묻기 위해서.

면담자   얼마 전에 1심 결과 나왔던 거.

유민 아빠   네, 그렇죠. 1심 결과 나왔죠, 얼마 전에. 근데 국가 책
임 인정을 했어요. 인정을 했는데, 그 초기 대응에 대해서만 인정을
했던 거예요. 김경일 경장, 이 김경일 경장, 3년 동안 과실치사 혐의
로 받고 살다 나왔죠. 어차피 나왔으니까 인정을 시켜버린 거예요. 초
기 대응, 김경일 경장 이후에 구조를 했냐는 거죠. 안 했죠. 그리고 김
경일 경장 초기 대응을 누가 방해했어요? 국가가 방해했어요. 청와대,
중대본, 그다음에 해경, 해수부 얘네들이 "사진 좀 찍어줘. 영상 좀 찍
어서 빨리 올려 보내, VIP에 보고해야 돼". 아니, 구조를 해야 되는데

사진 찍고 영상 보내는 작업을 시켜요, 구조하는 세력한테. 구조할 수 있나요? 그래서 저는 구조 방해도 정부가 했다는 거예요. 정부가 구조를 방해했기 때문에 구조할 수 없어서, 초기 대응뿐만 아니라.

면담자　　　그게 총체적인 문제가 아니라 일단 유죄판결 받은 것만으로.

유민 아빠　　　만약에 박근혜가 중대본에 7시간 보이지 않고 중대본에 와 있었다면 다 죽진 않았어요. 중대본이 아니고 관저에 있었기 때문에 보고를 해야 되잖아요. 그래서 VIP한테 보고하려면 서류를 만들어야 돼요. 만약에 그날, 하루 중대본에 앉아서 같이 텔레비전을 보면서 앉아 있었다면 다 죽지 않았어요. "빨리 투입시켜서 구조해" 이 한마디면 됐거든요. 그 말을 안 했어요. 왜? 중대본에 없었기 때문에. 그 말이 얼마나 중요한 건데요. 제가 팽목항 그 실내 체육관에서 겪었던 얘기 했죠? 승인, 모든 사람들한테 해수부 차장이라든지, 과장들 물어보면 "위에서 승인이 떨어져야지 일을 할 수 있습니다", "이 사람들아, 승인보다도 선조치해 놓고 승인 떨어지면 되잖아", "안 된다"는 거예요, 공무원 세계는. (면담자: 그 체육관에 있을 때고 그런 일들이 많이 있었어요?) 저는 "빨리 [구]해라"[했으면 상황은 달라졌다고 봐요]. 민간 잠수사들 먼저 도착을 해요, 현장에. 근데 민간 잠수자들 개인 잠수복이며 잠수 장비 이런 것들을 가져오지 않잖아요. 해수부가 보내주길 바라고 대기하고 있는 거예요, 실어놓고 배에다가. 가서 1시간, 2시간 반나절 돼도 안 보내는 거야. "이거 왜 안 보내냐?" 그러면 "위에서 승인이 안 떨어졌어요". 이러니 다 죽을 수밖에 없었던 거예요.

그리고 해경이라든지, 해군이라든지 바다에 관련돼서 모든 선박

안전법이라든지 선박법을 뒤져보면요, 선장이 육지를 떠나는 순간 대통령이 되는 거예요. 그 배 안에서는 선장이 최고의 위임자. 대통령 말을, 명령을 어겨도 되는 거예요. 왜? 그게 배 안에서 한 나라가 되는 거예요.

면담자 항공기도 마찬가진 거죠.

유민 아빠 예. 이게 일본에 가더라도 일본이 배 안으로 침공을 못해요, 이건 우리나라 대한민국이기 때문에, 해안을 가더라도. 그런 상황에서 해군, 선박안전법, 그다음에 선박법 같은 거 다 보더라도 선장의 그 역할을 굉장히 중요시하는데, "재난과 참사가 났을 때 선장의 권한을 방해해선 안 된다"고 분명히 법에 나와 있어요. 그걸 아는 놈들이 선장을 먼저 찾아가지고 살짝 태워가지고 나와요? 선장은 이 가망성에 대해서 제일 잘 알거든요. 가망성에 대해서 제일 잘 아는 게, 몇 층에 뭐가 있고, 몇 명 어디에 타 있고 구조를 제일 잘한단 말이에요. 해난 사고가 났을 경우에는 무조건 선장을 찾는 이유가 그거예요. 몇 명이나 탔으며 몇 명 정도 나왔는지, 어느 쪽에 많이, 몇 층에 사람이 많이 탔는지 이걸 알아야 구조가 들어가는 거예요. 그거 물어보지도 않고 선장만 살짝 태우고 나왔다는 거는, 이거 자체가 국가가 또 범죄를 저지른 거예요. 살릴 수 있었던 거를 국가가 눈 감고 선장만 빼 나온 거는 '그냥 다 죽여라' 이 뜻뿐이 안 되는 거예요, 애들 다 죽게끔 빨리 나와라, 몰래 나와라.

대리기사 폭행 사건

면담자　　대리기사 폭행 사건도 겹치면서 여론이.

유민 아빠　　세월호 문제가 많이, 많이 나락으로 떨어졌죠, 대리기사 폭력 사건 때문에도. 그게 제일 컸어요. 제 문제는 저도 SNS 반박도 하고, 증거 사진도 계속 올려서 이제 그렇다, 아니다, 그렇다, 아니다 하다가 거의 그렇지 않다[고] 가짜 뉴스로 흘러간 상황에서 대리기사 폭력 사건이 나버린 거예요.

면담자　　국면이 그런 상황이었어요?

유민 아빠　　대리기사 폭력 사건이 났을 때 병원에서 복식을 하고 있었던 단계였기 때문에, 그래서 상황 전개도 알아야 되고 해서 대리기사 폭력 사건 연루됐던 사람들이 병원에 왔어요. 와서 물어봤더니 "이건 아무래도 이상하다"는 거예요. 그냥 벌써 폭력이 일어나기 전부터 "누군가 핸드폰으로 계속 동영상 찍고 다니고 있다"는 거예요. 그러면서 시비가 막 붙어지고 폭력한 장면까지 나오게 된 거죠. "그걸 어떻게 알고 미리서 핸드폰 꺼내갖고 사진을, 영상을 찍고 다니냐?"는 거예요. 그래서 제가 우리 유가족들 얘기만 다 들어서 그냥 편들 수가 없잖아요. 그래서 그 사람들 내용, 누군지도 모르지만, 의심이 가지만 다음 날 글을 썼던 거예요. 글을 써서 "유가족이 술을 먹고 폭행을 한 거는 무조건 잘못이다. 설사 그들이 함정을 파냈더라도 휘말려서도 안 되는 것", 그러면서 "죄송하다"는 말로 내가 글을 써서 올려

났어요.

그랬더니 방송국들이 다 난리를 치는 거예요, "함정"만 캡처해 가지고. "그들이 파놓은 함정일지라도" 내가 이렇게 썼거든요. "함정"이라는 단어를 캡처를 해서 [나머지 이야기는] 다 지우고 그것만. 특히 채널A 알죠? TV조선하고 MBN하고. 이게 아침저녁으로 하루 종일 틀어주는데 일주일 넘게 갔어요. 이 장면만, 이 장면만 그걸로 또 확대를 한 거예요. (면담자 : 유가족이 다 이렇게 생각하고 있다라는 식으로?) 그리고 "힘없는 대리기사 폭행했다". 거기에 내가 폭행한 걸로 되어 있는 거예요, 기사에 보면. 내가 폭행범도 아닌데 나는 글을 써 가지고 "함정일지라도 가족은 공인처럼 행동해야 된다". 이렇게 썼거든요. 항시 조심하란 얘기로 썼어요. "우리 가족들은 말려들지도 말고, 공인 아닌 공인이 되어버려 있다". 말 한마디 잘못하면 그것만 캡처해서 우리가 계속 씹혔잖아요, 방송사들한테, 언론들한테, 행동 잘못하면 그걸로 또 까고. 그래서 "공인 아닌 공인이 되었으니까 함정일지라도 조심해라", 그 뜻으로 글을 올려놓은 건데, 캡처를 해가지고 마치 내가 뭐 음해론 편 사람처럼, 그들이 전부가 함정을 파놓은 거처럼 얘길 해버린 거처럼 확대해석 해서, 계속한 일주일 내내 '까방송'이라는 데서 욕까지 해가면서, 팟빵에서. 들으면 열받을 거예요, 지금 들으면. "김영오 개새끼" 막 해가면서(한숨). 아주, 그때 생각하면 진짜 힘들었어요.

6
외부 압력으로 퇴원

면담자 단식을 40일이나 하셔서 회복하시려면 시간이 걸렸을 텐데 병원에 얼마 정도 계셨던 거예요?

유민 아빠 40일째 하면은 단식, "배로 복식을 해야 된다"고 하더라구요. 근데 첫날 딱 실려서 병원에 갔는데, 동부병원에 갔잖아요. 근데 무슨 전화들이 민원실로 오냐면 "그 개새끼 내보내라"고 첫날부터 어마어마하게 전화가 오는 거예요, 보수들한테, "그 개새끼 내보내라"고. 그래서 동부병원에서는 우리 쪽 편이잖아요. 그리고 원장님도 마찬가지고 우리 쪽 편이에요. 말은 못 하지만은 약자 편에 서 있는 사람이란 말이에요. 그래서 이거를 담당을 맡아서 한쪽에서 "예" 하고 끊고, 끊고, 대응을 해줬어요. (면담자 : 그 전화 받는 담당만 따로?) 그게 무슨 과라 그러죠? (면담자 : 원무과) 원무과에서 아예 그냥 거기 자체에서 소화를 시켜버렸던 거예요, 동부병원은. 근데 가족 일도 걱정이 되고 또 안산에 있어야 내가 가족대책위 왔다 갔다 할 거 아니에요. 그래서 15일 정도 있다가 안산에서 한도병원에 이전을 해요. 한도병원을 갔는데 한도병원도 마찬가지로 보수들이 "내보내라"고, "내보내라"고. 40일째 되는 날, 40일째 되는데 나보고 나가라는 거예요. (면담자 : 한도병원에서?) 예. "아니, 왜요?" 그랬더니 그냥 위에서 지시가 그렇게 내려왔대요. "어디에서 지시가 누구한테 내려왔습니까?" 그랬더니, "더 이상은 말을 해줄 수 없다"는 걸로 하더라구. 주치의가 그런 얘길 하는 거예요. 그래서 주치의한테, 그러면, 그때가 금요일인가 그랬어요, 금요일인가 그랬는데, 짐이 굉장히 많았잖아요, 내가. 시민들한테 들어오는 편지부터 해서, 편지가 수십 박스였으니까, 힘내라는 글들. 너무 병원에 꽉 찰 정도로 많았으니까, "짐도 정리 좀 하고, 월요일 날 퇴원할게요" 다 얘기했어요, "월요일 날 그럼 퇴원하겠습니다". 근데 위에 지시가 누구였는지는 죽어도 얘길 안 해주더라구요. 위에서 지시가 내려왔는데 내보[내]라고 지시가 왔다는 것만 말해주고 더 이상 얘길 안 해주더라고. "그러면은 월요일 날 뺄게요. 월요일까지만 기다려주세요" 내가 그랬는데 한 1시간 정도 있다가, 그때가 아침 10시 정도 대화를 했거든요. 1시간, 11시 정도, "오늘 12시까지 빼서야 됩니다" 그러는 거예요, 갑자기 간호사가 와서. "월요일 날 빼기로 했는데 무슨 얘기냐?" [했더니] 주치의가 "오늘 12시까지 하고 빼라"고 지시가 내려왔대요. "그래요? 주치의 좀 전화 좀 바꿔달라" 그랬더니 퇴원[근]하고 없습니다. 만날 수도 없었고, 그 이후로 잠적을 해버려요. 강제로 퇴원 조치가 된 거예요, 내가, 복식도 못 하고.

면담자   며칠 계셨던 거예요?

유민 아빠   40일째. 한 40일째 오니까 거기도 보수 일베들이 엄청 전화를 하나 봐요.

면담자   거기서 또 다른 병원 21세기나 다른 데로 옮기실 생각은?

유민 아빠   아니. 갈 생각 안 하고 집에서 혼자 복식했어요. 집에서 그 정도면 됐겠다 싶어서 복식하고. 근데 혼자 살다 보니까 밥을 해먹어요, 뭘 해 먹어요? 하루에 한 끼 먹고 그렇게 해서 대충 지냈죠.

7
분과장 제안, 간담회 활동

면담자 이제 뭘 할까 생각하셨을 거 같아요, 어떻게 살까도 막막하셨을 거 같고.

유민 아빠 일단 직장은 생각을 안 했어요, 왜냐면 특별법 제정도 안 됐는데. 그리고 한도병원에 있으면서 문희상 의원한테 전화가 왔어요. 우리가 2차 법안까지 박영선 의원이 왔을 때 내가 "노[no]" 했죠, 가족들도 "노" 하고. 그리고 나서 계속 새누리하고 협상을 했던 거죠, 그동안에. 그리고 나서 40일째 쫓겨나기 전에, 한 며칠 전에 문희상 의원한테 전화가 왔는데, 대신 박영선 다음에 문희상이 맡았었거든. 이 정도, "이 정도 다시 우리가 보완을 했다", "제가 더 이상 싸울 힘도 없네요" 그랬어요. 대리기사 폭력 사건에다가, 또 못난 아빠, 아빠 자격 논란에다가 대리기사 폭력 사건에다가 "제가 싸울 여력이 없네요. 힘드네요. 가족들도 힘들고, 여기까지만 하고 합의합시다" 그랬어요. 그래서 합의가 딱 돼버린 거예요. "이거보다 더 원하십니까?" [하는데] 내가 얘길 할 수가 없었어요. 대리기사 폭력사건이 너무 컸잖아요. "여기까지 합시다" 그러고 나서 합의가 끝난 거예요. 문희상 의원한테 직접 전화가 왔던 거예요. "아버님, 이 정도까지 협상을 끌어냈습니다" 전화가 와서 "거기까지만 합시다" 그랬어요.

면담자 당시에는 가족분들도, 아버님도 많이 지치셨을 거 같아요.

유민 아빠 다 지쳤죠. 특히 정말로 왜 죽었는지 알아야 되려면 진상 규명해야 되는데 특별법 제정을 해야 되는데, 이거 뻔히 알잖아요, 근데 왜곡되어 버리니까. 우리의 진실들이 왜곡되어 버리고, 그리고 폄하되고 가짜 뉴스가 생성이 되는 거…. 가족들은 가면 갈수록 지치고, 청운동 길바닥까지 비 오는 날 밖에서 잠을 자고, 얼마나 힘들게 다 싸웠어요. 지쳐버리니까 더 이상 싸울 여력이 솔직히 없었어요. 3차까지 버틴 것만 해도 '아, 잘 버텼다' 정말 힘들게…. 1차에 합의될 수도 있었어요. 1차 막아내고, 2차 막아내고, 3차 법안까지 끌어냈으니까 그나마, 그나마 열심히 싸워서 그만큼 된 거죠, 악으로 깡으로 버텼기 때문에.

면담자　　　병원 퇴원하시고 나서는 가족협의회 나가셨어요?

유민 아빠　　　못 나갔어요, 제가. 가족협의회에서 찾아왔어요. 가족협의회에서 그때 제가 인지도가 굉장히 높아져 버렸죠. 그러다 보니까 가족대책위에서는 나보고 분과장을 맡아달라는 거예요. 내가 그 자리에서 "노" 했어요. 왜 그러냐면 하루에 5000개, 만 개가 댓글들이 엉망 개판으로 저를 욕을 하는 거, 비난하는 거, 조롱하는 거, 이런 댓글들이 수도 없이 많아요. 그럼 이제 촛불, 같이 불 밝혀줬던 사람들은 "아버님, 저게 사실이에요?" 이렇게 또 물어봐요. 왜냐하면 댓글에 계속 일베들 태반이고, 우리 쪽 글은 "아버님, 그런 사람 아니야"라고 하는 사람 몇 명 없었어요. 그러다 보니까 현혹되기 시작하는 거예요. 그게 더 무서웠던 거예요, 저는. 그래서 가족대책위가 분과장 맡으라고 왔는데, 제가 모든 걸 캡처를 다 해서 보여줬어요. "이런 상황에서 내가 가족대책위분과장을 맡으면 보수언론하고, 보수 단체, 일베들이 뭐라고 깔 거 같냐? 생각을 해보시라"고, "가만히 있어도 이렇게까지

고, 욕을 먹고 조롱당하는데 내가 분과장 하면은 '봐라. 저 새끼 저럴
라고 단식했다' 100프로 깐다, 그리고 세월호를 더 진짜 낭떠러지 밀
어 넣는 길밖에 안 되는, 그 자체가, 내가 분과장 한다는 거 자체가",
이런 얘기를 설명을 했[어요]. 〈비공개〉 그날 이후로 혼자서 책을 써가
면서, 책을 내서 알렸던 거예요. 내가 『못난 아빠』 책을 썼던 이유는
어떠한 언론들이 나에 대해서 있는 진실을 밝혀주고, 보도해 주는 데
가 단 한 군데 없었어요. 있는 곳은 있었죠, '뉴스타파'라든지 '민중의
소리', 그다음에 ≪미디어오늘≫, 힘없는 매체들. 큰 공중파에선 다뤄
주질 않았어요, 진실에 대해서. 그래서 책을 썼던 거예요, 알릴려고.
"나 이런 사람 아니다", 언론에서 얘기하는 진짜 아빠 자격 논란 얘기
하는데, "나 그런 사람 아니다". 그때 가출했던 얘기부터 다 썼어요,
내 살아온 생활을.

면담자   가족대책위 2기를 새로 구성할 때 아버님한테?

유민 아빠   안 했죠, 할 수도 없었고. 근데 그래도 난 뒤에서 같이
싸워주고 도와주고 할려고 했었거든요. 또 투쟁장 있으면 내가 앞장
서서 투쟁을 할려고 했었고. 〈비공개〉 저는 그래도 어디 앞에 나가서
지금도 마찬가지지만 가족하고 따로 하는 것도 아니에요. 가족들 큰
싸움할 때 꼭 나가요. 같이 싸워줘요. 그리고 분열되면 절대 안 되니
까 같이 함께하면서 매일 같이 못 하지만은(한숨). 〈비공개〉 혼자 진짜
외로운 길을 택했죠. 그러면서 세월호 진상 규명 계속 외치고, 나 나
름대로 SNS에다가, 또 간담회 다녀가면서 세월호 진상 규명 계속 알
리고 다녔고. 제가 아마 그때 당시에 전국을 어마어마하게 다녔을 겁
니다, 간담회만. (면담자 : 퇴원하고 나서서?) 네. 계속 세월호에 대해서

알리고, 세월호 간담회 할 때 내 가짜 뉴스는 많이 안 했어요. 진상 규명이 된 거 아무것도 없고 진상 규명에 대해서 많이 홍보를 했죠. "우리가 특례 입학을 해서, 또 의사자 지정 이런 거 전혀 아니다" 이런 걸 설명하고 다녔어요. 가족대책위를 통해서 간담회가 들어와야 되는데 저는 또 워낙에 언론을 타다 보니까 저한테 직접 와요. 직접 갈 수밖에 없어서 가족하고 못 했던 거예요. '아버님, 여기 와서 간담회 좀 해주세요' 하면 '네, 알겠어요' 그래야 할 거 아니에요. 가서 해줘야죠. 근데 이게 일주일에 하나씩 계속 가야 돼요.

면담자　　　아버님을 만나고 싶다고 가족대책위에도 요청을 하게 되잖아요?

유민 아빠　　근데 내 것도 소화를 못 하니까, 나한테 들어오는 것도 그때는 소화 못 했어요. 심지어는 광화문광장을 16년도엔가 갔는데 어떤 한 분이 그러더라고요. 나를 굉장히 싫어하더라고요, 미워하고. "왜 그러시냐?"고 물어봤더니 진주 시민 단체 쪽인가 어딘가, 밑에 전라도 쪽이었는데 "제가 몇 차례 문자를 간담회 해달라고 보냈는데 답장이 없어서, 솔직히 아버님 미워했다"고 그때부터. 안 가도 미워해. 그 정도 했었으니까. 그리고 가족하고 지금 같이하네, 안 하네가 중요한 게 아니라 진상 규명 위해서 한길을 가고 있다는 거, 그리고 나는 아직도 "세월호 진상 규명 안 됐다"는 거 알리고 다니고 같은 길을 가고 있다고 봐요. 꼭 같이 손을 잡고 길거리 한길을 가야지만이 같이가 아니라, 가족들은 가족들대로 싸우고 있지만 나는 나 나름대로 간담회 다녀가면서. 또 생명 존중이라든지, 팔찌, 그때 당시에 팔찌도 엄청 나눠줬어요, 리본도 굉장히 많이 나눠주고. 이런 나눔을 하면서

225

4회차

"끝까지 저희 손 놓지 말아주십시오" 외치고 다녔고, 같은 길을 갔다고 봐요, 따로따로가 아니라.

8
장례분과장 활동, 시행령 폐기 요구 집회

면담자   10반에서는 경주 어머니가 초기에 분과장 하셨었고.

유민 아빠   심리분과장을 했었죠, 심리[생계]분과장. 그래서 경주 어머니도 마찬가지고 나도 마찬가지고 제가 제일 통해서 했던 게 우리 10반 통해서 전달하고, 일들이 벌어지거나 집회가 한다거나 뭐가 잘못되면 경주 엄마를 통해서 많이 얘길 했죠, "이렇게 하는 거보다 이게 좀 나을 거 같다" 얘기를. 왜냐하면 대표니까 전달해 줄 수 있고, 그런 역할도 많이 했죠. 그렇게 1년을 보내다가 15년도, 16년돈가? 정확히 모르겠네, 우리가 풍찬노숙을 15년도에 했던 가요? 세종대왕상 앞에서. 제가 한 달 동안 특별법시행령 때문에 그거 때문에 우리가 또 노숙 농성을 들어가죠, 풍찬노숙을. 그 풍찬노숙하기 전에 제가 분과장을 나가서 됐어요. 장례분과장을 했어요, 장례분과장을. 그때가 15년도였던가 모르겠네, 풍찬노숙이, 아무튼 그해에 1월 달에 우리 임원을 선출하잖아요. 그때 장례분과장으로 제가 출마를 해서 당선이 됐어요. 그래서 제가 "추모분과라고 절대, 아니 추모공원이라고 절대 부르지 맙시다. 우리는 4·16 이전과 이후에 세상이 바뀌어야 됩니다. 세월호를 통해서 안전한 사회를 만들어야 된다. 그럴려면은 추모공원이라 하지 말고, 4·16안전공원이라고 불러달라"고, 그래서 제가 PPT 작업을 해요, 그거를. 지금도 싸우고 있죠. 그걸 제가 만들은 거예요, 그때 당시에. 그래서 우리는 생명안전공원을, 지금은 '생명'자를 집어넣었잖아요. 그 전에는 제가 "안전공원이라고 만듭시다. 이름도 안전공원이라 짓고, 4월 16일이니까 4·16안전공원으로 합시다"[하고] 가족들한테 설명회도 하고 PPT도 보여주고. 모든 국민들이 이곳에 와서 아이들을 한 번씩 둘러보고 기리기도 하고, 그다음에 추모도 하고 그리고 그다음에 아이들이 썼던 유품들도 한번 보고. 그리고 나서 교육을 통해서 안전을 배워갈 수 있는 공원을 만들자는 취지로 안전공원이라고 했던 거예요. 대신 여기에서 기억하고 추모하고, 그다음에 안전교육을 받고 갈 수 있는 코스, 그래서 도시락도 까먹을 수 있는 아름다운 공원.

면담자   2015년에 벌써?

유민 아빠   제가 다 해놨어요.

면담자   다시 분과장 나가시게 됐을 때 어떻게 결심을 하게 되셨어요?

유민 아빠   그 작업을 다 떠놨죠, 밑그림 그려놓고. 그래서 "한곳에 모여야 된다", 그걸 만들기 위해서 5·18공원 유족들도 만나보고 대표들도 만나보고…. 저는 이제 "추모공원을 설립하는데 어떻게 하는 거예요?" 이걸 물어봤던 게 아니라 "이걸 설립하는 데 있어서 가장 힘들었던 거, 지금 후회하는 게 뭡니까?"라고 이거만 물어봤어요. 왜냐면 우리는 그들처럼 실수하지 않고 더 완성된 공원을 만들고 싶어서, 그래서 5·18공원이든지 이런 데 다니면서 만나면 "지금 후회하는 게 뭡니까? 추모공원 만들어놓고" 이런 거였어요. 거기에 대한 보완을 다 해놨던 거죠. 그 사람들 얘기를 듣고 안전공원 생각을 하게 됐던 거예요. 안전공원, 안전교육은 별거 아니에요. 그 자체를 보고 와도 안전이 생각이 나잖아요. 거기에다가 200만 원, 100만 원씩 주고 강사 부를 필요도 없고, 교육장에서 유가족들이 돌아가면서 그냥 지금까지 일어나면서 지금까지 생활하고 있는 거, 어떻게 어떻게 살고 이런 대화하다 보면 그게 안전 교육이 되는 거예요, 유가족의 얘기들 듣다 보면. 저는 그런 밑그림까지 다 그려놨단 말이에요. 그러다가 풍찬노숙을 하게 돼요, 그걸 다 해놓고.

면담자 그게 1주기 때였던가요?

유민 아빠 그럴 겁니다, 아마. 그 안전공원 PPT 작업을 다 끝내놓고 그러고 있는데 시행령이 무늬만 바뀌어버린 거예요. 그래서 이제 폐지를 하기 위해서 우리가 가족들이 다시 광화문광장으로 또 몰려갔죠. 제가 한 달 동안 풍찬노숙을 하게 돼요, 세종대왕상 앞에서. 그때부터 다시 분과 일을 할 수가 없죠, 매일 먹고 자고, 먹고 자고 광장에서 해야 되니까. 그래서 세종대왕 앞에서 비 오는 날 처음에 우산 두 개 받치고 하루 날을 샜죠, 근데 박원순 시장이 바로 뉴스를 보고서 달려왔던 거고. 그러면서 "여기다가 비닐이라도 칠 수 있게 해줘라. 텐트라도 쳐달라"고 했는데, 내가 "하지 마세요" 그랬어요. "또 단식장처럼 텐트를 치고 천막을 치고, 그러고 편하게 황제처럼 싸우다 보면 시민들이 깨어나질 않는다. 이 사실을, 안타까움을 항시 보여줘야 되고 내 몸으로 겪어야 된다. 내 몸이 망가져야, 보여줘야지 국민들이 깨어난다. 그냥 시장님 뜻은 고맙지만 그냥 비니루[비닐] 덮고 있겠습니다" 해서 한 달 동안 비니루만 텐트로 만들고 있었던 거예요. 시장님도 많이 안타까우니까 도와주시려고 했는데, 그 마음은 알지만은 싸우는 방법, 우리가 황제가 되면 안 돼요.

면담자   광화문에서 고립된 때가 있었잖아요.

유민 아빠   그렇죠.

면담자   물대포까지 나오고.

유민 아빠   물대포가 나오기 전까지 우리하고 몸싸움이 거의 매일 있죠. 세종대왕상이 경계선이에요. 거기가 경계선이라 가족들은 올라가려면 다 몰려와서 무조건 막아요. 몸싸움이 일어나죠. 이게 한동안 이루어지다 보니까 어느 날부턴가는 애네들이 한 요만한 물독, 보온병 같은 걸 가지고 나오더라구요. 뭔가 했는데 최루액이었던 거예요.

면담자   스프레이?

유민 아빠   예. 여기다가 등에다가 메고 다니는 것도 있고, 조그마한 것들 휴대용. 그래 가지고 우리 가족들이나 시민들이 같이 막 몸싸움하죠. 이걸 막 얼굴에 뿌려요. 그럼 얼마나 눈이 따갑고 매워요. 그러다가 또 격해지죠, 이걸 쐈다고. 이렇게 해서 슬슬 약을 올려요, 애네들이. 그래서 더 격하게 만들어, 일부러 살살. 격하게 만들고 그게 1, 2주 지나니까 '저 새끼들 물대포 쏠라고 슬슬 끌어들이는 거 같다' 했는데 예상이 맞아들었어요. 그 이후로 물대포가 나오기 시작하는 거예요, 이제. 왜? 명분이 있어야 물대포를 쏠 거 아니에요. 근데 이걸로 약을 올려놨으니. (면담자 : 맞아요. 이제 폭력집회 이렇게 얘기하면서) 폭력집회 슬슬 나오고, 방패 뺏어가고 격해지니까 할 수밖에 없잖아요. 이러면서 슬슬 우리를 더 악랄하게 만들어. 그리고 우리 유가족들 한참 몸싸움하고 있다 보면 "너 이리 나와. 왜 때려" 그러면 "왜 그래?" 그러면 "저 새끼가 나 대가리 때렸다"고 슬슬 약 올려. 뒤에서 안 볼 때 꽉 때려요. 그러면 얼마나 성질나겠어요. 몸싸움만 해야 되는데 이걸 막 때리고 약을 올려. 그래서 더 폭력집회를 만들어, 유도를 해. 그래서 이제 집회가 좀 격해지니까 물대포를 쏴버렸던 거예요. 명분이 생겼잖아요.

면담자   밤에는 들어가 있는 가족분들은 고립됐는데 어디 계셨어요?

유민 아빠   저는 항시 광화문광장에 있었죠. 광장에 지키고 있었죠. 전철역에서 나오지도 못하고 들어가지도 못하고, 전철역까지 다 지켰어요, 계단마다 경찰들이. 우리 이제 시민들 통화하고 "아버님" 전화 와가지고 "갈 수가 없어요", "왜 못 와요?" 그러면 우리 도와주려고 시민들이 여기저기서 온단 말이에요, 방송 듣고. 그러면 경찰들이 곳곳을 다 막고 들어갈 수 없게끔 만들어요. 오지도 못하게 하고, 완전 계획적인 거죠.

면담자   1주기 때는 제일 힘든 때였던 거 같아요.

유민 아빠   (한숨 쉬며) 1주기 생각하면….

면담자   15년 초에는 19박 20일 도보 행진 가족분들 하셨고.

유민 아빠 김영오

유민 아빠   저는 분과장을 맡았기 때문에 그때 당시에 장례분과장 맡으면서 안전공원 설계도 하고, 그리고 첫날 수원까지 걸어주고 또 내 분과 일을 해야 했어요.

면담자   구간별로 걸으신 부모님들도 제법 계시던데.

유민 아빠   계속 같이 갔던 부모도 계시고, 저는 첫 구간과 맨 마지막 구간을 참석을 했어요, 왜냐하면 내 분과 일을 해야 되니까. 그때 또 부모님들 많이 고생도 하셨고.

면담자   1월에 해가 바뀌면서 분과장 맡으시고 또 바로 일 하셨던?

유민 아빠   3월 달까지 계속 분과 일 하면서 그러고 나서 다시 풍찬노숙을 시행령 때문에 했던 거죠.

면담자   사실은 2기가 시작된 게 15년 해 바뀌면서라고 볼 수도 있겠네요.

유민 아빠   네.

면담자   분과장을 투표로?

유민 아빠   처음에 저보고 병원에 있을 때 오라고 했을 때는 다섯 명이 전원 사퇴했잖아요. 전원 사퇴했잖아요, 폭력 사건 때문에 연루돼서. 그래서 당장에 분과장들이 필요했던 거예요. 그래서 나한테 제시를 했던 거예요. 그리고 그때 너무 보수 언론, 다 공격을 나한테 했기 때문에 갈 수가 없어서 못 가서 "연예인병 걸렸다" 소리까지 들었고. 그러다가 이제 이렇게 해서 안 되겠다 해서 1월 달에 선거를 다시, "그래도 같이해 보자, 해보자" 해서 결국은 그때 다시 출마를 했어요, 하고 싶지 않았는데. 그래서 결국은 됐죠. 됐는데 문제가 돈, 문제가 돈이 하나씩 하나씩 연루되는 거예요. 내가 6월 달에 여행자보험 1억이 나왔는데 "1억을 10원도 손 안 대고 유민이 엄마 줬다"고 했죠. 그리고 6월 25일 날 내가 은행에 가서 2000만 원 대출받았죠. 그때까지 싸우다 보니까 돈이 없어지기 시작하는 거예요.

9
개인적인 간담회 활동, TBS 방송 시작

면담자   간담회 다니시고 비용이.

유민 아빠   간담회 가면요, 들어가는 돈이 더 많았어요. 한 30만 원, 20만 원 받죠. 그러면 내가 가지고 간 뿌려주는 돈들이 더 많아요. 팔찌에다가 스티커 맞춰가지고, 일일이 내가 다 맞췄어요. 가면 책도 팔죠, 책을 썼으니까, 책도 팔고. 그럼 책을 또 주고 와요. 기증을 해. 학교 도서관 같은 데 책도 주고 오죠. 책을 팔아서 계속 (면담자 : 똑같네요) 계속 돌려치기 하는 거예요. 스티커 맞추고, 팔찌 하나에 그때는 8000원, 만 원짜리 일일이 하나씩 다 나눠주고. 배보다 배꼽이 더 컸어요, 나눠 주는 게 많아서. 그렇게 단 돈 10원도 아직까지 안 만져봤고, 그리고 그걸 통해서 내가 생활비를 썼다면 나쁜 놈이겠죠. 딱 받은 건 인세비. 출판사에서 책을 팔아요. 책을 팔면, 1000부 하면은 [한 권에] 960원이 떨어지는데 그 인세비만 받아가지고 생활을 했어

유민 아빠 김영오

요. 나머지 우리가 책 팔고 강연비 받은 거는 전부 다 그냥 다시 돌려치기, 또 스티커 맞춰서 돌리고, 이런 배지까지 다 구입을 해서 나눠주고 다녔고.

인세비 해봤자 지금까지 1000만 원도 안 돼요. 몇백이에요. (면담자: 몇 쇄 찍으셨어요?) 5쇄. 5쇄 찍어가지고 얼마나 되겠어요. 요즘에 책을 안 읽어. 책을 출판을 해서 1쇄를 다 팔면은 "정말 잘 팔았다"고, 그 정도예요, 왜냐하면 인터넷 핸드폰으로 다 보고 다니니까.

면담자   대출받은 돈 거의 몇 개월 지나면?

유민 아빠   바닥이 났죠, 벌써. 그래서 가족대책위 그때가 5월 달인가 4월 달 정도 사퇴를 해요, 분과장 사퇴를.

면담자   생활에 문제가 있으셨던 거예요?

유민 아빠   예. 아무튼 돈이 있어야 싸울 거 아니에요, 돈이 있어야 싸우고. 2000만 원 다 떨어졌죠.

면담자   가족대책위 활동 하시는 부모님들이 거의 다 자비로.

유민 아빠   다 자비로 했으니까요. 그리고 저는 다닐 때 여기저기 내 차로 기름 넣고 다녀야 되고, 월세도 33만 원 내죠. 가스비에다가 그 돈은 다 어서 나는데요. 제가 월세 살아요, 지금도. 월세만 살다가 월세에서 아이를 보냈고, 전세방 하나 얻는 게 소원이라 그랬잖아요. 그 정도로 빚이 많았고 했는데 빚을 또 얻었으니까. 돈도 금방 바닥나는 상태에다가 더 이상 내가 분과 일을 할 수가 없었어요. 왜냐하면 단 일주일에 하루가 됐든 이틀이 됐든 일을 하면서 가족들, 만약에 광화문광장 가서 집회하면 그때 같이 참여할 수 있는 방법이 직장생활을 할 수 없지만, 일당을 다니든 대리기사를 하든 그렇게 같이 싸울려는 목적으로 가족대책위에 얘기했죠. "일, 돈이 없어서 더 이상 싸울 수 없어서 분과장 그만두겠습니다" 하고 그만둔 거예요.

그리고 직장을 구할 수가 없었어요. 왜 못 구하냐면. (면담자 : 너무 유명해지셔 가지고) 내가 만약에 들어가면, 직장에 들어가게 되잖아요. 그러면은 첫 번째 문제가 뭐였냐면 일주일 내내 일을 해야 돼요, 토요일도 일할 때가 많고. 그렇다고 세월호 유가족이라고 "저 오늘 빠질게요" 할 수가 없는 거야. 오늘 집회, 가족들 그때 한창 몸싸움할 때가 많았잖아요, 집회 때마다. 그럴 때마다 빠질 수 없어요, 그래서 직장 구할 수가 없고, 첫 번째가. 두 번째는 나에 대한 비판이 많았기 때문에 '저 새끼 나쁜 새끼야' 뒤에서 욕할까 봐. (면담자 : 직장에서 너무 모르는 사람이 없으니까) 곁에서는 '유민 아빠'래, 뒤에서 '저 새끼 나쁜 놈이야. 양육비도 안 줬대' 이런 소리 할까 봐. 이런 거 땜에 직장을 들어갈 수가 없었어요. 그래서 '대리기사를 해볼까'. 대리기사 알아보니까 이것도 했는데 또 법이 바뀌어가지고 하루 출근하고 "옛날처럼 그런 게 없다"는 거예요. 그래서 그것도 못 하게 됐고. 그래서 다시 형들한테 손 내밀고 돈 좀 일이백[만 원] 빌리고, 아는 사람한테 1000만 원 빌리고 해서 또 싸워요.

면담자   그때 분과장 맡으신 거는 아니시고?

유민 아빠   이제 그만 포기했던 거죠. 분과장 일을 하니까 안 좋은게 뭐냐면 간담회를 가야 되는데 갈 수가 없어요.

유민 아빠 김영오

면담자   혼자서도 활동을 해야 되는 게 따로 있으니까.

유민 아빠   더 많으니까. 그렇다고 분과에 일주일에 간담회가 몇 번씩 여기저기서 서로 와서 "얘기해 달라"고 "세월호 얘기 좀 해달라"고 그러는데 할 수가 없었어요. 왜냐하면 일주일 내내 가족대책위 있으면 회의해요, 아침에 해가지고 밤 10시까지. 어쩔 때 8시, 10시까지 회의를 매일 해요. 도저히 안 되는 거야, 이것도 겹쳐 있고.

면담자   병행할 수가 없는.

유민 아빠   병행도 못 하고. 또 여기저기서 "아버님, 와서 세월호 얘기 좀 해주세요. 지금 진행 상황 알고 싶어요" 이렇게 하면 안 갈 수도 없어요. 어차피 직장, 돈도 그렇고 간담회도 그렇고 그래서 '그만 분과 내려놓고 해야 되겠다', 그만둔 거예요.

면담자   그게 5월에?

유민 아빠   아마 그 정도 됐어요, 15년 4월, 5월. 그렇게 저렇게 그냥 있는 사람 없는 사람한테 돈 빌려서 겨우겨우 같이 또 가족들하고 광장에서 투쟁하면서 또 간담회 다녀가면서 그렇게 싸우다가 2016년도 제가 1월 달엔가 글 하나 올린 게 있어요, "투쟁도 돈이 있어야 한다"고. 그때 1000 얼만가 통장에 남아 있더라구요. 다 쓰고, 빚낼 데도 없고. 그래서 더 이상 여력이 없어서 세월호 활동 잠시, 잠정 중단을 해야 되겠다고 글을 썼어요. 그렇게 글을 써놓고, 아는 동생이 여주에 자기 문중 땅이 많대요. "아버님, 닭도 길러가면서 그냥 유정란도 팔기도 하면서 생활하면 어때요? 직장생활 하면 안 되니까, 힘들고 또 싸울 수도 없으니까. 여주에 땅 많으니까 자기 땅 몇 군데 둘러보고 거기에다가 유정란을 하든 뭘·하든 해서 천천히 팔면서 세월호 투쟁을 하면 어떻겠냐?"는 제시를 해서, 그러면 "땅이나 보러 가자" 그렇게 해서 갔어요. 가고 땅 알아보고 다니고…, 문제가 뭐냐면 다 밭이에요. 여기다가 내가 살 집도 마련해야 할 거 아니에요. 컨테이너 갖다 놔야 되잖아요. 컨테이너 하나 갖다 놓는 데도 전기 끌어와야 돼, 수도 끌어놔야 돼, 컨테이너 사야 돼. 돈도 없는데 1600원 남은 놈이, 엄두가 안 나더라고.

그리고 고민에 빠져가지고 코를 빠뜨리고 올라오는데, TBS 사장님이 전화가 온 거예요, TBS 쪽에서 "좀 만나자"고. 며칠 있다 만났는데 SNS 보고 전화한 거예요. "어떻게 해서든지 먹고살아야 할 거 아니냐. 투쟁도 하면서 먹고살려면 일주일에 방송 한 번씩 해봐라" 그 제시가 왔어요, TBS 정찬영 사장. 이제 저도 한 보름 정도 고민을 했죠, '내가 과연 방송을 할 수 있을까. 과연 어떻게 할까'. 사회적 약자들의 얘기를 다루자는 취지였어요. "세월호 아픔을 겪었고 세월호처럼 힘든 사람들, 억울한 사람들 그리고 언론에 주목받지 못한 사람들, 이런 사람들 취재해서 방송을 일주일에 한 번씩 내보내는 게 어떻겠냐?"고 제시가 왔어요. 제가 제일 걱정되는 게 그러면 딱 "두 가지만 지켜달라" 그랬어요. 하나는 "중립을 지켜달라. 진보도 아니고 정치적 진보와 보수를 떠나서 중립을 지킬 수 있는 방송을 나는 하게 해달라". 왜냐면 그동안 겪어왔던 게 방송들이 다 보수 아니면 진보로 완전히 나눠져 있어요. 중립이 없어요. 시청자들은 있는 그대로 실어주면 시청자가 판단하는 거예요, 왜곡하지 말고. 근데 우리 언론들은 다 왜곡해서 실어놓잖아요. 그래서 시민들이, 청취자들이 판단하는

유민 아빠 김영오

게 아니라 그냥 따라오게 만드는 방송들이었어요. 나는 그게 싫어서 중립을 지키고, 방송을 내보내고 [하기를 원했어요].

그리고 "내가 여기 오는 순간 이 방송사는, TBS는 좌빨 방송이 될 거다. 좌빨 방송이 될 거다". 가뜩이나 좌빨이라고 욕먹고, 빨갱이라 욕먹는데, 그러면 그때 내가 단어를 뭐라고 해야지 그거를? 좌빨이라고 항상 욕먹으니까. 정치적 중립도 있지만은 방송을 해서 멘트를 하잖아요. 진행을 하잖아요. "내가 이 아픈 사람들 취재하고 와서 이 사람들의 대변을 하면 안 된다" 그 얘기했던 거예요. 내가 이 사람들이, "저는 이 법을 바꿔서 우리 이것 좀 해줬으면 좋겠어요" 말을 내가 하면 안 된다. 그럴려면 보수들이, 일베들이 달라[들어서], "봐봐. 저 새끼 저 지랄할라고 방송사 들어갔어" [하고] 분명히 욕할 게 뻔했거든요. 그래서 "그런 바라는 점이라든지 그 사람들의 요구사항 같은 거는 직접 목소리를 내보내야 된다". 그래서 지금 그렇게 방송하고 있는 거예요. "바라는 점이 뭔가요?" 난 이렇게 물어보면 그 사람들은 "이 법이 개정을 해서" [하고 직접 말하도록 하고 있어요]. (면담자 : 본인이 직접 그분들이 얘기하게) 그 조건이 받아져서 지금까지 하고 있는 거예요.

면담자   동거차도에 감시단 활동하신 가족분들 왔다 갔다 하셨는데, 진도에 가신 적은 있으셨어요?

유민 아빠   가끔 한 번씩 내려가죠. 가끔 한 번씩 내려가기도 하고 또 방송을 통해서 계속 세월호 얘기를 해줘요. 방송에서도 해주고 동거차도도 갔다 왔고.

면담자   15년에는 분과장 그만두시고 하반기에 라디오방송 전까지 생활은 어떻게 하셨어요?

유민 아빠　　　라디오방송 전에 그러니까 간담회가 많았잖아요. 다니면서 간담회 비용 주면 그걸로 기름값 하고…, 기름값으로 전국을 다녀야 되잖아요, 제주도까지 가기도 하고. 경비로 기름값을 써요. 밥은 가면 먹여주니까, 딱 기름값만. 돈이 필요 없다고 했잖아요, 제가. 기름만 넣고 갈 수 있는 거리 되면 잠도 재워주고 아버님 오셨으니까 밥 주고. 기름값만 있으면 돼요. 간담회 하고 밤새도록 대화도 하고, 밥 먹고 하루 자고 다음 날 또 올라오고 거의 그렇게 살았죠. 엄청 빽빽했으니까요.

면담자　　　일정이 어떻게 되시나요? 주말 평일 가릴 거 없어요?

유민 아빠　　　없어요, 그런 것도, 가릴 것도.

면담자　　　기억나시는, 지역이나 학교에 많이 가셨는지, 단체에 많이 가셨는지?

유민 아빠　　　이상하게 천주교, 교황을 만났다는 이유로 천주교를 많이 갔어요, 이상하게. 기독교는 두 군데밖에 안 갔어요, 두 군덴가 세 군데. 천주교 많이 갔고 그리고 학교, 대학교 같은 데, 대학교. 그리고 각 세월호를 통해서 시민 단체들 만들어요, 곳곳에. 시민 모임들, 그분들이 초청을 하는 거죠. 그런데 많이 가고….

면담자　　　규모가 작은 그룹도 있고 많은 그룹도 있고 섞여 있었겠네요?

유민 아빠　　　그럼요. 시민들이 좋아했던 게, 지금도 절 좋아하는 게 단 일곱 명, 여덟 명 모임이 있어요, 시민 모임이. 근데 부산이란 말이에요. 그런데도 내가 가요. 거기서 뭐라 하냐면 "아버님 오시는데 우리가, 100명, 200명 모실 수도 없고, 우리 조촐하게 일곱 명인데 여기까지 와주셔서 정말로 고맙습니다" 그분들이 정말로 가난하게 싸우는 사람들이에요. 거기를 10원도 안 받고 내 사비로 갔다 와요.

면담자   결국 다른 데서 돈을 받으셔도 그런데 가서 돈 쓰게 되고.

유민 아빠   그분들이 해준 거는 밥만 먹여주고 재워주는 거, 다른 거 돈이 없으니까 할 수가 없었어요. 그런 것도 한 번 간 게 아니라 두 번씩도 가서 힘을 실어주고. 같이 촛불을 하고 있었잖아요, 거기에 힘을 실어줄려고.

면담자   그러다 보면 활동을 따로 하시기가 어려우시기도 하셨겠네요, 가족대책위는 가족들 일정대로 뭔가를 하고 계시고.

유민 아빠   저 혼자 몸도 그때는 바빴어요. 저 혼자 몸도 바빴고 두 개, 세 개 됐으면 좋겠다 하는 정도로 간담회 요청 많이 들어왔으니까. 너무 힘들었으니까요. 거의 전국을 장거리를 많이 다녔으니까 힘들었죠. 가서 1시간, 2시간 강연을 딱 끝내면은요 팔짱 끼고 앉아 있던 사람도 앞에 와가지고 "손 한번 잡아봐도 돼요?" 다 "힘내세요" 해주고 가요, 설명 다 듣고. 그리고 얘기를 하면은 지금까지 들었던 얘기가, 목소리가 진실성이 묻어 보인대는 거예요. "거짓이 없어 보인다"는, 다 그런 얘기, 가는 데마다 다 해줘요. 텔레비전에서 봤을 때는 수염 이렇게 기르고 수염을 턱 밑에까지 길렀잖아요. 그리고 TV에서는 강한 모습, 싸우는 모습들을 많이 내보냈어요. 근데 실질적으로 수염 깎고 가면은 난지도 몰라요. 전혀 몰라요. 이분이 유민 아빠라고, 옆에 있다가 깜짝 놀래, "몰라뵀어요". 당연히 몰라볼 수밖에 없죠, 이미지가 틀리니까. 그 강한 모습만 보여주다 보니까 제가 직접 대화를 하고 하니까 "저렇게 선한 사람인 줄 몰랐다" 얘기도 하고 그래요.

면담자 　　　 장거리가 몸이 힘드시기도 하겠지만.

유민 아빠 　　　 힘들어도 저는 알려야 되니까. (면담자 : 계속 똑같은 얘기를 반복해서 한다는 거 자체가 힘들잖아요) 계속 가는 데마다 똑같은 얘기해야 되고, 해야 되고…. 설명을 해주면은 그냥 "그건 다 아는 얘기잖아요" 이렇게 얘기하는 게 아니라, 얘기 듣고 나서 "지금까지 알았던 세월호와 전혀 다르게 다시 알았다"는 거예요. 그렇게 많은 방송이 나갔잖아요? 나갔는데도 불구하고 제가 이제 강연 끝나고 나면은, "아버님 말씀 듣고 새롭게 다시 알았다"고, "몰랐던 부분들을 새롭게 알았다"고 그런 얘기를 지금도 그래요, 지금도 해주고 그래요. 몰라요, 전혀. 왜냐하면 TV 매체, 신문 매체를 통해서 읽는 거는 짧아요. 자세한 얘기를 실을 수도 없고, 또 왜곡이 많이 돼 있잖아요. 우리가 광화문광장에 또 시행령 때문에 나갔을 때가 정부에서 어떤 언론을 흘리냐면은 유가족들 보상 몇 명 받아간 걸 또 내보내요. 또 내보냈기 때문에 사람들이, 뭐라고 사람들이 욕을 했냐면 "저 새끼들 저번에 받았는데 또 받는대. 그리고 더 받을라고 계속 싸우는 거야" 이게 계속 흘러갔던 거야, 이 루트가. 정부는 한꺼번에 준 게 아니라 한 번 줄 때 몇 명, 또 몇 명 해가지고 몇 차례 줘요. 할 때마다 보도 내버린, 크게 내보내니까 '쟤들 받고, 또 받는다. 또 받는다'[고] 인식을 하는 거예요,

그렇게 만들고.

면담자   전혀 다른 내용을 말씀하신 경우는 많지 않으셨겠네요?

유민 아빠   꼭 알아야 될 것, 우리가 시행령을 왜 반대하고 폐기해야 되는지 그런 내용들, 핵심으로 설명을 다 해줘요, 그때는 시행령 때문에 투쟁을 많이 했으니까.

10
시행령 폐기 요구 농성과 연행

유민 아빠   근데 이제 시행령이 메르스 때문에 갑자기 통과가 돼버렸죠. 그거 기억나세요? 가족들이 풍찬노숙을 하고…. 풍찬노숙을 제가 한참 하는데 유경근 [집행위원장]하고 전명선 [운영위원장]이 찾아왔더라고. 오늘까지만 하고 멈춰달래, 한참 싸워야 되는데. 아니, 지금 시민들 올라오고 있는데, 다시 올라오기 시작했거든요. 또 여론이 들끓기 시작하는데, 갑자기 그만 오늘까지만 해달라는 거예요. 굉장히 섭섭했어요, 가족이 말리니까. 단식할 때도 뭐가 제일 힘들었는 줄 알아요? "단식 중단하라"고 "멈춰달라"고 할 때, 사람들이 나한테 "아버님, 단식 그만하세요", 특별법 제정도 안 됐는데 그만하라는 얘기는 포기하라는 얘기거든요. 그게 제일 힘들었었거든. 근데 풍찬노숙을 하는데 가족이 와서 "그만해 달라"는 말할 때, '싸울 의지가 있는 건지…. 알았다' 가족이 만류했기 때문에 그날 그만둬 버린 거예요. 풍찬노숙을.

면담자   그게 메르스 때문이었던 거예요?

유민 아빠   아니요. 그러고 나서 메르스가 터졌죠, 5월 달에. 메르스가 터지니까 모든 집회가 다 취소가 돼버리는 거예요.

면담자   맞아요. 사람들이 모이지 않으니까, 거의 밖에 잘 나오지도 않았고.

유민 아빠   군중들이 모여서 세월호를 외쳐야 되는데 모임이 다 취소가 되는 거예요. 그러다 보니까 통과가 돼 있어, 슬슬. 5월 11일 날 박근혜가 시행령 통과해 버리잖아요. 그게 메르스가 굉장히 큰 영향을 줬던 거죠. 집회가 없어져 버렸으니까요. 그때가 세월호 집회로 전국에서 일어났었거든요, 매주 촛불집회를 하고 사람들이 나와서. [그런데] 이거 자체가 없어져 버렸으니까 메르스 때문에, 그러다 보니까 5월 11일 날 박근혜가 마음먹고 공표를 하죠. 시행령 통과를 딱 때리는 거죠.

면담자   왜 두 위원장은 그만했으면 좋겠다고 그러신 건가요?

유민 아빠   자기네들이 "시행령 무조건 통과시키겠다" 장담을 했거든요. 자기네들이 "유민 아버님, 오늘까지만 하시고 그만두시죠", "그럼 시행령 어떻게 할 건데. 폐기하자고 싸우고 있는데" [하고 물었더니] "그건 우리가 어떻게 해서든지 통과시킬 거"라고, "폐기시킬 거"라고 하더라구요. 그래서 그걸 믿고 그만뒀던 거죠, 그리고 서운하기도 했고. 가족이 말리니까, 정부 쪽에서나 정치하는 놈들이 와가지고 "중단하세요" 이런 거 많이 하는데, 솔직히 섭섭했어요. '가족들은 더 싸워야 하는데 왜 포기를 하지?' [싶은 게] 싸울 의욕도 안 생겼어요. 그날까지만 하고 내려와 버렸어요. 알아서 자기네들이 "폐기한다"고 했으니까, 장담했으니까…. 결국 폐기가 안 되고 통과가 돼버렸죠.

면담자 　　 "그만하라"고 말리는 게 단식하실 때도 마음에 썩 좋지 않으셨을 거 같은데.

유민 아빠 　　 그때도 마음이 상했고, 단식할 때도 상했고, 그때도 상했고.

면담자 　　 당시에 민주당 문재인 대표였나요?

유민 아빠 　　 네, 대표.

면담자 　　 동조 단식 한다는 게 별로 그렇게 달갑지 않으셨을 거 같아요, 결국 그만하라는 뜻이니까.

유민 아빠 　　 그렇죠. 동조 단식 들어가는 거는 절대 싸움을 포기하는 거하고 똑같거든요. 했던 사람들이 계속 쓰러져 가서 단식이 30일, 40일, 50일 해서 쓰러져야 되거든요. 하루, 하루 릴레이 단식 아무 의미가 없어요, 어디가든지 릴레이 단식은. 단식으로 쳐주지도 않아요. 사람들이 가지도 않아요, 릴레이 단식 하는 거 뭐. 싸우는 방법은 그거예요, '진짜, 황제가 아닌 정말로 힘들어서 호소하는 사람, 민의를, 신문고를 두드리는 심정으로 처절하게 비를 맞아가면서 해야 된다', 저는 그런 의도로 싸우고 싶었거든요. 뭐, 가족들은 내가 걱정이 돼서 이러다가 유가족이 죽거나 쓰러지면 그게 더 안 좋고 그래서 건강 생각해서, 목숨 생각해서 그랬던 거죠. 한 달 동안 풍찬노숙하는 것도 보통 쉬운 게 아니[니까]. 광화문광장은 완전 바람골이요, 얼마나 추운지 몰라요. 이불을 꽁꽁, 낮에도 뒤집어[쓰고] 있어도 얼어가지고, 손발이 그렇게 추워요, 4월 달인데도. 한 달을 거의 하고 있으니 걱정이

243
•
4회차

되니까 내려오라는 거죠, 힘드니까.

유민 아빠   그때하고 단식하셨을 때하고 비교한다면?

유민 아빠   단식할 때가 백번 힘들죠. 아이고, 풍찬노숙은 지금 1년이라도 하겠네. 단식은 지금도요, 어느 누구든지 단식을 하잖아요, 나는 만류하고 싶어요, 하지 말라고. '단식만큼은 하지 마세요' 하고 싶어요. 왜냐하면 다른 방법으로 싸웠으면 해요. 꼭, 단식들을 많이 하더라구.

면담자   폐 검사는 그때 하셨어요?

유민 아빠   네, 했는데 이상 없다고 나왔어요 다행히.

면담자   기간에 비해서는 장기가 특별히 손상되거나 그런 건 아니어서 다행이네요.

유민 아빠   풍찬노숙하다가 우리가 4월 18일 날 연행이 됐죠. 저기 광장이 뚫리고 차벽이 뚫리고 청운동 입구, 입구까지 갔던 날이 4월 18일, 내가 연행된 날. 차 위에, 차벽에 올라가서 피켓 들고 있다가 그때가 4월 18일이었구나.

면담자   연행되신 건 그때가 처음이셨던 거죠?

유민 아빠   예. "연행하라"고 해도 안 해요, 경찰들은. 유민 아빠 건들면 난리 나잖아요, 언론이 통제보다도. 아무튼 단식 끝나고 난 후에는 거리를 두고 함부로 건들지 못했어요. 다른 거 뭐 해도, 유민 아빠가 간다면 몸싸움도 못 하고. 저는 이제 몸싸움하다가, 다른 데도 몸싸움할려 그러면 "손 대지 마. 손 대지 마" 경찰 뒤에서 나는 "손대지 말라"고. 다 그렇게 옆에서 막 그래요, "왜, 연행하지?" [해도] 그 이후로는 손

유민 아빠 김영오

을 못 대더라고.

면담자   그때는 이제 1년 지나고 나서는 어떻게 보면 강공으로 나온 거네요, 정부에서도.

유민 아빠   강공이 아니라 우리가 광화문광장에 4월 18일 전인가, 16일 날인가 가족들이 택시 타고 가서 "수단, 방법 가리지 말고 현판 앞에 모이자" 해서 모였어요. 모였는데 그날부터 경찰 병력들도 쫙 다시 깔리고, 우리들 안 보이게 이중 차벽 싸놓고 별짓 다 했잖아요. 그때 연행할 줄 알았어요, 연행 얘기도 나왔었고. 나는 그랬어요. "우리 연행해, 연행하라"고 대놓고 경찰 정보과장한테도 "왜 연행 안 해?" 그러면 "아버님 건들면 안 돼요" 연행을 안 하고. 경찰청에서도 우리를 연행할까 말까, 이것 때문에 고민이 굉장히 많았대요. 연행하게 되면 언론을 분명 흘러 나갈 거고, 유가족들 건드렸다 거기에다가 유민 아빠까지 포함이 돼 있으니까 쉽게 손을 못 댔던 거예요. 처음에 연행할려고 왔었어요, 그러다가 다 물리고. 그러다가 연행은 죽어도 안 한다고 판명이 났어요. 났는데 제가 차벽에 올라가 버린 거죠. 차 가려져 있는 상태에서, 차 벽 안에서 우리 가족들하고 사람들이 보이지도 않아요. 어떻게 싸우는지도 모르잖아요. 거기에서 우리는 오줌 쌀 데도 없어 가지고, 엄마들 담요로 말고서 도로에서 오줌 싸고, 남자들 같은 경우에는 담에다가 쌀 수밖에 없었고. 오줌 싸러 간다고 하면은 어서 가시라고 나가라고 하고 들어올 때 막아요, 못 들어오게 해. 그걸 알으니까아니까 우리끼리 담요를 감싸고서 오줌을 누게 되고.

        이런 상황이 있다가, 청래 형한테 전화했죠, 정청래 의원한테. "형님, 이거 말이 되는 거냐?"고, "화장실도 안 갖다 놓고 이거 인권침해

245
4회차

아닙니까?" 이런 얘기하니까 정청래 바로 달려와 가지고 그때 당시 안행부였거든요. 바로 화장실 대라고, 화장실 만들어주고 그렇게 했던 때였죠. 차벽에 올라가니까 어쩔 수 없이 연행을 할 수밖에 없었던 게, 차벽에 올라가서 [피켓] 들고 있으니까 맞은편에서 그때 그 "차벽을 뚫겠다"고 민주노총부터 해서 대대적인 집회가 있었죠, 전 국민 집회가. 맞은편에서 울어버린 거야 시민들이, 내가 이거[피켓] 들고 서 있으니까. "유민 아버님!" 하고 울어버리니까는 이제 더 호응이 막, 분발, 분개된다 그럴까요? 시민들이 격해진다 그럴까요. 이게 되니까 어쩔 수 없이 연행을 시켜버린 거예요.

면담자　　　올라가실 때 뭔가 계획이 있으셨어요?

유민 아빠　　　안에서 우리 가족들이 당하고 있으니 우리 가족들 여기에 있다고 알리고 싶어서. 차벽 여기에 갇혀 있다는 거 알리고 싶어서 올라갔던 거죠.

면담자　　　버스에 올라갈 때는 어떻게 올라가요?

유민 아빠　　　경찰들 다 막고 있는데 몸싸움하고, 막 저쪽에서 몸싸움하고, 몰래 이쪽으로 올라가 가지고 가는 거죠. 한번 올라가면 지들이 끄집어 내릴 거예요? 강제로 나 끄집어 내렸잖아요, 저기 [아스팔트 길바닥에 매트리스] 깔고. 시민들이 너무 격해져 버리니까 어쩔 수 없이 연행을 했던 거예요. 경찰서 가니까 그러대요. 조서? "할 말 없다"고, "나는 아무 할 말 없다"고 하니까 그냥 가만히 쉬래요. 이름하고 몇 가지만 쓰고, 이것저것 물어볼 거 물어보고 쓰고 있더니 그냥 쉬고 있으래요. "아니 왜 안 내보내주냐?"고, "가서 또 싸워야 되는데".

면담자   아버님 혼자만 연행되셨어요?

유민 아빠   네 명. (면담자 : 네 분 다 차 올라가셨고?) 갔는데 경찰서
에서 계속 대기만 시켜놓는 거야. "왜 대기시켜 놓냐?"고, "조서 꾸몄
으면 내보내줘야 될 거 아니냐?"고. 계속 텔레비전 보고 있는 거예요.
한참 물대포까지 쏘면서 난리 났었잖아요, 차량 뚫고. 그 상황에서 나
가면 안 되니까 붙잡아 놨던 거예요. 그러고 11시, 12시 다 돼서 집회
가 끝났어요. "아버님, 가셔도 됩니다", 그때 내보내 주는 거. 붙잡아
놨던 거죠, 못 싸우게.

면담자   오늘은 이쯤 듣고요. 다음 주에 15년, 16년, 17년 활동
을 이어서 또 듣기로 하겠습니다.

5회차

2018년 10월 24일

1
시작 인사말

면담자 　　본 구술증언은 4·16 사건에 대한 참여자들의 경험과 기억을 기록으로 남김으로써 이후 진상 규명 및 역사 기술에 기여하고자 합니다. 지금부터 김영오 씨의 증언을 시작하겠습니다. 오늘은 2018년 10월 24일이며 장소는 안산시 단원구 4·16기억저장소 사무실입니다. 면담자는 김아람이며, 촬영자는 강재성입니다.

2
주최별 간담회의 특징

면담자 　　학교 간담회 다니실 때 학교 측의 제재나 학생들 반대는 없었어요?

유민 아빠 　　학생들은 초기에는 반대는 안 해요. 일부 학생들이, 학생들이 보수 애들도 있고 진보 애들도 있잖아요. 학생들이 그룹을 만들어서 강연을 요청을 해요. 막상 가서 강연을 하려고 하면 학교 측에서 총장이 강의실 자리를 안 준다든지 이런 걸로 방해를 해요. 겨우겨우, 안 되는 데는 실제, 큰, 밖에 나와서 한 적도 있어요.

면담자 　　학내 공간을 못 쓰고, 다른 데를 빌려서.

유민 아빠 　　예, 다른 데로. 15년도, 16년도 처음에는 너무 언론이 진짜 우리를, 유가족이 특별법 제정이라든가, 의사자 지정이라든지,

특례입학이라든지, 엉뚱한 얘기를 해놔서 "보상금 더 달라고 하는 거다"라는 얘기를 흘리다 보니까, 학생들도 반문하러 많이 와요. 막상 딱 듣고 있잖아요? 그럼 질문의 시간이 있어요. 세월호 진상 규명 설명하고 질문의 시간을 가지면, 초기에는 학생들이 굉장한 일베[일간베스트]스런 말들을 많이 물어와요. 세월호 진상 규명 지금 하고 있는데 언론에 나오는 게 진짜인지 거짓인지 이게 궁금도 하고, 이런 질문부터 해서, 근데 "왜 박근혜 정부한테 따지냐?"라는 것부터 해서.

면담자   청해진해운에 얘기해야지, 왜 정부에 문제를 자꾸 제기하냐?

유민 아빠   정부에[게 왜] 그러는지, 이제, 뭐 법리적으로도 많이 물어봐요. 그래서 언론이 정말로 무섭다는 거 알았는데, 지금은 오히려 가잖아요? 가면은 학생들이 반겨줘요. 학생들이 먼저 너무나 박근혜, 최순실 그 국정 농단 사태의, 최순실 국정 농단이 일어나고 박근혜가 탄핵이 되고 그리고 나서 세월호에 대해서 굉장히 많은 진실들이 보도가 됐어요, 언론사에서. 그리고 난 다음에는 학생들이 반겨줘요. 막, 반문으로 물어보는 애들이 없어요. 전혀 없어요.

면담자   그 국면에도 간담회 많이 다니셨다고 했었잖아요. 예를 들면 경상도 지역은 아예 없었다거나 하는 차이가 있어요?

유민 아빠   전국으로 다녔어요. 왜냐하면 거의 가는 데, 와달라는데가 시민, 사회단체들이 많아요. 세월호 이후에, 이전에 있었던 시민단체보다도, 그 단체들은 별로 안 오는데 어떤 단체들이 많이 부르냐면요, 세월호 참사가 일어나고 마을, 동, 읍, 시 단위, 군 단위로 만들어진 각 도의 세월호 모임들이 있어요, 엄마 아빠들이 만든 곳, 그런 모임들이 지금도 전국에 있어요. 부산이든, 박근혜 텃밭이라는 대구에도 있고, 그런 사람들이 부르기 때문에 전국으로 다녀요.

면담자   기존에 잘 알려진 단체보다도 새롭게 만들어진 데서.

유민 아빠   계속 촛불을 들고 있는 사람들, 매주 피켓을 지금까지도 해요. 그런 단체들이 이제 초대를 해요. "아버님 말씀 왜 들어야 되는지", 그 사람들은 알고 있는데, "더 많은 사람들이 함께 세월호 진상에 대해 외쳐달라는 뜻으로 [초대하는 겁니다" 하고 초대를 해요]. 알려야 되잖아요, 그분들이 알고 있는 것하고 제가 설명해 주는 것하고 다르니까.

면담자   대학하고는 확실히 차이가 있네요.

유민 아빠   대학하고는 달라요. 대학하고는 완전히 달라요. 대학생들은 그래도 자기네들이 지식인이라고 궁금한 걸 물어보는데, 시민, 엄마, 아빠들은 자식이 있고 아이를 길러봤기 때문에 부모 심정을 알거든요. 부모 심정을 알기 때문에 그렇게 가슴에 꽂는 질문은 안 해요, 그냥 "힘내세요". 아이를 사랑하는 부모의 입장이 되어봤기 때문에 달라요. 이해를 해줘요. 그게 다른 면이고, 지금은 학생들도 워낙에, 오히려 지금은 시민 단체보다 학생들이 더 많이 알아요, 더 많이 세월호에 대해서, 아직도 자기의 친구들이고, 언니, 형, 다 그렇다 보니까. 시민들은 각 사회단체 가면 많이 없어요. 한 명씩, 한 분씩 일상으로 돌아가고 남아 있는 분들이 없고, 학생들은 내가 2학년 되고 3학년 되고 고등학교 계속 입학하잖아요, 대학 입학하고. 나의 일이 계속되더라구요. 애들은 학교 가다 보면, '내 고등학교 2학년 때 우리가 수학여행 가

253

5회차

다가 사고 난 거야'라고 인식을 해요. 그게 인지가 되기 때문에 아이들은 항시 세월호가 되풀이되고 있는 거예요, 마음속에 잊혀지지가 않고. 지금 배 타고 수학여행 못 가잖아요. 5년이 지났는데도 안 가다 보니까 왜 안 가는지를 알잖아요, 이제. 그것 때문에 수학여행 하면은 아이들의 일, 아이들이 연계가 되기 때문에…. 그리고 SNS를 다 해요. SNS를 거의 다 하기 때문에, 지금 진상 규명? 우리가 생각했던 것보다 조금 많이, 어른들보다 아는 애들도 많고, SNS가 많이….

3
사회단체, 정당 지지자들 사이의 갈등

면담자　　특별히 가까이 지내는 모임이나. 물론 아버님 페이스북 친구들은 엄청나게 많겠지만 어떠세요?

유민 아빠　　저는 모임, 가깝게 지내는 모임 일절 없어요.

면담자　　특별한 이유가 있었어요?

유민 아빠　　"대한민국 진보는 분열로 망한다" 그랬죠, 저는 몸소 깨달았기 때문에. 진짜 깨달았어요. 진보가 분열하기 때문에 아직까지 우리가 집권을 했어도 보수한테 밀리는 거예요. 우리끼리 싸우고 있잖아요. 생각과 의견이 달라서 싸울 수는 있어요. 근데 우리는 서로 밟아서 죽여요, 더 이상 나오지 못하게. 정말 똑똑한 인재들 많아요. 시민, 사회단체들 같은 게 더 심해요. 저는 이제 광화문광장에 단식을 하면은, 저 단체에서 "잠시 아버님 담배 한 대 태우시겠어요?" [해서]

254
·
유민 아빠 김영오

가면은 "저 새끼들 저거 국정원 프락치"라고, 그리고 30분 나한테 설명을 해요. 왜 그런지…. "예, 예, 알겠습니다" 하고, 저는 모든 단체 사람 다 악수하고 다 친하게 지내야 하잖아요, 촛불 들고 같이 함께해 주는 분들이니까. 그리고 나서 다시 광장에 와요, 담배 피고 얘기 듣고. 그러면 그쪽에 있는 단체 분들이 또 불러요, "아버님, 담배 한 대 태우자"고. 가면, "저 새끼들 조심해야 된다"고, "국정원 프락치"라고, 서로 우리끼리 싸워요. 이걸 너무 많이 봤어요. 광장 가면 내가 뭐라도 된 것처럼 나한테 얘기를 해요, "저 사람들 조심해야 된다"고. 제 옆에 붙는 걸 되게 많이 서로 간에 얘기를 많이 해요, 그런 것을 많이 느껴서…. 대한민국 시민 단체가 굉장히 많잖아요, 몇천 개가 되잖아요. 내가 여기 단체 소속이 돼가지고 이제 이 사람들과 함께하고 있죠? 그러면 이렇듯이 아까 얘기했듯이, 이 사람들이 싫어하는 단체가 있어요. 그러면 저하고는 딱 페친을 끊어버려요, 그 사람들 함께한다고. 그래서 저는 어느 단체에도 속할 수도 없고 그냥 만나면 다 인사하고 그렇게 다닐 수밖에 없어요.

면담자   단식하는 그 시점부터 알게 되셨던 거예요?

유민 아빠   단식 끝나고 광장에 계속 갔었잖아요, 그때. 단식하고 나서 갑자기 유민 아빠라는 이름이 올라왔잖아요, 문재인 대표가 옆에서 단식까지 해주고 가면서. 그때부터 그 이후부터 단체들이 그러죠. 그래서 저는 듣고 흘려요. 듣고 흘려요. 그렇다 그래서 이 사람 저 사람이 얘기했다고 해서 이 사람, 이 사람 배제하고 하면은 같이 사회를 바꾸자고 싸우는 사람이 아무도 없을 거예요, 서로 싫어하니까. 지금도 그러잖아요. 우리끼리 싸우고 있잖아요. 엄청 큰 싸움이 됐죠,

이번에는. 민주, 이거는 정치적인 말을 안 쓸 것이지만 이재명 도지사 때문에 문재인 지지자와 이재명 지지자가 완전히 갈라져 버렸잖아요. 이런 사태가 오는 거예요. 그러니까 진보가 분열로 망한다는 것을 뼈저리게 느껴서 그런 사회적인 단체는 절대 가입을 안 하고 함께하지도 않아요. 그냥 그렇다고 해서 그 사람들과 따로 가는 것이 아니라 소속에 입당하지 않는 거죠. 할 수가 없어요. 〈비공개〉

면담자   그런 것들이 정치적인 발언을 할 때 굉장히 위축되게 만들겠네요.

유민 아빠   그리고 그런 발언들을 많이 저한테, 일베스러운 사람들 거의 다 보면은 딱 정해져 있어요. 당이 정해져 있어요. 문재인 대통령이 제 옆에서 단식을 했다는 이유로 내가 문재인 지지자인 줄 알고 있어요, 다른 정당에서 봤을 때. 얘기해도 될라나? 안철수 지지자가 그렇게 절 공격을 많이 해요. 보면 안철수, 안철수, 안철수 다 있어요. 국민의당 갔으니까 같이 호남 아닙니까? 이상한 소리 해서 들어가 보면 다 안철수 지지자예요. 안철수에 대해서 욕 한 번 써본 적도 없거든요.

면담자   문재인 대표나 대통령에 대한 언급을 많이?

유민 아빠   언급한 것도 아니고, 페이스북이나 SNS에 보면 문재인 대통령이나 청와대 글을 리트윗은 한 번 해줘요. 리트윗을 한 번씩 해주고 하는데, 왜냐면 '세월호' 하면 당별로 해서 어느 당이 세월호를 제일 손을 잡고 가주고 있는가에 따라서 나는 따라갈 수밖에 없는 거예요. 민주당이 그걸 해주고 있으니까 어쩔 수 없이 따라가는 거예요. 그러다 보니까 안철수 지지자들이 일베처럼 달려드는 거예요. 일베보다 오히려 더할 때가 있었어요. 지금 바른미래당으로 갔죠. 바른미래당에 간 유승민이, 유승민 지지자들이 한창 합당하기 전에 저한테 그런 문자를 많이 보내요. "아버님 저도 세월호 사건 정말 안타깝게 생각하는데 유승민 대표 어떻게 생각하시냐?" 제가 나쁘다고 할 수 없잖아요.

실질적으로 유승민은 제가 국회에서 만났잖아요. 만나서 김무성, 이완구, 다 당대표 된 사람은 다 만났어요, 우리 가족들이. 왜 만났냐 하면은 세월호 진상 규명 때문에 협조를 해달라는 뜻으로 만나서 얘기하는데, 이완구나 김무성이는 생긴 그대로 능글맞아 가지고 웃고만 있어요, "네" 하고 해줄 것처럼. 그런데 유승민은 노트하고 볼펜을 가지고 오더라구요. 돌아가면서 한마디 한마디 하는 걸 다 적더라구요. 이 모습에서 그래도 그게 가짜고 됐더라도 들어주는 척이라도 한다는 거 얼마나 좋아요. 이 사람이 "이 정도 수준에서 우리가 같이 협조해 주면 됩니까?" 그러더라구요. "예, 우리가 바라는 건 그겁니다" 했더니 그러면 자기가 "당대표 됐으니까 당 연설에서 얘기하겠다" 그리고 했어요. 하고 나서 그리고 유승민이 저렇게 쫓겨난 거예요, 쪽박 차고. 그래서 난 진정한 보수라고, "그나마 보수 중에 제일 낫다" 그런 얘기를 답변을 써요. 그래서 "난 보수 중에 진정한 보수고 진지한 면을 봤다" 이렇게 했더니 어느 순간 유승민 지지자들이 저한테 잔뜩 페친 신청이 들어와요. 지금도 있어요. 그게 자기들끼리 캡처해서 카톡방에 날리는 거예요. 그래서 지금 유승민 지지자들도 저하고 트친, 페친 돼 있는 사람 되게 많아요.

면담자　　　유승민 전 대표는 참사 문제에 대해서는 진정성이 있다고 봤으니까요.

유민 아빠　　　네, 합당하고(한숨).

면담자　　　참사로 본다고 해도 정말 안 어울리는 두 당이 합쳐진 거라고 볼 수 있네요.

유민 아빠　　　그러니까요. 지금은 유승민이 물러나고 이제 다시 "새누리로 합당하네, 어쩌네" 하는 거 보면 (한숨 쉬며) 답답해요. 저는 "정의당이든 민주당이든 통합민주당이든 다 같이 가야 된다"고 항시. 그리고 정치인들한테 얘기하는 게 아니에요, 간담회나 강연회에서 꼭 시민들 모이면 그런 얘기를 해요, "같이 가야 된다. 우리가 사회주의도 아니고 민주주의니까 우리끼리 뭉쳐야 된다. 왜 그런 줄 아냐? 세월호진상규명특조위 2기가 출범하고 조사 기간, 이제 조사 시작하고, 특검이 됐든, 어떤 사안들이 국회를 통과해야 된다. 과반수 참석에 과반수 투표를 찬성을 해야 된다. 그래야지 우리가 이걸 특검에다가 조사를 의뢰할 수 있고 그런데 민주당 의원으로는 부족하다, 지금. 거기에 정의당이라든지 민주평화당 합쳐야지 과반수가 된다. 그래서 우리는 우리끼리 서로 헐뜯고 싸우지는 말자. 생각이 달라서 싸움은 할 수 있지만 이념은 똑같지 않냐, 민주주의. 민주주의는 똑같으니까 이념은 똑같으니까 함께 가야 된다. 절대 우리는 제발 좀 싸우지 말자"고 해요. 세월호 특별법 진행하는 데 다 필요한 당이기 때문에 만약에 민주당이 180석만 됐으면 제가 이렇게 아쉬운 소리 안 하고 다니죠. 왜 내가 안철수당한테 아쉬운 소리 하겠어요, 그 꼴을 다 봤는데. 시민들한테도 좀 그런 얘기해요, 같이 가야 된다고 항시. 〈비공개〉

특별법 합의, 특조위와 청문회

면담자   아버님도 약주를 좀 하시나요? 어떠세요?

유민 아빠   그때 당시에요?

면담자   참사 이전.

유민 아빠   참사 이전이고 뭐, 지금도 그렇고 술은 한 병씩 먹죠.

면담자   그 대리기사 폭행 사건 보고서 가족들 내에서도 엄청 그게 갈등이 되는 사건이었던 거잖아요. 그때 어떻게 생각하셨는지.

유민 아빠   뭐 방법이 있나요, 물이 엎질러졌는데. 수습할 방법뿐이 없었어요. 물 엎질러졌는데 뭐 어떻게 해요. SNS, '내가 정말로 공식적으로 사과를 하는 수밖에 없다'[고 생각했어요]. 나는 거기 병원에 누워 있느라고 아무것도 몰라요. 병원에 누워서 복식을 하고 보식을 받고 있는 상태였는데 내가 어떻게 알아요, 뉴스 보고 나도 알았는데. 그렇더라도 세월호 하면 그때 당시 유민 아빠, 유민 아빠 하다 보니까 공식적으로 제가 "술을 먹고 폭력을 행사한 건 이건 정말 잘못한 것입니다"라고 사과 글을 올릴 수밖에 없었어요. 그래서 저는 공식적으로 사과 글을 올렸어요.

면담자   물론 폭행을 하게 된 거는 당연히 잘못한 일이지만 그건 평상시에 충분히 벌어질 수 있는 일인 거잖아요. 너무 가혹한 거죠.

유민 아빠   그보다 더 심한 일들도 뉴스가 안 되는 우리 사회인데,

가족들이 단 하나의 단점만, 따라다니면서 그것만 캐는 거예요. 한 가지 단점만 있으면 그걸 확대 보도해요, 무조건 확대 보도. MBC 취재기자가 그랬잖아요. "세월호 유가족 확대 보도하라"고 지시를 내리잖아요. 확대 보도해요, 뻥튀기시키고. 대리기사 폭력 사건 끝나고 작년에 제가 취재를 간 적이 있어요. 대리기사들이 지금 굉장히 지금 힘들게 살잖아요?

면담자   대리기사 취재를 한 적이 있으세요?

유민 아빠   대리기사인데, 사회 문제 때문에 취재를 갔는데, 취재 다 끝나고 하는 소리가 "아, 그래도 우리같이 힘없는 사람, 폭력한 거는 좀 너무하신 거 아니었어요?" 그때 세월이 지나고 나서. 좀 그런 게 있어요, 아직도. 저도 '정말 잘못했다'고 생각해요. "우리 약자들끼리, 정말로 우리 힘없는 사람들끼리 이렇게 폭력을 행사했다는 것 자체가 나도 정말 미안하고 죄송하게 생각한다"고 [이야기해 주었어요]. 그 사람은 그때까지 생각을 하고 있더라구요. 작년이면 벌써 3년, 4년 다 됐는데, 그래도 "대리기사를, 힘없는 우리 같은 사람을 때린 건 너무한 거 아니에요?" 그랬을 때 가슴이 철렁 주저앉더라구요. 뉴스가 확대 보도되다 보니까, 당사자가 아니고, 들었잖아요. 들으니까, "가재는 게 편"이라고 그런 말이 있잖아요? 자기들은 '맞았다'고 생각하는 거예요. 우리같이 약한 사람들을 왜 그렇게, "기다리라"고 했는데 너무 오랜 시간 기다리고, 시간이 다, 이게 자기네들은, 그런 취재 내용도 있으니까요, 자기네들은 시간이 돈이니까, 시간이 돈이니까….

면담자   그 뒤에 1기 특조위 만들어질 때 "이석태 위원장이 어

260

렙게 수락을 했다"는 자료를 봤었거든요. 그 당시에 아버님 어떤 활동하고 계셨는지, 특조위 구성된 인물들에 대해 어떤 생각들을 하셨는지, 많은 인사들을 접촉하셨을 텐데 기대하시는 인물이 있었는지 말씀해 주세요.

유민 아빠　　　저는 단식하고 나서 사회에 인사들을 만나기 시작했기 때문에 누가 그렇게 더 똑똑하고 어떤 분이 더 강직하고 이런 걸 몰랐어요. 솔직히 몰랐고, 오로지 그냥 가족대책위 함께하는 4·16연대[4월 16일의 약속 국민연대] 박래군 소장이라든지, 같이하셨던 연대 분들[에게] 제가 물어볼 수밖에 없었어요, 그분들한테. "이분은 어떤 성향이에요? 누가 되면 더 좋아요?" 이런 거를 할 수밖에 없었어요. 그리고 저는 따라가는 입장이었죠, 제가 모르니까. 그리고 내가 그 사람이 얼마만큼 변호사 일을 얼마나 많이 했는지 뭐 아무것도 모르는 문외한이었으니까. 우리 가족들을 앞에서 이끌어줬던 사람들, 변호사가 제 옆에 있었잖아요. 원재민 변호사한테 물어보기도 하고, 다 원재민 변호사한테 거의 물어봤죠.

면담자　　　원재민 변호사님은 어떻게 생각을 하셨던 건가요? 특조위 구성에 관한 얘기도 나누신 적 있으셨어요?

유민 아빠　　　구성보다, (한숨 쉬며) 저는 안 될 거라는 생각을 많이 했어요.

면담자　　　실질적인 조사가 어려울 거다?

유민 아빠　　　'정말 조사하기가 힘들 거다', 수사권과 기소권이 없는데, 그리고 특검도 마지막에는 특별검사가 박근혜가 임명하는 사람이 될 건데, 그걸 저는 다 싸워가지고, 우리가 진 싸움이잖아요. 그걸 알고 있는데, 기대가 없었어요.

면담자   관심에서도 자연스럽게 멀어지셨을 수도 있겠네요.

유민 아빠   관심에서 멀어지기보다, 시행령을 위해서 싸워야 됐던 거죠. 왜냐면 수사권, 기소권이 없으니까 시행령 내용을 정말로 튼실하게 집어넣어야 되거든요, 이것까지 무늬만의 시행령이 되면 안 되거든요. 해수부에서 자기네들이 나와서 자기네들을 수사해요. 그러면 형이 우리 동생을 수사하는데, 봐주기식이거든, 그런 내용이에요 시행령이, 시행령 자체가. 파견 공무원이라는 것이 자기 집에서 나와요. 그래서 내가 내 집을 수사해. 이게 무슨 시행령인데, 그걸 막 폐기하지 않으면 그냥 세월호 특조위 안 하는 게 좋았어요. 더 시간을 끌어서 싸워가지고 더 강하게 만들었어야 한다고. 그런데 그 시행령 폐기하기 위해서 제가 세종대왕상 앞에서, 왜 폐기해야 되는지 알잖아요, 왜 폐기해야 되는지. 그 중요한 자리에서 특별법 여야 협상보다 더 중요한 게 시행령이거든요, 알맹이니까.

그거를 유경근하고 전명선이 와서 "그만하자"고, 제가 "굉장히 서운했다"고 했죠? 무엇 때문에 지금까지 싸웠는지도 모르는 거예요, 그게. 왜 싸워야 되는지도 모르고 있는 거예요. 거기서 왜 말리냐고. 저희가 "끝까지 싸워서 무조건 시행령 폐기하겠다" 약속했는데 지금 폐기됐나요? 그대로 통과됐잖아요. 그런 약속을 하지 말든지, 싸울 자신 없으면. 저는 '시행령을 폐기 안 하고 통과한 순간 세월호 진상 규명은 물 건너갔다'고 그때 판단했어요.

저는 판단력이 굉장히 빨라요. 왜 그러냐면 수사권이라는 것은,

자료를 압수수색을 해야 되잖아요. 압수수색을 해야 돼요. 자료를 강제로 가져올 수 있어야 되는데, 그 권한이 없어요. 저 사람을 강제로 데려와야 되는데 데려올 수 있는 권한이 없어요. 뭐 가지고 수사할 건데요? 뭐 가지고, 권한이 없는데. 그게 제일, 강제 권한이 굉장히 큰 건데. 우리 텔레비전 가끔 보면 압수수색 영장 나와서 압수수색 하죠. 자기네들 마음 놓고 하죠, 뉴스 매체 보면. 국민들 모르는 사람 없어요. 뭐 민주노총 사무실이라든지 그게 압수수색인데, 그게 없는데 뭘로 수사할 것이며…. 저는 '물 건너갔다'고 그때 생각한 사람이에요, 시행령 폐기되자마자. 그거는 물 보듯 뻔한 거 아닌가요?

면담자   1차 청문회 진행될 때도 별로 희망을.

유민 아빠   희망 보고 간 게 아니라, 니네들 무슨 말 하는지 보러 간 거예요. 가서 본 이유는 '니네들이 무슨 말 하고 어떻게 하는지 보자'.

면담자   어떠셨어요, 그때?

유민 아빠   "모르겠습니다", "기억이 나지 않습니다" 하면 끝이에요 그게. 강제로 압수수색을 할 수 없으니까, 우리도 힘이 없잖아요. 방법이 없어요. 그런데 뭐라고 할 건데요.

면담자   거의 하루 종일 오랜 시간 동안 계속 그게 반복되고 있었잖아요.

유민 아빠   앉아 있으면서 속만 상하고 속이 뒤집히는 거죠, 이게. 어떻게 할 줄을 모르고 (한숨 쉬며) 자료가 다 있는데도 불구하고 그 "기억이 안 나는데요" 하면 끝나고, "모르겠습니다" 하면 끝나고, 이게

1차 때 청문회에서예요. 강제 권한이 없는데 그런들 어떻게 저런들 어떻겠으며 그냥 유야무야 지나가 버린 거죠. 1차 특조위 특별법을 진행해서 지금 현재 어떤 사람 하나 책임지게 만든 거 있어요? 없잖아요. 왜? 시행령부터 엉망으로 만들어놨는데 그걸 우리 가족들이 철저하게 진짜 분신을 해서라도 막았어야 했는데 그거 못 막았는데 근데 뭘 바래요, 바랄 게 뭐가 있는데.

2기 특조위요? 저도 아직 기대 안 해요. 수사권이 없잖아요, 아직. 2기 특조위 수사권이 없고, 대신 또 1기하고 똑같이 특검이 있어요, 상시 특검. 상시 특검이 있다 한들, 내용 보면 완전 강제 권한이 없어요. 강제 권한이 없어요. 그냥 사법경찰관 대행 이런 거 갖고 뭐 할 건데요. 저도 2기 특조위가 되더라도 얼마만큼 될지, 물론 진짜 100프로 진상 규명이 되면 제가 여한이 없겠죠. 저는 "50프로만 밝혀라" [는 거예요]. 4년 동안 물속에서 또, 청와대에서 모든 자료를 다 삭제하고 폐기하고 조작을 해놨어요, 지금 현재. 그거 가지고 2기 특조위를 하는데, 그나마 1기에서 조금 조금 만들어놓은, 확보해 놓은 자료, 그거 가지고 해야 되거든요? 그리고 청와대에서 가끔 문건 하나씩 쏟아져 나오는 거 그걸로 해야 되는데, 얼마큼 파워가 있냐는 거예요, 얼마만큼. 저는 파워가 없어서 100프로 밝혀내지 못하고 그냥 50프로로 밝혀내면 정말 고생들 했다고 봐요, 50프로로만 밝혀내면.

면담자　　　그 파워가 되려면 역시 법안이 만들어져서 통과되는 게 제일 중요하다고 생각하시는 거네요?

유민 아빠　　　네, 시행령이 제일 중요하죠. 뭐든지 시행령이 나오고 시행규칙이 나오는 거거든요. 시행령이, 모태가 어떻게 잡아줄 거냐?

이 모태를 잡아야 시행규칙을 쭉쭉쭉 하나씩 빠져나와요. 모태가 잘 못돼 있는데, 그리고 수사권하고 기소권이 없으면 대한민국에서 조사 하기 힘들어요. 정말 조사하기 힘들어요.

면담자   지금은 특별법 개정을 할 수밖에 없을 것 같거든요.

유민 아빠   개정은 안 돼요. 통과됐고 끝났잖아요. 끝나버렸는데 어떡해. 하기 전에, 도장 찍기 전에 항시 싸워야 되는데, 그게 미비했 던 거죠. 미비했고, 그리고 정치권에서는 아마 불안할 겁니다. 수사 권, 기소권 주면 다칠 사람이 너무 많거든요. 이번에 프랑스에 콜라보 시옹[프랑스의 나치 부역을 의미하는 말] 거기도 우리처럼 광주사태[5·18 민주화운동]처럼 그런 사건을 겪은 나라가 있어요. 70년 동안 국가가 잔인하게 죽인 것을 70년 동안 밝히질 않았대요. 안 밝혔던 이유가 이 게 밝혀지면 너무나 많은 사람이 다치기 때문에. 그 얘기를 얼마 전에 들었는데 공감이 가는 거예요. 세월호 참사도 마찬가지예요. 세월호 참사도 정말로 진실이 밝혀지면 다치는 사람이 너무 많아요, 다치는 사람이.

면담자   어디까지 관련돼 있을까요? 당연히 박근혜 관련이 있 겠지만 그 이외에도 더 많은 사람들이 관련이 돼 있을 거라고 짐작 하세요?

유민 아빠   네, 관련이 엄청 많이 돼 있기 때문에 다칠 사람들이 굉 장히 많다는 거가, 그래서 아마, 정치권에서도 그걸 알기 때문에 수사 권과 기소권을 주지 않을 거예요.

면담자   지금 현재 여당, 민주당에서도 아마 그런 생각으로.

265

유민 아빠   조심스럽겠죠. 물론 싸우고 민주당에서는 수사권과 기소권을 무조건 확보해야 된다고 싸우고 해야 되는데, 무조건이란 건 없고 그냥 우리 가족들이 요구하니까 싸워주는 것뿐이 없었잖아요. 14년도부터 지금까지 흘러온 거 보면, 자기네들이 앞장서서 "수사권, 기소권 없이 무슨 수사를 하냐, 당신들 총칼 뺏어놓고 전쟁 내보내는 거랑 뭐가 다르냐" [하고] 자유한국당이랑 싸워야 하는 당이었거든요. 그런데 그렇게 안 싸우고, 가족들이 요구했잖아요, 유가족들이 계속 "수사권 넣어달라"고. 거기에 대해서 칼자루를 받아서 싸워준 것밖에 없잖아요. 그렇기 때문에 수사권, 기소권은 제가 봐서는 (한숨 쉬며) '정치하는 사람들은 그렇게 크게 원하지 않았던 건 아닌가' 지금 생각해 보면은 그런 생각도 들어요. '그래서 그렇게 유야무야하게 수사권과 기소권 대신 특검으로 방향을 회유해서 틀어버렸던 건 아닐까' 이런 생각도 많이 들고….

면담자   청문회는 1차 가시고 그다음에는 참관을 하지는 않으셨어요?

유민 아빠   3차 다 갔어요.

면담자   차이가 있던가요? 기억이 좀 나세요?

유민 아빠   차이는 없고 그냥 막 정말 거짓말만, 거짓말만 계속하니까. 자료는 앞에 다 보여주면서 우리가 청문회 했잖아요. 증거자료 딱 제출하니까, 그런데도 "기억이 안 난다"고 하는데 뭘 어떻게 하겠어요, 속만 뒤집어지지. 그리고 담배 피러 나와요, 승질나서, 화가 나고 답답하고. 담배 피러 나오면 바로 50미터 앞에서 고엽제 애들 군복 입고 와

266
유민 아빠 김영오

서 (한숨 쉬며) 우리를 또 겨냥을 하는데, 그거 보면 속이 더 뒤집어지고. 밖에 나와서 뒤집어지고 안에 들어가서 보는 것도 힘들고…. 근데 고엽제가 맞은편에서 계속 시위했잖아요, "세월호 특조위 그만하라"고. 그런 걸 보고 있는데, 당사자인 우리들은 얼마나 속이 썩어갔겠어요. 생각 같아서는 옛날같이 법만 없으면 가서 싸우고 싶죠.

면담자   청문회 할 때 답변하는 사람들이야 뭐 당연히 그렇기도 한데, 질문에 아쉽거나 답답한 건 없으셨어요?

유민 아빠   답답한 거보다 청문회 갔던 우리 가족들은 자료를 사전에 받아보지 못했어요. 사전에 어떠어떠한 증거자료를 가지고 가서 이런 점들을 우리가 파헤칠 거라는 자료를 받지 못했기 때문에 뭘 물어봐야 되는지 생각도 못 했구요. 가족이 모르고, 청문회는 뭐 나중에 백서로 나와도 마찬가지고, 중간에 우리가 자료를 가져올 수가 없어요, 청문회 자료는. 그리고 특조위에 있는 자료이기 때문에 그냥 앞에서 의원들이 계속 슬라이드로 보여주면 "저게 있었어? 진짜 저런 게 있었어?" 우리도 놀라면서 봤으니까요. 그래도 '정말 다행이다. 저것만이라도 확보를 해놨으니까. 그래도 저런 자료라도 가지고 있으니까 정말 잘했다' 그 정도였죠, 갑자기 하나씩 탁탁 끄집어낼 때.

면담자   특조위 활동이 가족들하고 완전히 결합돼 있었던 거는 아닌 거네요.

유민 아빠   전반적인 증거자료는 함부로 유출하면 안 되기 때문에, 조사를 안 했기 때문에, 특검을 통해서 조사를 해야 할 부분도 있고 한데, 자료가 흘러나가면 안 되잖아요. 우리는 자료를 가지고 나갈 수 없으니까 내가 특조위 쪽에 다음 청문회 뭔가 물어봐서 살짝 "자료를 몇 장 달라"고 하고 그러면은 진짜 중요한 자료가 있으면 "나 좀 복사해 줘요" 해서 몰래 가져왔죠.

면담자   뭐 하시려고 가져왔어요?

유민 아빠   강연에 쓰려고. 지금도 다니고 있는 게 그 강연 자료예요. "1기 특조위에서 다 지금 확보해 놓고 이걸 조사를 해야 되는데 강제 종료되어 있는 상태다" 그걸 보여줘야죠. 그래서 자료가 저한테 이제 그런 자료가 필요한 거죠. "아버님, 세월호 진상 규명을 뭘 하실 건데요?"라고 물어보는 사람들이 많아요. 특조위 1기에서 어느 정도 밝혀냈던 부분들을 설명해 주는 게 신빙성이 있잖아요, 자료 있는 거 보여줘 가면서. 그거를 하기 위해서도 필요했고, 나도 알아야 되니까요.

면담자   미처 생각하거나 예상하지 못했던 자료들을 제시해도 증인들은 다 "모른다"고 발뺌하고 그런 상황이 계속 반복됐던 거였네요.

유민 아빠   "전혀 기억이 안 난다"고 했죠. "전혀 그런 적이 안 난다" 그랬죠, 전혀.

면담자   그 활동들에도 유민 어머님은 아예 참여를 안 하세요?

유민 아빠   단식할 때까진 왔었어요. 단식하기 전까지 문자도 계속 주고받고 왔었는데, 단식하고 40일째 병원에 실려 가고 국정원 사찰 끝나고 언론, 그다음에 보수 단체, 일베들한테 지시가 내려가서 8월 23일 날 동시다발적으로 공격 딱 들어온 순간부터 지금까지도.

면담자   다른 가족분들하고도.

유민 아빠   다른 가족들은 슬슬 만나겠죠, 엄마들끼리는. 엄마들끼리는 만나고, 막 가족대책위에 나오는 건 아니고 그냥 동네에서 엄마들끼리, 이런 식으로.

면담자   그때 생각을 하니까 가슴이 답답하네요.

유민 아빠   청문회 보면 화만 나죠. 머리가 텅 비어버려요, 들어가는 순간.

면담자   청문회 참관하실 때에는 어떤 제약이 없었어요?

유민 아빠   가족들은 들어갈 수가 있었어요, 다 들어갔는데.

면담자   2차, 3차 때는 공간 좁은 데로 옮겼었잖아요.

유민 아빠   김대중센터. 크게 잡아놓은 데를 취소가 된, 압력이었겠죠. 압력으로 취소가 되고 협소한 장소, 김대중센터로 잡다 보니까 기자들, 시민 단체들이 많이 못 왔어요, 시민들이. 들어올 수가 없었죠. 가족들하고 몇몇 기자들하고 그냥 했던 거예요. 그때 당시에는 얼마나 압력이 심했는데요, 박근혜 탄압이.

면담자   광주에서 재판 진행할 때 방청 가셨어요?

유민 아빠   재판은 안 갔어요. 재판은 안 가고, 그때 가대위 있으면서 장례분과는 거의 붙어 있어야 돼요, 장례분과는 추모 사업 이런 관련돼 있다 보니까. 그리고 가족들을 챙기는 게 장례분과가 하는 일이라서 광주 내려갈 때 차 대절해 주고 차 맞춰주고 이런 역할도 했었고, 가족들 집회 가면 밥 다 챙겨주고 이런 것들 챙겨주고 하는 부서이기 때문에 실질적으로 그때 당시에는 광주 가고 싶어도 못 가죠. 한

269

번 안 가다 보니깐 계속 안 가지데요. 뉴스만 계속 보고 "어떻게 하고 왔어?", 근데 얘기 들어보면 막 소리 지르고 난리가 아니라고, 화가 나니까. "청문회하고 똑같다고 보면 된다"고 하더라고.

면담자   책임 있는 사람들을 면전에서 보면 쉽지 않은 것 같아요.

유민 아빠   텔레비전으로만 봐도 그냥 앞이 노래져요. 앞이 그냥 노래지고, 화나다 못해 노래져요, 멀쩡히 돌아다니고 있으니까. 또 저 사람이 가끔 한 번씩 TV 나오잖아요. 승진해 가지고 언론에 나와요. 화나는 정도가 아니잖아요. 앞이 그냥 노래져요.

5
교실 존치 문제

면담자   15년, 16년 교실 문제도 중요한 게, 가족들 사이에서도 의견이 많이 갈렸죠.

유민 아빠   저는 생각을 처음에, 단원고 교실, 우리가 보존했으면 굉장히 좋았죠, 확고하고. 그보다 아마 기억공간이 좋을 수가 없어요, 단원고가. 근데 저는 세월호의 유민 아빠가 됐다 보니까 대리기사 폭력 사건 때부터 또 학교 문제까지 계속 글을 보내요 저한테, 메시지로. "왜 학교에다가 하려 그러냐. 죽은 교실 만들려고 하냐" 그런 걸 나한테 다 보내요. 내가 오죽 답답하면 나중에는 "가족대책위 위원장도, 저, 아무것도 아니거든요? 유경근한테 보내세요" [했어요]. 뭔 사건이 터지면 수십 통씩 메시지를 보내요. 이게 우리 쪽에 있는 사람들은

270

유민 아빠 김영오

잘 안 보내는데, 좀 반대하는 사람들 있죠? 같이하면서 좀 생각이 다르다고 "아버님, 이건 아닌 거 같은데요. 진상 규명도 안 끝났는데 왜 지금 추모 공간을 왜 합니까? 진상 규명 끝난 다음에 해야죠" 이런 얘기부터. 내가 오죽 답답하면 내가 글을 쓰자마자 그 글이 또 메시지가 와서 유경근한테 핸드폰을 쳤어요, "답변하라"고. 유경근이 핸드폰 써 가지고 그날 답변해 놓고, 그 정도, 아무튼 유민 아빠 하면은 뭐만 있으면 나한테 의견을 제시하는 거죠, 자기 딴에는. 이거 일베들이 그러면 문을 닫아버리고 안 들어주면 되는데 그게 아니니까. 우리 쪽에 있는 사람들도 그런 의견을 보내주니까(한숨).

그래도 저는 처음에는 단원고등학교를, 굉장히 단호하게 '거기다 해야 된다'고 생각을 하다가 내가 이제 틀기 시작을 해요. 마음이 틀어졌어요. 그리고 제일 중요한 것은 학생들이 좀 일베스러운 애들도 그런 문자를 막 보내고 그래요. "그래도 그렇지, 어떻게 학교에다가 죽은 귀신 교실을 만들어놓냐?" 이런 얘기를 해요. '우리가 너무 세월호 세월호에 빠져서, 우리가 특권의식으로 우리 주장만 내세우는 건 아닌가, 우리 고집만 피우는 건 아닌가' 이런 생각을 또 한 번 해보게 돼요. '어떤 게, 어떻게 하면 정말로 역사적으로 참 안전한 나라를 만들 수 있는, 그 초석을 만들어줄 수 있을까', 이런 고민에도 빠지게 되고. 그러다가 생존 학생들은 의견이 어떤지 내가 그다음 다시 들어보게 되면 생존 학생들도 찬성, 반대도 있고, 생존 학생 부모 따라서 반대하는 아이들도 있을 것이고, 부모를 떼어놓고 보더라도 아이들끼리 투표했을 때 과반수를 따지지 않아요, 이 문제에 대해서는. 교실 문제에 대해서만큼은 과반수를 따지지 않는 게, 학생들이 주인이니까. 만약에 70프로가 찬성하고 30프로 반대하면 저는 30프로의 의견도 존중해 준다[줘야 한다]고 봐요. 자기들이 다닌 학교인데 왜 이것을 투표를 해서 자기가 싫다는데 굳이 죽은 유민이를 거기다가 모셔놓겠냐는 거예요. 기억공간을 만들어주겠냐는 거예요. 이런 생각도 많이 해보긴 해보게 되고, 그래서 제가 고민 고민하다가 생각해 본 게 그래, 생존 학생들 부모님들도 싫어하고 시민들도 반대 글이 많이 올라오고, 근데, 찬성하는 사람도 많아요. "아버님 무조건 만들어야 돼요" 이런 사람들도 굉장히 많이 와요.

근데 좀 의견들이 갈라지다 보니까, 진짜 좋은 생각을 해본 게 제가 뭐였냐면, 그 맞은편에 원고잔공원이 있잖아요, 주차장, 산으로 이렇게 돼 있는데, '거기다 이왕 지을 거 멋있게 2층, 3층으로 지어버리면 안 되겠냐', 멋있게 지어서 시민들이 와서 아이들 교실을 보고 1층에서 대충 커피 한잔 먹고 휴식할 수 있고 대화하고 딱 나와서 쳐다보면 단원고등학교 딱 보이잖아요, '아, 저게 단원고등학교구나'. 더 이상 양보는 없고 원고잔공원은 해줬으면 했어요. 그러면 아마 단원고등학교 학교 교실 자체를 보존하는 거나 거기다 놓나 의미는 비슷할 겁니다. 시민들이 와서 또 많은 학생들이 단체 관람하고 나와서 "저게 단원고등학교래" 이 말을 하는 거 자체가 다르거든요. "저게 단원고등학교야" 그래서 그렇게 만들면 굳이 뭐 실패한 기억공간은 아니라고 봐요, 거기다만 해준다면. 그 자리가 저는 굉장히 좋은 자리라고 봐요. 학교에다가 하면 담을 치든지 뭘 바리케이드를 치든지 시민들 왔다 갔다 학생들 왔다 갔다 공부도 방해될 것이고…. 내가 유가족 편에 안 선다는 얘기가 아니라 그럼 합당한 방법은 뭐냐, 그 방법도 괜찮다는 거에요. 멀리 가면 안 된다는 거예요, 학교에서. 무조건 맞은편에 보이는 그 원고잔[공원] 자리가 제일 좋다는 거예요. 학교에서는 뭐 뒤쪽에다가 만들어준다는데 뒤에 가둬서 안 되고, 무조건 맞은편으로 가야 돼요. 사람들이 바로 서서 볼 수 있으면 이게 안타까움이 굉장히 많이 접어들거든요? 가만히 서서 바라볼 때, 우리가 산에 서서 먼 곳을 바라보면 마음이 좀 그런 기분 많이 느끼죠. 그렇듯이, 우리가 뒤돌아가서 [단원고를] 향해서 이렇게 쳐다보는 거하고, 가만히 서가지고 맞은편을 쳐다볼 때하고 다르거든요, 안타까움을 느끼는 그건.

면담자   아버님의 안은 그렇게 하면 좋겠다는 걸로.

유민 아빠   저는 그냥 개인적인 생각만 하고 있는 것뿐이에요, '그 방법이 좋겠다'라고. 가족대책위하고 정부하고 어떻게 협상을 할지, 안산시와 어떻게 협상을 할지가 관건인데, 그 자리 외에는 다른 데는 없어요. 그게 제일 좋은 자리죠. 제가 가족대책위 임원도 아니고 추모분과장도 아니고 내가 함부로 할 수가 없으니까 생각만 있는 것뿐이죠.

면담자   참사 후에 교실에 가본 적이 있으세요?

유민 아빠   몇 번. 갈 때마다 느끼는 건데, (한숨 쉬며) 참, 시민들은 와서 세월호를 기억할 수 있을지 모르지만, 당사자인 부모들이 가면 속이 무너지죠, 억장이. 책상 쳐다보는 자체도…, 가고 싶지 않아요. 진짜 1년에, 생일날, 명절 때 좀 다가서나, 연말 이럴 때나 가려고 하지 평소에 보고 싶어서 간다는 거는 (한숨 쉬며) 저는 못 하겠어요. 보고 싶은 게 아니라 걔가 공부했던 책상을 쳐다볼 때나 효원에 가서 유민이 유골함 쳐다볼 때나, 진상 규명이 다 밝혀지고 억울한 게 다 밝혀졌으면 마음 놓고 갈 수도 있겠죠, 보고 싶을 때. 그런데 아직은 못 가겠어요. 가고 싶어도 괜히 미안한 마음도 많이 들고, 단 한 가지 해결해 준 것도 없고, 당당하게 가야 되는데 당당한 것도 없고 하니까, 더 애한테 미안한 마음이 드는 거예요. 진짜, 진실이 다 낱낱이 밝혀지면 보고 싶을 때 한 번씩 가겠죠, 마음이 다르다 보니까. 가면은 더 애틋하기만 하고⋯. 〈비공개〉

6
TBS 방송과 정치적 중립

면담자　　방송을 하시게 됐던 정확한 시점이 언제였는지 기억하세요?

유민 아빠　　16년도 3월 18일이에요. 첫 방송이 3월 18일일 거예요.

면담자　　지금 16년에 대해 여쭤보려고 하는데요. "TBS 사장님한테 바로 연락 왔다"고 하셨었잖아요, 그 글 보고.

유민 아빠　　TBS 사장이 아니라 국장. 사장이 국장하고 밥을 먹다가 "세월호 유민이 아빠 직장도 없고 농사지으려고 하는데 방송도 하면서 세월호 알리면 어때?" 하고 국장한테 넌지시 얘기했는데 국장이 그걸 받아들여 버린 거예요. 그래서 국장이 바로 저한테 김영식 국장이 저한테 전화를 해서 계속 같이 한번 해보자고 했던 거죠.

면담자　　원래 알던 분이세요?

유민 아빠 김영오

유민 아빠   전혀 모르죠. 두 분 다 전혀 몰라요. 연락이 그렇게 온 거예요. 그리고 첫 방송 하고 한 달 정도 있다가 정찬영 사장이 "밥 한 번 같이 먹자"고 해서 갔어요, 국장님이랑. 허심탄회하게 얘기하시더라고. "유민이 아버님, 여주까지 내려가서 농사지으면 안 봐도 뻔히 보인다"고 맨날 일 끝나고 혼자서 막걸리나 마시고 담배나 꼬나물고 있을 거고, 농사짓는다고 시커멓게 타가지고, 안 봐도 뻔히 보인다고. 그래서 그런 얘기를 꺼냈다고 하더라구요. '세월호 일주일에 한 번씩 목소리가 나가면, 유가족 목소리가 나가면 시민들이 잊지 않을 것 같다'고 생각이 들었대요. 그래서 아무거라도 그냥 막 하자, 사회 문제에 대해서, 꼭 시민참여 방송프로그램 만들어서 베테랑이 아니더라도, 그냥 시민참여 프로그램이니까 만들어보자 해서 만든 거예요.

면담자   그러면 어떤 포맷이나 이런 게 정해져 있던 건 아니었어요?

유민 아빠   그거는 국장님이 대충 정해놨죠. '사회적 약자들의 목소리, 언론에 주목받지 못하는 목소리라든지 소외된 사회적 약자들, 이런 사람들을 좀 일주일에 한 번씩 방송으로 내보내면 어떨까', 그렇게 구상을 떠놨고, 저는 거기에다가, 저는 정말로 세월호 참사를 겪고 나서 정치적 성향으로 진보와 보수를 나눠가지고, 참사 문제가 정치 문제로 개입이 되고 정치에 이용당하는 걸 많이 느꼈기 때문에 "내 방송만큼은 중립을 지키고 싶다"고 건의를 했던 거죠.

면담자   이용당한다고 생각하시는 건 어떤 게 있을까요?

유민 아빠   다 이용당하죠. 세월호 문제가 철저하게 이용을 당한 거죠. 정치적으로 이용한 거죠. 초기에는 우리 가족대책위에서 어떤 단체든 정치인들 못 오게 했어요, 정치적으로 편향돼서도 안 되니까. 그런데 세월호 특별법을 만드는 데 있어서 세월호 가족안을 제시를 했어요. 정의당이라든지 민주당은 받아들였어요, 가족안을. 그런데 자유한국당만 죽어도 안 받아들여. "단 한 가지도 받아들이지 않겠다"고 해요. 그래서 그때부터 자유한국당하고 싸우다 보니까 정치적 편향이 된 거예요, 우리가. 내 편을 들어주지 않는데 자유한국당 말을 믿고 따라가겠어요? 그래서 편향이 됐던 거예요.

거기에 박근혜가 2014년도 5월 19일 날 대국민 담화를 해요. "그전에 3일 전에 갑자기 우리 가족들 비공개 초청했다"고 했죠? 초청해서 "여러분들이 원하는 게 뭐냐"는 소리를 다 듣고 그걸 간담회, "대국민 담화문 자료를 만들어서 발표했다"고 했죠? 제가 다 물어봐서 확인해 보니까 그게 똑같았던 거예요. 그래서 담화문을 쓰기 위해서 가족들을 초대했던 거예요. 그리고 나오면서 가족 따뜻하게 안아주고 유가족이 원하는 민간이 참여하는 특별법 만들어주겠다고 담화를 해요. 그리고 가족들이 이런 이런 걸 해달라고 했으니까 그걸 담화문 발표해요. 왜 그걸 했는 줄 아세요? 이유는 6월 4일 날에 있었어요. 6·4선거 했잖아요. 6·4선거 때문에 박근혜가 쇼를 했던 거예요. 6월 4일 날 그 선거를 위해서 '우리는 참사 가족을 이렇게 따뜻하게 안아주는 당이다'라는 걸 보여주기 위해서 아주 기가 막히게 쇼에 넘어갔던 거고. 그리고 6월 4일 날 지나고 나서 가족들하고 문을 닫아버려요, "우리가 언제 그런 약속했냐?" 그래서 박근혜 거짓 눈물이라고 담화문에서 흘렸던 걸, 피켓이 그때 나왔던 거예요, 거짓 눈물. 그렇게 이용을 하는 거예요. 정치 때마다 그러잖아요. 선거철이든지 뭐가 있으

유민 아빠 김영오

면 꼭 아픈 사람들을 이용을 해요. 그게 대한민국 정치인들의 관행 아닙니까?

면담자   어떤 정당이든 사실은 자기 이념이나 신념을 오랫동안 계속 가져가기도 하지만 필요에 따라서 이슈들을 되게 많이 활용을 하려고도 하잖아요.

유민 아빠   그게 저는 어느 정치인들 다 누구나 그런 거 같아요. 정치적, 좀 이용 가치가 있으면 손을 잡아주고 어느 정도 이용을 다 해 먹었다 싶으면 손을 놓는 그런 걸 많이 있는 게 대한민국 현실 같아요, 정치인들의, 그게 많이 보였던 거 같고. 왜 그런데 내가 조심스럽게 얘기하냐면 (한숨 쉬며) 이런 걸 책에 쓰면 막 또 욕을 해요. 그래도 "누구는 안 그래요", "누구는 안 그래요", 이런 반문들이 많이 오기 때문에 이런 게 두려워서 말을 못 하겠는 거예요. 정치적으로 물어보면 저는 항시 조심스러워요, 누구 이름 거론도 못 할 정도로.

실질적으로 지금 특별조사위원회가, 2기가 1기보다도 출범이 더 늦는 거 알죠? 이런 거 보면 가족으로서 안 답답하겠어요? 우리가 청와대 찾아갔잖아요, 방문했죠? 그때 문재인 대통령이 뭐라고 약속을 했냐면, 우리 가족들이 그랬어요. "1기처럼 오랜 시간 걸리지 말고 사전에 준비를 해서 2기가 여야 협상이 딱 끝나면 2기 특조위가 발표가 되면 통과가 되는 날 최대한 빨리 연결해서 조사 활동 들어갈 수 있게 해달라"고 우리가 요구를 했어요. 문재인 대통령이 "그렇게 해주겠다", "사전에 준비를 철저하게 하겠다"고 했어요. 그런데 지금 올해 안에도 아마 조사 못 할 겁니다. 내년 1월 돼야지, 빨라야 내년 1월이에요, 1월 1일. 1년이 훌쩍 넘어가버렸어요. 1기보다 늦어요.

면담자   왜 이렇게 오래 걸리는 거예요?

유민 아빠   내가 묻고 싶네요. 답답하죠. 이런 상황에서 정치를 누가 잘하고 못하고 따지겠어요? 가족의 입장에서? '문재인 대통령이 약속 왜 안 지키냐'고 '박근혜랑 똑같다'고 얘기하겠냐고, 못 하지. 지금 상황이 어떤 상황이 왔냐면요, 우리 가족이 '2기가 왜 이렇게 늦냐'고 따지잖아요? 그러면 정치하시는 분들은 가만히 있어도 돼요, 지금 상황은. 정치하는 사람들은 가만히 팔짱 끼고 있어도 지지자들이 '지금 그게 문제냐, 박근혜, 이명박이 똥 싸놓은 것도 치우기도 바빠 죽겠는데' 1년 동안 그랬어요. 그리고 2년째 돼가니까 올 1년은 뭐라고 답하냐면 "지금 그거보다 비핵화, 종전 선언이 얼마나 중요한 사안인데 지금 그걸 떼쓰고 있냐"고 얘기해요. 이게 보수가 아니라, 우리가 이게 심각한 문제라는 거예요. 이거는 써도 돼요. 상황을 우리 국민들이 만들고 있다고. "지금 정권도 바뀌고 문재인 대통령이 알아서 다 해주고 있는데 왜 떼쓰냐"는 거예요.

그런데 실질적으로 이 책을 보시는 분들, 그래요, 2기 통과된 시점에서 1기 기간과 2기 기간 따져보시라고, 얼마나 더 오래 걸리는지. 그리고 문재인 대통령이 분명히 "철저하게 사전에 준비해 놓고 통과되면 바로 조사할 수 있도록 하겠다"고 했는데 지금 1기보다 더 많이 오랜 시간 동안 기다리고 있어, 우리는. 가족의 입장은 답답할 수밖에 없는 거예요. 왜 이런 상황까지 왔고 왜 그런지 내가 묻고 싶은 거예요, 지금. 그러니까 종전 선언, 비핵화, 통일 정책 이것도 중요하지만 청와대에 각 부서별로 장관이 있고, 각 부서별로 보좌관이 있는데 전부 다 비핵화 통일로만 가 있습니까? 대한민국 국민은 굶어죽어도 아

유민 아빠 김영오

무도 신경 안 쓰는 게 지금 대한민국 청와대입니까? 그렇잖아요. 여기서 언변을 높였어요, 이렇게 화가 나요, 내가 지금.

청와대나 국회나 안행부든지 뭐든 다 부서별로 있어요, 각자 담당이. 그럼 그 모든 인력이 북한에만 매달려 있냐고. 국민들 아파 가지고 징징 짜고 있는데 쳐다도 안 보고. 부서별로 해야 할 거 아니에요. 대한민국 소외된 계층들, 노동자 문제들 신경 쓰는 부서도 노동자 문제 신경 써주고, 통일부는 통일 쪽으로만 하고, 각 부서별로 담당을 해야지. 지금 우리한테 "지금 그게 중요한 게 아니냐, 비핵화, 종전선언, 통일이 얼마나 중요한데"라고 하시는 분들한테 하는 말이에요 내가 지금, 정치인들한테 하는 게 아니라. 이런 상황이 와서 내가 지금 한 말씀 한 거라고. 굉장히 답답해요. 저는 벌써 올여름 초여름이면 벌써 조사 들어갈 줄 알았어요, 초여름이면.

7
문재인 대통령 면담

면담자　대통령 면담했던 게 작년이었죠?

유민 아빠　8월 16일 날, 내가 교황 손잡은 날, 문재인 손잡은 날, 날짜가 딱 맞더라고.

면담자　그때가 단식 이후에 처음 만나신 거였어요?

유민 아빠　네, 처음 만났죠. 단식 끝나고 청와대 초대해서 가는데, 굉장히 마음이 막 떨렸어요. (면담자 : 작년에?) 네, 작년, 우리가 작년에 갔나? (면담자 : 작년이에요) 어, 작년이었을 거예요. 나는 몇 년 흐른 거 같아요, 지금 세월이. 청와대 딱 가는데, 두 가지가 있었는데, 첫 번째는 갈 때마다 우리가 세월호 광화문광장에서 집회하든지 국감[국정감사]을 가든지 청문회 열 때 가든지. 무조건 차들이 막고 막고 막고 못 가게 막고 이런 거만 봐왔잖아요. 그런데 청와대 가는데 막 눈물이 여기까지 올라왔다가 참고, 눈물이 여기까지 올라왔다고 참고, 몇 번을 참고 갔어요, 감격스러워서. 버스를 타고 가는데 경찰 오토바이가 막 호위하면서 다 길 막고 우리부터 가게 만들어주는 거예요, 다 뚫려가지고 청와대까지. 이런 거 보니까 막 눈물이 나려고 그래. 이렇게 쉽게 갈 수 있고 우릴 환대해 주는데 왜 박근혜 때 우리만 보면 막고, 이게 좀, 너무 다른 면을 봤던 거죠.

면담자　　　그때는 정권이 바뀌었다는 실감하기도 했겠네요?

유민 아빠　　그리고 두 번째 울컥했던 거는 단식 이후에 처음 보러 가는 얼굴이니까, 아 까놓고 얘기해서 보고 싶었었어요. 옆에 와서 단식 생각이 없었는데 어쩔 수 없이 단식했다지만, 그래도 고맙잖아요. 해줬으니까 이렇게 세월호 이슈가 됐고, 그래서 내가 너무 고맙고 보고 싶었어요. 안철수는 했나요? 안 했잖아요. 그래도 문재인 당대표가 해줬어요. 옆에서 10일이라도 해줬으니까 이슈가 됐고, 저희한테 굉장히 큰 힘을 얻었던 거죠, 단식이. 문재인의 단식이 세월호 가족들한테는 굉장히 큰 힘을 얻은 거예요, 당대표가 했으니까. 그래서 그렇게 힘이 됐던 사람이 대통령이 됐다는데, 처음 보러 가는데 단식 이후에, 얼마나 또 보고도 싶고, 만나면 뭔 말을 해야 될까 만감이 교차하면서 갔던 거예요. 그러면서 이런 기분들에 울컥울컥하는 거예요. 가족들 앞에서 남자가 울면 창피하잖아요. 참고 참고 갔는데, 청와대에서 문재인 대통령 나오고 계속 오더라고. 나오고 나서 다 악수하고 제 손을 딱 잡는데 그때 눈물이 쏟아져 버린 거예요. 딱 손을 잡고, 얘기를 하려다가 못 해버렸어요, 우느라고. 돌아서서 눈물 닦고…. (한숨 쉬며) 그때까지만 해도 면담할 때 세월호 특조위가 6개월이면 되겠다 싶었는데 이렇게 오래 더딜지는 몰랐어요.

면담자 　　초청받는 과정은 어땠어요? 원하는 가족분들은 다 가신 거예요?

유민 아빠 　　원하는 가족들은 무조건 다, 가실 분들 반별로 인원 취합 다 했어요. 무조건 다 초대를 했죠. 초대를 했고, 거기에 문재인 대통령 옆에 같은 원탁에 앉을 줄은 몰랐죠.

면담자 　　자리 배치는 어떻게 되어 있던가요?

유민 아빠 　　그거는 미리 정해져 있어요.

면담자 　　청와대에서 정한 거예요?

유민 아빠 　　네, 탁현민하고. 이제 유민 아빠와 문재인은 같이 단식을 했으니까 원탁에 같이 앉혀놓는 거죠. 그리고 생존자 대표, 교사 사모님이.

면담자 　　양승진 선생님 부인이 앞에 계셨고.

유민 아빠 　　유가족별로 골고루 앉혀놨던 자리죠, 전명선 위원장이랑.

면담자 　　대화가 실제로 될 수 있는 시간이 너무 짧았던 거 같은데.

유민 아빠　　　대화할 수 없었어요, 난. 내가 대화를, 마이크를 잡고 하고 싶은 말이 엄청 많았는데, 내가 또 그 자리까지 나서서 마이크를 잡잖아요? 그럼 가족들이 뭐라고 하겠어요. 그럼 가족들이 또 뭐라고 하겠어요. 대통령 원탁에 앉은 것만으로도 질투가 엄청날 건데, 내가 거기다 또 마이크 대놓고 얘기하고 하면 질투가 더 심할 거라는 걸 내가 뻔히 아는데. 그래서 가만히 있었죠. 사전에 저는 거기 앉는 거 알고 있었어요.

면담자　　　연락을 미리 받으셨어요?

유민 아빠　　　네. 그러면 제가 "편지를 준비할 테니까 그 편지를 안으로 들어갈 수 있게 해달라"고 [했어요]. 다 검열하잖아요, 청와대이기 때문에. 사전에 얘기를 하고 들어가야 돼요, 가지고. 사전에 얘기 다 해놓고 편지 안으로 들어갈 수 있게끔 통과시켜 달라고 했죠, 탁현민 그쪽에 연락해서. 편지를 써가지고 나올 때 몰래 줬어요. 〈비공개〉

면담자　　　복사는 해놓으셨어요?

유민 아빠　　　사진 찍고 집에는 있죠. 여러 가지 문제 썼는데. 여섯 장인가 썼어요. 사안이, 우리가, 트라우마, 그다음에 화랑유원지, 국민안전의 날, 여러 가지 문제를 썼는데, 그때까지만 해도 국민안전의 날이 달력에도 없었어요. 박근혜가 국민안전의 날을 제안을 했어요. "지정할 것을 제안합니다" [하고] 2014년도 5월 19일 날 담화문에 발표했어요. 그래서 나는 왜 국민안전의 날이 중요하냐, 화랑유원지, 학생교실, 그다음에 달력에 써 있는 국민안전의 날, 이거는 국민의 의식을 깨워주는 거예요. 그래서 천년만년 흐르더라도 국민안전의 날이 달력에 매년 찍혀 있길 바래요. 그래서 그거를 위해서 많이 노력을 해왔어요. 왜? 정말 유골과 유품이 중요한 게 아니라 기억이 중요하기 때문에, 그래서 그런 얘기를 구구절절 썼어요. 국민안전의 날이 정말로 1차, 2차, 3차까지 했어요. 청와대에서 박근혜 시절에 황교안이 했고, 김무성이 했고, 다 했어요. 그런데 그걸 어떻게 했냐. 자기네 당 사람들만 모여가지고 경찰청에서 하고요, 프레스센터에서 한 번 하고, 자기네들끼리만 국민안전화합의 날로 행사를 한 거예요.

면담자   국가기념일이 아닌 거죠? 국가 차원에서 다 같이 기억하자는 게 아니었으니까.

유민 아빠   자기들끼리만 행사를 했던 거예요. 내가 원하는 것은 전 국민이 안전의 날을 되새기고, 그리고 유가족과 촛불을 들고 진상규명을 외쳤던 시민들과 함께 안전의 날을, 저는 행사를 하는 거였어요. 그래야지 국민들이 '아, 오늘이 국민안전의 날, 4·16 참사가 있었던 날이야' 이걸 알 거 아니에요. 그런데 청와대에서 3차까지 했던 거는 자기들끼리만 해서 국민들이 했는지 안 했는지도 몰라요. 인터넷 뒤져봐야 겨우 나와요. 그런 사태니까, 내가 박지원 의원을 만난 적이 있어요. 만나서, 지금 너무 지지부진하니까, 박지원 의원이 내가 강연하는데 왔더라구요.

면담자   시점이 언제쯤?

유민 아빠   보성에, 작년 11월 달인가 10월 달인가. "의원님, 부탁하나 할 게 있는데 국민안전의 날이 굉장히 중요한 날입니다. 안전을 항시 기억하고 되새기는 날인데, 달력에 있어야 되는데, 표시가, 올해

것 보니까 없다, 작년 것도 없고. 그래서 안전의 날을 박근혜가 제안을 했지 않습니까. 박근혜가 하기로 했으니까 국회에서 발의를 해서 통과를 시키면 되는 거 아닌가요? 쉽잖아요?" 그런 설명을 다 했더니, 박지원 의원이, "아, 내가 월요일 날 발의를 하겠다. 그거 알아봐서 내가 무조건 할 거다. 안전의 날 만들 거다" 했어요. 월요일 날 진짜 보좌관한테 전화가 왔어요. "아버님, 국민안전의 날 지정이 됐는데요?", "그게 뭔 말이에요?", "지정이 됐어요" 그래. "국민안전의 날은, 국가지정일은 그냥 기념일과 국가기념지정일 두 가지가 있다. 혹시 그냥 기념일로만 지정돼 있는 거 아니냐?" 했더니 "아니에요, 국가지정기념일로 돼 있어요", "그래요? 그런데 우리는 달력에도 없고, 모르고 있죠?" 그러니 그때 설명을 해주는 거야. 국가지정기념일이 되면 기간이 있대요. 기간이 있어서 이 기간 동안 조례도 만들고 법률도 만들고 기간이 있기 때문에, 이게 딱 법률이 만들어질 시점까지, 그게 올 1월 달이었나 봐요. "그러면 올해나 내년부터는 정확히 해년마다 달력에 나오겠네요?" 했더니 "네, 그럴 겁니다" 그러더라구요. 그것 때문에 달력에 안 써 있었던 거예요, 그 기간 때문에. 그게 준비 기간이 있대요.

면담자   내년부터 나온다고 볼 수 있을까요?

유민 아빠   그게 또 내년부터 정확히 써지는 건 국가가 어떻게 홍보를 하는가에 따라서 달라진대요.

면담자   그건 인쇄업체가 하는 거니까 모르고 안 넣을 수도 있으니까.

유민 아빠   안 넣은 데가 굉장히 많을 거래요. 이걸 어떻게 국가가 홍보를 할 것인가가 중요하다는 거예요. 되기만 하면 뭐 해요, 달력에 체크를 안 해버리고. 그리고 행사를 대통령한테 "저는, 국민안전의 날 행사를, 촛불 1700만 명 시민과 유가족과 민관군 합쳐 전부 다 광화문 광장에서 행사를 했으면 좋겠습니다" 그랬어, 그냥 자기네들끼리 어디 실내 모여서가 아니라. "그게 국민안전의 날 아닌가요" 그렇게 넣고, 또 하나는 트라우마 치료에 대해서, 대한민국에 그 어떤 논문 하나가 없어요, 트라우마에 대한 논문이. 내가 이제 트라우마 치료, 우리 가족을 처음에 1년을 해봤잖아요? 그래서 5년으로 바뀌었잖아요. 5년 동안 바뀐 거 이런 거 때문에 트라우마 논문 좀 읽어보려고, 구입을 하는데 없어요, 우리나라 게 나온 게. 그래서 박사님들한테 다 전화해 보고, "혹시 트라우마에 관한 논문 있나요?" 했더니, 없대요. '우리가 참사에 눈을 굉장히 늦게 뜬 국가구나' 하는 걸 알게 됐어요. 그래서 대통령한테 "5년 기간이라는 지정이 합당하냐?"고, 그리고 "대한민국이 어떠한 논문 하나도 없더라. 논문 하나가 작성하는데 1년, 2년, 5년, 10년 안에 써질 수가 없다, 논문은. 트라우마 치료만큼은 논문은 나올 수가 없다. 만약에 나오게 되면 그거는 가짜고, 그냥 자기들 책 내는 것뿐이 안 된다"고 했어요. 세월호 참사를 겪은 유가족이 4월 16일부터 죽을 때까지 20년, 30년 데이터 관리를 하는 거예요, 매뉴얼 관리를 하고. "이 가족은 20년 후에도 이런 트라우마가 나타나더라" 이런 걸 다 데이터를 계속 우리 가족들 따라다니면서 데이터 보존을 해야 되는데, 그게 전문적인 논문이 되는 거예요. 그런데 그 논문이 후세에는, "5년 가지고 안 된다, 이건 10년 후에 이런 트라우마가 나타났다" 그 논문에 다 써 있으니까, 그래서 "아 이런 식으로 유가족들 대해주면 안 되는구나. 트라우마 치료는 어떻게 하는 게 더 빨리 되더라" 이런 논문이 우리를 겪고 난 다음에 나오는 게 정확한 논문이라는 거예요. 그래서 내가 그런 내용도 썼고, 또 화랑유원지에 대해서도 쓰고 그런 얘기를 많이 썼죠.

면담자　　　그날은 대통령 발언에 대해선 상세히 나오진 않았으니까요. 제일 중요한 내용은 특조위가 가장 핵심이었던 거였어요?

유민 아빠　　　특조위 관한 것도, "세월호 배 영구 보존해 달라는 약속도 지켜달라"고 하고, 특별조사위원회에 대한 여러 가지 얘기들, 사안들, 미수습자 관련해서 그때는 수습 중이었으니까, 그런 문제들 다 돌아가면서 질문들 했던 것 같아요.

면담자　　　가족분들한테 좀 얘기할 수 있게.

유민 아빠　　　질문 다 받았어요. 받고 나서, 그리고 해수부 김영춘 장관이 바뀌었는데 "해수부는 여전히 적폐다. 그 사안에서 어떻게 할 것이냐?" 이런 것도 물어보고 질문하고…. 그때 당시에 답변은 다 우리가 만족할 답변을 막 던지는 거죠. 우리가 앞에 있으니까 "어떻게든 해주겠다, 하겠다" [했었지요].

면담자　　　밥은 잘 주던가요?

유민 아빠　　　밥이요? 청와대에서 참 실수했어. 유가족이 3년이라는 세월을 겪었는데 밥을 못 먹을 줄 알았대. 그래서 밥을 준비 안 하고 과자만 준비했어요, 과자.

면담자　　　밥을 못 먹을 줄 알아서 밥을 준비를 안 했다구요?

유민 아빠   아파서, 밥을 못 먹을 줄 알았대. 과자하고 과일 깎은 거 한 접시씩.

면담자   그게 다였어요? 방송에 나왔던 그게 전부였어요?

유민 아빠   예, 그래서 내가 나중에 "왜, 밥 같은 거 잔치 안 했어요?" 그랬더니, 유가족 아파서 밥을 못 먹을 줄 알고.

면담자   정말 생각이 짧구나.

유민 아빠   대통령이 한 게 아니라, 청와대 보좌진들이 그렇게 해놨대요. 아, 나도 송로버섯 먹고 싶었단 말이에요. 송로버섯도 먹어보고 비싸다는 것도 먹어보고 싶었는데 그냥 과자하고 어떻게 떡 하나 주고 말대요. 청와대 기획팀에서 그렇게 오해를 한 거지. 우리 유가족들 길거리 가서 밥해주면 얼마나 잘 먹어요, 김밥부터 해서. 그날도 아침밥 먹고 차에서 올라가느라 김밥 한 줄 먹고 갔는데, 나오니까 배가 "꼬르륵 꼬르륵" 했어. 배고파서 다들 밥 먹으러 갔지(웃음). 〈비공개〉 정청래 형이 그러더라고 "청와대 보좌진들이 실수해 가지고 그렇게 해놨다". 나는 "밥 왜 안 줬냐?"고 내가 물어봤거든. 전화해서 내가 물어보니까 "밥을 못 먹을 줄 알고 준비 안 했다"고 [하더라고요].

8
단식 중 만난 학생들

유민 아빠   동거차도에서 학생이 기자 된 거 얘기했었어요? (면담자 :

아니오) 단식할 때, 기억이 나면 하나씩 하나씩 해달라고 했잖아요. 단식할 때 정말 멀리서 학생이 가방 하나 메고 찾아온 애가 있어요, 편지 써가지고 "뉴스로 계속 접해서 봤는데 아버님 제가 꼭 기자가 돼서…". 언론들이 그때 당시 굉장히 우리 유가족들을 비난만 했잖아요. 그러니까 이제 "저는 저런 언론인이 안 되고 진정한 기자가 돼서 아버님한테 꼭 도움이 되는 사회를 만들 겁니다" 그런 얘기를 하고 갔어요. 이 얘기 안 했어요? 그리고 3년 정도 흘렀죠? 흐르고 나서 동거차도에 작년에 봄에 세월호, 배가 최초로 수면 위로 올라오는 때, 그것 때문에 내가 새벽에 부랴부랴 내려갔거든요. 내려가서 새벽에 도착을 했어요. 도착하자마자 어떤 청년이 막 뛰어와. "아버님" 하고 안기는 거예요. "저 모르시겠어요?" 그래. "누구죠?" 그랬더니, "단식할 때 아버님, 제가 꼭 기자 돼서 아버님 도와준다고 했죠. 저 기자 됐어요" 그러는 거야. 취재 나왔대요, 동거차도 자기가 보도하고 싶어서. 그런 일도 있고, 되게 가슴이 뭉클했어요. 세월호 보고 나서 자기는 '기자가 돼야 되겠다'고 다짐을 해가지고 기자가 돼서 동거차도 세월호 취재하고 있고. 그때 내가 너무 경황이 없어서 학생 전화번호를 못 따왔어요. 혹시라도 이 책을 읽게 되면 꼭 다시 연락이라도, 다시 한번 연락주세요. 그때는 정신이, 세월호 배가 올라오냐 안 오냐 그런 상황이다 보니까 머릿속이 텅 비어 있었기 때문에 (한숨 쉬며) 전화번호라도 따왔어야 됐는데.

면담자　　　　그게 기억이 나셨어요? 수백 명씩 사람을 만나는데 기억이 안 나셨을 것 같은데.

유민 아빠　　　　가끔가다가 기억이 나는 사람이 있어요. 그 학생처럼 가

방을 하나 메고 "저 혼자 올라왔어요" 이런 얘기하는 아이들이, "저 제주도에서 왔어요" 이런 애들, 특히 학생들. 어른들은 막 단체에서 오고 이러니까 어떤 단체 누군지도 잘 모르겠고, 학생들은 올라오면 거의 기억이 나요. 애들이, 지금은 이제 메시지가 가끔 한 번씩 오는데, 저번에 얘기했잖아요. 애들, 그때는 유민이 언니들이었지, 대학생이었는데 이제 다 커가지고, 이제 아이를 낳아서 아이 낳고 나니까 이제 알겠대요. 그동안 "세월호 힘내세요", "아버님 힘내세요" 했는데, 이제 애기를 낳았대요. 4년이란 세월이 굉장히 긴가 봐요. 벌써 "저 시집가서 애기 낳았어요", 그러는 거예요. "우리 애기 낳고 보니까 이제 알게 됐어요. 부모가 돼보니까 아버님 심정이 어떨지 이제 알겠다"고, "말로는 알겠다 알겠다 하지만 또 아이를 낳아보면 달라지더라구요". 4년이 지난 지금 그런 문자가 와요. "저 이번에 애기 낳았는데 이제 아버님 마음 알겠다"고, "이제서야 미안하다"고, 이런 글들도 많이 있고.

면담자　4년이 많은 일이 벌어지는 시간이기도 한 거네요.

유민 아빠　지금 4년 6개월이 한참 지났으니까, 거의 5년 가까이 돼갈 텐데, 굉장히 오랜 시간인 거죠.

면담자　정부를 바꾸기도 했고, 엄청난 일들이 많이 벌어졌었죠.

유민 아빠　유민이보다 한두 살 더 먹은 언니였는데 지금 시집을 가고 아이를 낳을 시간이었으면 우리 가족들이 얼마만큼 길거리에서 고생을 했냐는 거예요, 추운 거리에서 잠을 자고, 비 오는 날 비 다 쫄딱 맞고, 그 장마철에도 비 다 맞아가면서 추울 땐 추운 대로 비닐 덮고, 그 세월이 4년이었던 거예요. 아이를 하나 낳을 정도의 세월이었으니까….

9
구술증언의 의미

면담자　오늘은 아버님, 이 정도 하고요. 얘기하시다 보니까 아버님 또 기억이 많이 나시고 그러시죠? 아직도 더 여쭤볼 것들이 많이 있어요.

유민 아빠　그런데 내가 저번에 했는지 안 했는지 모르겠네, 너무 많이. 구술증언이 굉장히 중요한 거거든요. 5·18 같은 것도 구술증언이 내가 책 낸 것보다 낫거든. 이게 정확한 데이터고, 구술증언이 굉장히 중요한 사업입니다. (면담자: 그래서 많은 얘기들) 물어봐야 돼요. 많은 얘기들이 아니라 물어봐야지 그때그때 하지, 내가 무슨 얘기를. 〈비공개〉

면담자　다음에는 안전공원, 4주기 기념식 관련한 문제들, 특조위 관련한 얘기들도 여쭤볼게요.

유민 아빠 김영오

6회차

2018년 10월 31일

1
시작 인사말

면담자   본 구술증언은 4·16 사건에 대한 참여자들의 경험과 기억을 기록으로 남김으로써 이후 진상 규명 및 역사 기술에 기여하고자 합니다. 지금부터 김영오 씨의 증언을 시작하겠습니다. 오늘은 2018년 10월 31일이며 장소는 안산시 단원구 4·16기억저장소 사무실입니다. 면담자는 김아람이며, 촬영자는 강재성입니다.

2
정치권의 세월호 이용, 허위 사실 유포

면담자   지난주에 안철수 지지자들 이야기를 하셨는데요.

유민 아빠   아, 안철수 지지자들이. 어느 날부터 정권 바뀌고 나서 안철수 지지자들이 굉장히 댓글로 많이 저한테 힘들게 했죠. 거기다가, 정치적인 얘기, 정치 신경도 안 쓰는데, "정치하려고 그러는 거 아니냐" 그런 댓글부터 해서, 좀 가슴을 후벼 파는 얘기들, 세월호에 대해서 좀 비난적으로 이야기를 많이 했죠.

면담자   일베인 사람들 말고도.

유민 아빠   일베도 있지만, 일베인 줄 알고 들어가 봐요. 트위터에서 추적해서 들어가 보면, 사이트 들어가 보면, 전부 다 안철수 지지자예요. 안철수 얘기만 있고, 안철수 사진이 있고, 다 안철수 지지자들, 거의 다가. 그래서 대선을 거치고 그 즈음부터 해서 붙기 시작했던 거예요. 제가 안철수를 SNS상 단 한 번도 비판하지 않았어요. 나는 정치적으로 어느 당이든, 자유한국당 외에는 안 쓰거든요? 바른미래당도 비판 안 해요. 그런데 유독, 다만, 문재인이 정권 바뀔 때, 대선 할 때, 저는 그런 얘기를 했었죠. "아픈 사람들의, 가장 가까이 손을 잡아주신 분이 세월호 진상 규명에 대해서 더 진지하게 다가서지 않을까요. 저는 그래서 저의 손을 잡아준 사람이 됐으면 좋겠습니다"라고, 대통령 선거할 때 그런 식으로 글을 올렸던 것뿐이 없어요. 그걸 한 서너 차례 썼나 봐요, 그런 글 내용을. 그리고 청와대에서 무슨 일이 있는지 그런 걸 좀 리트윗만 해주고 이런 정도였는데, 어느 날부턴가 안철수 지지자들이 저를 굉장히 비난적으로 왔죠. (면담자 : 페친이라도 돼 있고 교류를 하던 사람들이) 촛불집회 나갔던 사진도 있고. 이게 어느 날부터인가 정치적으로다가 오고 있다는 걸 많이 느꼈어요. 아픈 사람들을, 사람들이 손을 잡아주고 위로해 주는 게 아니라 어느 날부터인가 세월호 유족들이 정치적으로 가는 게 아니라, 당을 지지하는 사람들, 자기 당에 필요하지 않으면, 필요할 때는 손잡아 줬다가 필요하지 않고 그러면 우리를 비난하기 시작했던 걸 느꼈어요. '아, 우리가 정치적으로 굉장히 이용을 당하는 거구나'. 그래서 세월호뿐만이었겠어요? 그동안 재난과 참사들이 많았었는데 아마 다 그랬을 거라고 봐요 저는, 거의 다 그랬을 거라고 보고. 그리고 박근혜 또한 정치적으로 6월 4일 날 선거를 위해서 세월호 가족을 이용했던 것처럼, 어느 당이든 다 그랬던 것 같아요.

면담자   그런 게 정치에 대해서도 거부감 들게 만들고 단식하실

유민 아빠 김영오

때 사회단체들도 '잘 맞지 않다' 그런 생각 하시게 됐던 건가요?

유민 아빠   단식할 때까지는 그런 게 없었어요. 모두가 한마음 한
뜻이었어요, 단식할 때만큼은. (면담자 : 그 시점까지는) 그 시점까지도
모두가 한마음 한뜻으로 세월호진상규명특별법 제정하라고 외쳐주고
같이 손을 잡아줬던 사람이었는데, 촛불집회가 하나씩 하나씩 1차, 2차,
23차까지 갈 동안에, 그리고 박근혜가 탄핵이 되고, 대선에 접어들었
잖아요. 박근혜 탄핵이 되고 나서 대선이 앞당겨졌던 거죠, 12월에 있
을 게. 그즈음에 선거에 맞물려서 우리도 그렇게 됐던 거 같아요, 세
월호 문제도, 그래서 하나씩. 세월호 같은 경우는 왜 민주당을 계속
극구 우리가 같이 손을 잡고 갔었냐, 지난번에 구술에 얘기했잖아요.
정의당, 그다음에 옛날에 국민의당이 아니었어요, 합당이 돼 있었잖
아요, 민주당이었잖아요. 정의당과 민주당 그리고 통진당이 있었고
요. 이분들이 오로지 세월호 옆에서 같이해 줬던 분들이었어요. 그래
서 저는 저희 가족도 함께해 줬던 당, 진보정당이라 그러죠? 진보정당
을 믿고 따라갔던 거죠.

    그리고 자유한국당 같은 경우는 우리가 계속 싸웠던 거는 세월호
유가족들이 특별법 법안을, 법안이 됐든 시행령이 됐든, 우리 유가족
법안이라고 하면은 무조건 반대를 하고 받아주지를 않았으니까요. 왜
냐면 진상이 규명이 되면 안 되니까 방해를 했던 거고, 막말까지 하면
서 철저히 반대를 했던 게 자유한국당이었기 때문에, 우리는 자유한국
당의 손을 잡을 수가 없었잖아요. 오로지 진보정당들만 손을 잡고 갔
었던 이유가 그거 단 하나였어요. 그러다 보니까 어느 날 어느 순간부
터 이제 우리가 진보 쪽으로 손을 잡고 가고 있었던 게, 지금도 마찬가

지지만요. 지금도 여당[야당] 같은 경우는 나도 SNS로 까요. 지금도 비판을 많이 하고 있죠. 비판하는 이유는 마음이 아프고 억울해서, 힘든 사람이 길거리에 나와서 저렇게 굶고 잠을 자고 그런 상황에 있는데도 우리를 비판하고 비난하고 또 가짜 뉴스를 퍼뜨려 나르고, 우리를 나쁜 쪽으로만 호도했잖아요. 그 이유예요. 저희 가족들이, 또 나도 그래서 자유한국당을 믿지를 않는 거고. 신뢰가 없었어요. 소통 없다는 말은 온 국민들이 다 느껴서 알겠지만, 신뢰가 없었어요. 소통이 안 되더라도 약속 하나 지켜주는 게 없었구요. 그래서 지금도 진보정당을 믿고 가는 거구요. 또, 신뢰도 할 수 있는 만큼 최대한 신뢰하고 싶고. 그래서 우리도 정치적으로 이용되면서 또 정치적 발언도 하게 됐고, 그런 거죠. 정치적 발언이라고 자꾸 얘기하는데 정치적 발언이 아니라 당신들이 우리를 그렇게 가슴 아프게 막말도 해가면서 방해를 했기 때문에 지금 현재 무슨 사안들이라면, "당신들이 이렇게 하지 않았냐? 그런데 왜 지금 이런 식으로 말을 하느냐?"라고 그대로 글을 올려 쓰는 것뿐이에요. 그런데 보수에, 일베들이 달라붙고 그래요. 그래서 달라붙는 거죠.

면담자　　　그럼에도 불구하고 계속 얘기해야 된다고 생각하시는 이유는 어떤 게 있을까요? 아버님이 과거와 다르게 더 중요하다고 생각하시는 게 생겼나요?

유민 아빠　　　언론이든 법원이든 사법부든 정부든, 잘못됐다는 뉴스가 나오면 믿어야 되잖아요. 근거 자료를 제출하고서, 뉴스가 한번 탁 터져요. 그런데 그걸 안 믿는다는 거예요. 보수들은 죽어도 안 믿어요. 이 말이 틀리다는 걸 좀 증명하고 싶어서 나도 계속 SNS 하는 거예요.

유민 아빠 김영오

"이게 틀린 겁니다. 당신들도 깨어나라" [하고요]. 왜 생명이 존중받지 못하는 세상을 만들고 있는 저들의 말을 그대로 믿고, 지금도 뉴스 보세요. 뉴스가 하나 탁 터지면 '아, 쟤들이 그랬었어? 자유한국당이 저렇게까지 나쁜 짓을 했었네, 박근혜가 저렇게 저런 짓까지 했었'는데 라고 믿어야 되는데, 보수라는 사람들은 전혀 믿지를 않는 거예요.

오히려 우리가 가짜 뉴스를 생성해서 만들고 정치 보복이라는[정치 보복을 한다는] 얘기를 해요. 우리는 정치 보복을 하는 게 아니고 정말 믿으라는 얘기예요. 세상을 이렇게, 304명 아이들을 단 한 명도 구조하지 못했던 거는 정부가 무능했었고, 국가가 국민의 생명을 지켜주고 보호해 주고 구해줘야 되는데 단 한 가지도 했던 게 없어요. 이걸 하나씩 우리가 밝히고 있는 건데도 믿지를 않아요. 그래서 믿어달라는 거죠. 우리의 진실을 그대로 믿어달라는 거. 그래서 계속 있던 얘기, 자유한국당이 잘못 가고 있으면 거기에 대해 지적을 하면서 글을 쓰는 거예요, 믿어달라고. 그런데 믿지를 않잖아요, 지금도. 오히려 아직도 빨갱이라고 그래요. 아직도 빨갱이라고 그래요. 저는 빨갱이가 이 세상을 정말로 좋은 세상 만들 거라고 봐요. 당신들이 빨갱이라고 했으니까 우리 빨갱이들이 당신들의 손자, 손녀들 정말 안전하고 행복한 나라 만들어주는 일에 기여할 거라고 나는 봐요.

면담자   아버님은 일베나 극우 성향을 가진 분들을 향해서도 뭔가 얘기를 하고 싶으신 거네요?

유민 아빠   저는 그 사람들한테도 얘기를 하는 게 있어요. 일베들이 한동안, 지금도 달라붙지만, 제 댓글 쓰는 거에 대해서 계속 악성 댓글을 다는 이유가 있어요, 나한테. 뭐, 언론을 믿었는지, 헛소문을 믿고 가짜 뉴스를 믿으니까 그렇게 하겠죠? 그런데도 나는 계속 그들을 욕을 안 해요. 한번은 일베들이 그렇게 했을 때 내가 글을 한번 써서 올린 적이 있어요. 일베가 너무 많이 붙으니까 "나는 당신들을 원망하지 않는다"고 그랬어요. "잘못된 뉴스를 보도하는 언론의 잘못이지 당신들이 언론을 믿고서 그게 진실인 걸로 믿고서 나한테 비난하고 조롱하고 있는 걸, 난 당신들을 원망하지 않는다. 대신 내가 원망하는 건 언론이다. 언론이 제대로 된 보도를 해줬으면 당신들이 날 욕하겠냐. 당신들을 미워하지 않습니다"라고 글을 올려요. 그렇게까지도 해보고 다 설득을 해봤어요. 정말로 다 설득이란 설득은 다 해보고, 그런데도 안 믿어요. 그런데도 아직도 난 나쁜 놈이 돼 있는 거죠.

면담자　아닌 걸 알지만 계속 그러는 거 아닐까요?

유민 아빠　그러는 거 같아요. 그런데 내가 일베들도 많이 깨우쳤어요.

면담자　그런 사례가 혹시 있으세요?

유민 아빠　많죠. 댓글에 조롱을 하는 경우도 태반인데 일부 일베들은 메시지로 직접 와요. 일대일로 보내요. 그러면 "제가 정말로 나쁜 점이 있다면 말씀을 해보십시오. 그러면 한 세 가지라도, 세 가지로 요약해서 적어보십시오" 그럼 뭐, 양육비도 안 줬고 어쩌고저쩌고 해요. 그러면 내가 증거자료를 하나씩 다 일대일로 보내줘요. "저 양육비 다 줬고 그리고 아직까지 보상금 받지 않았다" 이런 얘기 다 써요, 그 사람들이 얘기하는 거. "정치 관심도 없는데 이상하게 여러분들이 날 정치적으로 호도하고 있지 않냐" 하고 설명을 해줘요. 그럼 한 30분 정도 통화를 해요, 문자를 주고받고. 서로 막 이 새끼, 개새

유민 아빠 김영오

끼, 쓰레기 같은 새끼, 시체팔이까지 욕을 했던 사람이 나중에 "아버님 잘못 알아서 죄송합니다, 오해해서 미안합니다" 이런 얘기를. "내가 정말 당신 고소할 수 있다. 증거자료가 있는데도 믿지 않고 끝까지 폄하하고 허위 사실 유포, 명예훼손 하는 거는 고소하면 걸리게 돼 있다" 그러면 그때서야 "잘못했다"고 그래요. 그러다가 한 달 정도 지났는데, 까먹고 있잖아요, 일베들이 문자했으니까, "미안하다"고 했으니까. 한 달 정도 있는데 그 애한테서 "아버님, 힘내세요" 하고, 우리가 집회하고 있는데 그 문자메시지를 보내주더라구요. 그런 사례도 몇 건 있어요. 그런데 그 설득하는 게 너무 힘들어요. 길게는 1시간까지 대화를 해요. 그럼 내가 정말로 머릿속이나, 머리털이 빠지고 복잡해지는 거예요. 왜? 일일이 다 설명을 해야 되는데, 문자로 자판을 두들겨서 설명을 하는 거예요. 1시간 동안 해서 설명을 시킨다는 게 보통 일이 아니에요. 그 사람들을 설득시킨 게 많아요.

면담자   글이나 말이 몇 사람에게라도 효과가 있다고 생각하시는 거네요.

유민 아빠   예를 들어, 이제 초기에 2014년도에는 너무 많아서 고소를 많이 했어요. 박근혜 정부에서는 거의 다가 불구속 처분이 됐었죠. 그리고 무조건 조금이라도 혐의점이 인정이 되잖아요? 입증이 되면 부모님까지 와서 무릎을 꿇고 사정을 해요. 그런데 내가 그 상태에서 부모가 무슨 죄라고 학생들인데, 그래서 또 봐주고 그런 사례들이 되게 많았죠, 일베들은. 지금은 (한숨 쉬며) 고소하는 것도 답답하고, 고소한다는 자체도 힘들고, 이렇게 많은데. 엊그저께 지난주에 구술하고 집에 갔는데 지난주에도 이런 애들이 있어요. 메시지 한번 보여줄게요. 지금도 온다는 거예요 이게. (핸드폰을 보여주며) 애가 써놓은 글 보세요. 양육비도 안 주고 어쩌고저쩌고, 보여요? 글씨가 쪼그매서? (면담자 : 보여요) 그래서 내가 "고소할 수 있습니다, 허위 사실로" 이렇게 했잖아요? 애가 전화번호까지 주고 당당하게 고소하라고 그러잖아요. "잘못된 허위 사실입니다, 이거 명예훼손으로 고소할 수 있습니다" 그렇게까지 했는데도 불구하고 애는 자신 있게 자기 전화번호를 나한테 줘요. 지금 4년 6개월이 지났는데도 이래요. 그것도 얼굴 한 번 안 보이다가 이런 얘기를 한다고. 내가 얼마나 미치겠어요. 4년 반이 지나서 오해들이 풀려야 되는데 아직도 나를 오해하고 있는 사람들 얼마나 많다는 거예요. 자신 있게 "고소하라"고 그러는데, 화 안 나요? 정말로 고소해 버릴까 생각 중입니다, 지금. 오히려 나를 "허위 사실로 명예훼손으로 고소하겠다"고 협박을 하잖아요.

3

최근 부정적인 여론

면담자 　　　지난주에 유원지에서도 행사 있었고 광화문광장에서도 전면 재조사 요구가 있었는데, 그 기사 댓글들이 오히려 반대하고 비판하는 (유민 아빠 : 비판이 더 많죠. 세월호가 그렇게 됐어요) 네, "다 된 거 아니냐", "박근혜 탄핵했고 선장은 판결을 받았다"는 이런 얘기.

유민 아빠 　　　다 그런 얘기. 그래서 "세월호도 인양이 돼서 뭍에 올라왔지 않냐. 그리고 뭍에 올라와서 아이들 최대한까지 최선을 다해서 찾았지 않냐" 이런 얘기들. "다 끝난 거 아니냐"는 거예요, 다들. 그리고 "정권이 바뀌어서 다 알아서 했지 않냐" 이런 얘기들. 그러다 보니까 세월호는 끝난 걸로 다 오해를 하고 있어요. 우리 편들, 진보인 사람들도, 촛불을 들었던 사람들도 가서 "아직도 안 됐어요?" 이런 얘기를 해요. 제가 강연 가면 "세월호 아직도 안 됐어요?" 특조위 2기가 아직, 출범을 안 했잖아요? 하고 있는 줄 알고 있어요. 오늘도 방송작가 하고 인터뷰를 했는데 지금 특조위 2기가 하고 있는 줄 알고 있어요. 아직 조사도 못 하고 있잖아요. 그런데도 불구하고 언론들이 나서서 주기적으로 한 번씩 발표를 해줘야 되잖아요? '세월호 특조위 2기는 여기까지 진행 상태다' 진행 상태를 알려줘야 하는데 그걸 전혀 하지를 않아요. 그러다 보니까 세월호 특별법 제정하고 1기 강제 종료됐지만, 정권이 바뀌고 나서 "문재인 정부가 지금 2기 해주고 있지 않느냐"는 거예요, 아직 시작도 안 했는데. 그러니까 답답하죠, 저희는. 그걸 일베들이 하면 그러려니 하고 하는데, 우리 쪽 사람들도 그렇게 믿고 있는 거예요. 그래서 답답하죠. 우리가 솔직히 힘이 빠지는 얘기죠. 힘을 더 실어주고 응원해 주고 해야 되는데 우리를 힘 빠지게 하고 있구요.

제가 요즘에는 SNS에 세월호 얘기를 안 써요. 지금 제 페이스북 보면 지난달부터 글을 하나[도] 안 올리고 있어요. 세월호 얘기도 안 쓰구요. 왜냐면 세월호 얘기 쓰면 다 끝난 걸로 알고 자꾸들 이상한 댓글을 다니까 세월호 얘기를 쓰기가 싫은 거예요. 그만큼 사람들이 "잊지 않겠습니다, 기억할게요"라는 말은 많이 해요. 그런데 진상 규명이 어디까지 됐는지는 전혀 관심이 없는 거예요. 진실에 대해서는 멀어지고 있는 거죠. 대신 "세월호 안타까운 사고야, 기억해 줄게, 끝까지", "기억해 줄게"가 다예요, 지금은. 그리고 진실이 어느 정도 밝혀졌는지는 궁금하지가 않은 거예요. "밝혀야죠" 하는 사람은 시민 단체들, 아직까지도 거리에서 4년 반 동안 끝까지 피켓을 들어주고 서명을 하고 있는 사람들, 이 사람들은 알아요, 매주 소식을 들으니까. 그런데 나머지, 다 들어갔잖아요, 촛불집회 23차 끝나고 다 일상으로 돌아갔잖아요? 돌아가고 나서 지금 1년 다 됐잖아요. 그러다 보니까 다 끝난 걸로, 또 [진상 규명]하고 있는 걸로, 관심이 없어요. 그리고 내가 시민들 만나러 다니면 인사하면서 하는 소리가 "세월호 잊지 않고 기억하고 있습니다"라는 얘기는 해요. 어느 단 한 명도 밝혀진 게 뭐뭐 있는지 궁금해하질 않아요.

면담자   이미 과거 일이 된 것처럼 얘기하는 거죠.

유민 아빠   "아버님, 건강 챙기세요" 소리를 많이 해요. "건강 많이 챙기세요", "기억해 드릴게요" 이런 얘기를 많이 하는데 진상 규명이 어디까지 됐고 누가 처벌을 받았는지, 책임자 처벌을 받은 게 있는지, 이런 거는 궁금해하지를 않고 전혀 물어보는 사람이 없어요. 그래서 답답하죠.

면담자   2기도 지금 사회적참사특별조사위원회로 합쳐진 거죠?

유민 아빠   그렇죠. 사회적참사, 가습기랑 같이. 2기 특조위가, 지난번에도 얘기했듯이, 조사가 들어가더라도 수사권이 없는데, 과연 어떻게 해나갈지 상당히 걱정이 돼요. 〈비공개〉 2기는 시작하지만 상당히 불안해요, 얼마만큼 할 수 있을지.

유민 아빠 김영오

4
안산 주민과의 관계

면담자 참사 후에 안산으로 다시 이사를 오신 거죠?

유민 아빠 다시 왔죠, 아산으로 직장 때문에 내려갔다가.

면담자 얼마 만에 다시 오셨어요?

유민 아빠 14년도 10월경에인가 다시 이사 왔어요. 그때 이사 온 이유가 매일 아산에서 출퇴근하는 게 너무 힘들었어요, 기름값 때문에. 그래서 차에서 잠을 자기로 했죠. 주말만 내려갔다가 오고, 옷하고 옷 갈아입고 씻으려고. 그렇게 하는 게 겨울 되니까 추워지더라구요, 춥고 힘들어지고. 그리고 싸움이 너무 길어질 거란 걸 그때 깨달았던 거죠. 5월 달, 6월 달 단식하기 전까지만 해도 나는 9월 정도면 분향소도 철거가 되고 거의 다 끝날 걸로 저는 예상을 했었다고 했죠. 그런데 막상 단식 끝나고 나서 보니까, 단식할 때 더 많이 깨달았어요, 안 될 거라는 걸. 이게 5년, 10년 싸워도 힘든 싸움이 될 거라는 예측이 들더라구요. 장기전이 될 거라는 걸 직감하고 10월 달에 추워지니까 방을 구했던 거죠, 안산으로 다시.

면담자 그때도 누님하고 같이 사셨던 거예요?

유민 아빠 그때 혼자 살았죠. 혼자 살다가 지금도 내가 월 100만 원뿐이 못 벌어요. 월 100만 원 갖고 방세 내고 어떻게 살아요. 그래서 누나 집에 방 다 옮겨놓은 거죠. 그리고 매일 집에서 자는 게 아니라 전국을 여기저기 돌아다녀야 되니까. 방송한다고 지방도 내려갔다가 오고, 녹음해야 되고, 여기저기서 와서 "아버님, 한번 뵙고 싶다"고 그러면 찾아가고 그러다 보면 또 거기서 2박 3일 보내고, 1박 2일 보내고 오고. 집에 있는 시간이 많이 없어요, 일주일이면. 그래서 아예 누나 집에 있는 거죠.

면담자   안산 지역에서 벌어지는 일들이나 지역 사람들이 잘 보이셨어요? 전국 단위로 활동을 하시니까 안산에 굳이 크게 관심을 가질 필요가 없으셨는지.

유민 아빠   안산은, 제가 4·16안전공원 세부 사항을 조금 정리할 때, "안전은 안산에서"[라는] 모토를 잡고서 만들었잖아요, 4·16안전공원에 대해서 PPT 작업을 할 때. "안전은 안산에서", 안산을 정말로 안전한, 안전을 배워갈 수 있는 도시로 그렇게 발전을 하기를 바래서, 안산에서 나도 생활하려고 했었어요. 안산에서 너무나 큰 참사를 겪었기 때문에 더 이상…, 안산이 3, 4개월 장사를 못 했어요. 그런 것도 있고 해서 '안산에 어떻게 하면 도움이 될까, 지역 주민들이 같이 아팠는데', 그래서 안전공원 하면서 그런 세부 사항은 안 썼지만 만약에 '재단이라든지 안전공원이 설립이 되면 거기에도 우리가 영업적인 일들을, 커피숍을 하든 뭘 하든 여기서 나오는 이득은 안산에 다시 돌려주자'는 이런 것까지 다 구상을 하려고 그랬어요. 그런데 그때 당시 초안만 잡아야 되기 때문에 세부 사항은 안 썼던 거였죠. 그래서 세월호에서 나온 이후에 '재원 같은 거는 안산에 다시 돌려주는 방법이 어떻겠냐'고 저 개인적으로 생각을 했고, 그래서 안산 시민들이 멀어지지 않게 유가족과 함께 같이 공동체 생활을 해가면서 안산에서, 더 발전된 안산을 만들고 싶었고….

유민 아빠 김영오

안산 시민들하고 유가족과 지금 갈등이 생기잖아요. 원래 사회적 참사라는 게 그 지역 주민과의 갈등이 1년이 지나면 생긴다고 얘기를 하더라구요. (면담자 : 그런 경향이 있대요?) 세계적으로 그런 연구 결과가 있다고 하더라구요. 어떻게 하면 안산만큼은 그런 갈등을 겪지 않고 같이 갈까 이런 고민을 많이 했었어요. 하다가 제가 가족대책위를 그만두는 바람에 그런 것도 신경을 못 쓰고 안 하고서 갔던 건데, 지금 4년 반이 지나서 보면 안산 지역 주민하고 갈등이 굉장히 많죠. 1년이 지나면 지날수록 햇수가 지나면 지날수록 더 벌어진다는 거예요. 이거를 국가가, 또 지자체에서 어떻게 갈등이 안 생기게 할 것이냐가 중요했는데 거기에는 전혀 신경을 못 썼던 거예요. 점점 더 지역갈등이 심화되기 전에 국가와 지자체가 벌써 공동체 사회운동이라든지 이런 걸 했어야 돼요. 그냥 형식적인 거만 많이 했죠, 지금까지. 있긴 있어요, 그림 그리기라든지, 지역갈등 때문에. 그런 형식적인 것보다 정말로 머리를 맞대고 어떻게 하면 지역갈등이 안 생길까, 유가족과 이런 걸 했어야 됐는데 그게 안 됐어요, 실질적으로.

그래서 작년에 우리가 화랑유원지 초지동 운동장 옆에 있는 조그만 땅, 그 전체가 아니라 조금뿐이 안 돼요. 거기다 4·16안전공원을 설립한다니까 "납골당을 왜 거기다 하냐"고 자유한국당에서 내걸고, 플래카드, 국회의원 선거 때 굉장히 자기들 (면담자 : 지방선거 할 때) 어, 지방선거 할 때 그런 얘기를 했는데, 저는 그들이 하는 얘기로만 알고 있었는데, 어느 날은 소주 한잔 먹으려고 형님하고 식당에 앉았어요. 그런데 식당 사장님이 유민 아빠를 잘 알아요. "유민 아빠, 건강 챙기세요" 하면서 잘했던 분인데 이 사장님도 갑자기 그 얘기를 하는 거예요. "근데 왜

납골당을 시내 화랑유원지에 해야 돼? 그건 아닌 거 아니에요?" 딱 그러더라고. 홍보도 안 됐고, 납골당이라고 하는 거예요. '우리는 납골당이 아니라 정말로 안전공원을 만들어주고 싶다' 이런 취지로 했는데도 홍보가 안 돼서 그런 건지, 우리 쪽에 섰던 사람들도 안산 시민이잖아요. 시민들이 거리를 하나씩 두고 있었던 거예요. 이런 걸 내가 많이 겪으니까 (한숨 쉬며) 안산을 떠나고 싶을 정도로, 정말 안산을….

원래 유가족들이 참사가 나면 하나씩 하나씩 떠난다는 말이 맞나봐요. 저도 떠나고 싶어요, 실질적으로 안산을. 오히려 광주 같은 경우는 5·18을 겪었어요. 그 아픔을 겪었기 때문에 가면 우리를 안아줘요, 감싸주고 손잡아 주고. 광주에 가면 고향 같은, (면담자 : 편안한 느낌이 드세요?) 왜냐면 지나가는 데마다 노란 리본이 차에마다 너무 많이 붙어 있어요. (면담자 : 진짜 다르더라구요, 목포 갔을 때도 다르고) 각 지역에 우리가 내려갔을 때, 그 지역에 가면 먼저 차에서 내려서 걸어가잖아요? 그러다 보면 노란 리본이 여기저기 붙어 있으면 굉장히 마음이 평온해진다고 그럴까요? '아, 아직도 여기는 우리하고 함께해 주는구나. 아직 잊지 않고 관심을 가지고 있구나' 그것 때문에 마음이 굉장히 편해져요.

면담자   해외 말씀도 해주셨는데, 갈등이 벌어지는 게 안산만의 특징이 있을까요? 아니면 보편적으로 나타나는 일일까요?

유민 아빠   "보편적으로 원래 나타난다"고 하더라고요. 전 세계 논문 같은 거 한번 보여달라고 했더니 전 세계적으로 거의 나타나는 사례인데, 안산이 유독 심해졌어요. (면담자 : 왜 그럴까요?) 초기에 경제가 우리 때문에, "세월호 때문에 장사가 안 된다", (면담자 : 자영업 하는 분들이?) 실질적으로 2, 3개월가량은 장사가 안 됐어요, 사람들이 안 갔기 때문에. 그런데 이걸 더 부풀려 가지고 언론플레이를 하는 거죠. 저는 그것 때문에 그렇다고 봐요. 왜냐면 너무 심하게 이 사람 저 사람 "세월호 때문에 지금 장사 안 되고 망했어" 소리를 하는 거예요.

면담자   실제로도 많이 들으셨어요?

유민 아빠   저 많이 들었어요. "세월호 때문에 장사가 안 됐다", 그런데 전국적으로 그때 당시만 해도 다들 장사가 안 됐던 시기였고, 굉장히 힘들었던 시기예요. "제2의 IMF다" 그런 설들이 있고 할 정도로 되게 경제도 힘들고 그랬었는데, 유독 또 안산은 참사가 나고 나서 다 슬픔에 빠져버렸어요, 안산 지역 시민들이. "가서 술 먹을 때가 아니야" [하면서] 실질적으로 한 2개월, 3개월 동안 식당을 안 갔어요, 사람들이. 그래서 텅텅 비어 있다시피 했어요. 그런데 2, 3개월 때문에 망하냐? 그러고 나서는 제가 7월 달, 8월 달 단식하기 전이었으니까, 가니까 앉을 자리도 없이 북적대더만 또. 사람들은 시간이 지나면 다 잊어버려요. 잊어버리기 때문에, 3개월 정도 지나서 우리도 맥주 한잔 먹으러 갔는데 앉을 자리가 없을 정도로, 선부동 번화가들, 많다는데요 뭐 사람들. 그런데 그게 계속 이어졌어요. "장사 안 된다, 장사 안 된다, 장사 안 된다" 그렇게 사람들이 말하는데 이해가 안 갔어요. 이렇게 사람이 많은데 왜 우리 때문에 장사가 안 된다는 말을 왜 하고 다니는지 모르겠다고.

면담자   분향소가 있어서 외지 사람들도 많이 오기도 하는 거잖아요.

유민 아빠   저는 세월호 4·16생명안전공원 조성을 정말로 안전을 배워갈 수 있는 공간, 이 공간으로 만들어야지 안산의 재원이 된다는 거예요. 이게 다른 데하고 똑같은 추모공원으로 설립을 하잖아요? 그러면 사람들 그냥 1년에 한 번 어쩌다 생각나면 한 번 이렇게 오는데, 정말 안전공원으로 만들어주잖아요, 거기에서 해상안전체험관까지. 내가 그래서 같이 하려고 한 이유였어요. 추모하고, 기억하고, 해상안전체험을 하고 가는 거예요. 왜? 해상 사고였으니까. 그게 연결이 되지 않으면 안전에 대해서 뭘 배울 건데? 해상안전체험관까지 같이 하고 싶었어요. 그런데 해상안전체험관이 대부도 그쪽으로 가버렸죠. 왜 같이 해야 되냐, 재원을 만들기 위해서, 안산의 재원, 그만큼 힘들었으니까. 이게 만약에 이뤄진다면 각 학교마다 교육 프로그램으로 올 거예요, 어디 지자체에서든. 왜냐면 이거 꼭 배워야 되는 단계니까, 해상안전체험 같은 건요. 그리고 4·16의 진실이 밝혀진다면 누구든지 와서 기억하고 안전을 배워가는 공간으로 만들어준다면 아마 학교에서 단체로 올 것이고, 그러면 학생들이 교육을 오게 되는, 저는 1박 2일 코스로 만들고 싶었어요. 그러면 거기다 숙박 시설도 만들어줘야 되고 그러면 그게 안산의 재원이 되는 거예요. 그런 돈들을 다시 안산 지역 주민한테 다 뿌려주자는 거죠, 나눠 주고. '그때는 우리가 세월호 유가족들을 좀 비난도 많이 했는데 그때는 정말 몰라서 그랬어, 미안하네' 이 소리를 듣고 싶고요. 그래서 그런 걸 더 하고 싶었어요. 그게 내 생각대로만 되는 게 아니잖아요. 정치가 그렇게 하는 건지, 우리 가족들의 안보다는 다 멀어져 가고 있었으니까요. 그래도 저렇게 해서 그럭저럭 그냥 안전공원이 될지, 안전공원으로서만 될

유민 아빠 김영오

수밖에 없을 수도 있어요. 해상안전체험관도 떨어져 버렸죠. 안전을 뭘로 배워갈 건데? 이런 염려도 되고.

5
세월호 선체

면담자   선체는 어디에 두는 게 좋다고 생각하세요?

유민 아빠   선체는 저는 어디에다가 두는 게 중요하다고 보지 않아요. 물론 안산으로 가져왔으면 굉장히 좋겠죠. 가족의 일원으로서 좋겠는데, 저게 안산으로 이전하는 순간 보수언론들, 수구언론이라 그래, 수구언론들이 얼마나 또 우리를 돈으로 엮을 것이냐, 옮기는 데 세금이 얼마나 들어가는데, 지금까지 들어간 돈도 많은데 하면서 언론플레이 할 거라는 거예요. 그래서 저는 어디에 두냐라는 것보다 저 배를 있는 그대로 보존했으면 좋겠어요. 지난번에 얘기했는지 모르겠지만, "구멍이 뿡뿡 뚫리고 뼈대만 있는 이대로, 저는 복원하지 말고 그냥 이대로 보존하자. 그럼 정부가 얼마나 악랄하게 진상 규명을 막기 위해서 그 배를 뼈만 남겨놓고, 진상 규명해야 될 부분들은 다 잘라버렸는지 이걸 백년 후에도 보여주자"는 거예요. 그래서 저는 있는 그대로 보존해 주기만을 바라고 있어요, 지금 현재 이 상태로. 그리고 사람들이 와서, 구멍이 뿡뿡뿡뿡 뚫려 있어요. 그러면 뭘 느끼겠어요? 안타까움을 먼저 느낀단 말이에요. 이걸 복원을 해서 페인트칠하고 깨끗하게 해놓으면 안타까움을 느끼지를 못 해요. "저 배가 사고 난

배래" 이렇게 얘기만 하고 말죠.

면담자   전혀 뭔가 실감할 수가 없죠.

유민 아빠   그래서 부서진 것 다, 차 같은 건 어떻게 복원, 녹이 계속 속에서 슬어가니까 안 될 거고, 어떻게 할 수 있으면 할 수 있는 대로 최대한 녹슬지 않게 보존만 해준다면 저는 오히려 그걸로…, 바라진 않아요, 그거 외에는. 있는 그대로 보여준다는 게, 광주 5·18 같은 경우도 총알 자국이 없잖아요. 그래도 여기에서 실질적으로 정부 도청에서 총싸움을 한 것도 모른단 말이에요, 얘기를 해야지 알지. 흔적이 없어지면 안 된다는 거예요. 흔적이 사라진다는 거는 역사를 감추는 거죠. 그래서 저는 우리 세월호만큼은 당해왔잖아요, 지금까지. 많은 재난이나 국가 폭력들 다 당해왔지, 증거 없애기, 증거인멸 다 당해왔는데, "우리 세월호만큼이라도 있는 그대로 보존해서 있는 그대로 알려주자", 저는 지금 있는 그대로가, 나는 어디에 됐든. 그리고 내가 '어디에 하고 싶어요'라고 한다고 되는 것도 아니고…. 지금까지도 돈 가지고 그렇게 우리가 공격을 당했는데 결국은 옮겨보세요, 또 얼마나 많은 말들을 할 건지.

면담자   가족대책위 활동 하실 때 기억나는 어려운 일이 있으세요? 예를 들면 미수습 가족분들 문제라든지 견해 차이가 벌어져서 가족분들이랑 소통이 잘 안됐다든가?

유민 아빠   큰 틀에서 봐서 어려운 점이라고 할 거 없고, 큰 틀에서 봐서 정말로 지금도 아쉬운 점, 제일 크게 아쉬운 점이 미수습 가족들과 우리 먼저 찾았던 유가족들이 분열이 돼 있었다는 거. 우리는 자식

유민 아빠 김영오

들이 왜 죽었는지 왜 침몰했는지를 알아야, 그게 첫 번째 단서예요. 그런데 그 열쇠를 쥐고 있는 미수습 가족과 유가족이 분열이 돼서 한 마음 한뜻으로 가지 못했다는 거, 아직도 제일 아쉬운 부분이고요. 만약에 의견 차이가 있을 수 있어요. 가족들이 우리가 뭐 10명, 20명도 아니고 몇백 명이에요. 그러다 보니 각자 생각이 다르고 의견이 다 달라요. 그러면 '무엇이 중요한가. 진실을 밝히는 거다. 그러기 위해서는 서로의 생각이 다르더라도 그냥 이해하고 조금 양보하고 손을 잡고 같이 가야 된다'는 거였어요. 미수습자 가족과 우리가 분열이 되니까 어떻게 돼버렸어요? 물속에서 세월호 배 증거 다 인멸했잖아요. 앵커도 잘라내 버리고, 추진기도 잘라내 버리고. 왜? 분열이 돼 있었으니까. 만약에 미수습자 가족들과 '그래, 미수습 가족 찾는 거 중요합니다. 그다음에 진상 규명 꼭 해야 됩니다'. 그러면 배를 그대로 온전하게 인양해야 되니까, 그러면 해수부를 설득해야 되는 게 아니고 미수습자 가족을 설득했어야 된다는 거예요. 〈비공개〉

그리고 미수습자 가족은 못 찾았기 때문에 해수부는 미수습자 가족들 말을 무조건 들어야 돼요. 그러면 여기에 진실을 밝힐 수 있는 열쇠가 누구한테 있냐? 우리 가족들이라 그랬죠. 그러면 아무리 잘못된 생각을 가지고 있더라도 안고 갔어야 된다는 거예요. 그래서 세월호 동거차도에 들어가는 게 아니라 미수습자 가족을 설득시키고, 싫은 소리 하더라도 같이 손잡고 '작업을 어떻게 하는지 수중촬영을 해놓고, 뭐 떼어내는지 우리가 배에 가서 항상 교대로, 매일 사진만 찍어놓읍시다. 그리고 무조건 미수습자 찾는 거 우선 합시다. 그리고 있는 그대로 인양합시다' 이렇게만 했어봐요. 설득을 시키고 그러면 배

하나도 산산조각 안 났어요. 나는 제일 아쉬웠던 게 그거예요. 미수습자 가족과 우리 유가족이 왜 분열이 돼가지고 따로따로 갔는지…. (한숨 쉬며) 그게 지금 세월호 진상 규명에 제일 큰 허점이 돼버렸어요. 왜? 이제는 주워 담을 수가 없잖아요. 산산조각 나버렸고, "온전하게 인양해야 된다"고 그렇게 내가 외쳤는데, 다 뼈[대]만 올려놨는데, 부력 지운다는 이유로 구멍을 140개 넘게 뚫어버리고, 이런 상태에서 뭘 밝혀낸다는 거예요. 제일 아쉬운 점이죠 그게, 같이 함께 손을 잡고 가지 못했다는 거.

가족들하고 내가 팽목에 한번 가면, 은화 엄마랑 찾아서 가요, 가족들하고 있으면 한 번씩 찾아가요. 그러면 저한테 삿대질까지 하고 싫은 소리 많이 했어요, "왜 가족들이 우리를 배제하느냐?" 얘기하면서. "나는 같이 가야 된다고 생각합니다" 그래도 막 손가락질하고, 하소연할 때도 다 들어주고 무조건 들어만 주는 거예요, 그 사람들은. 못 찾았으니까, 아프니까, 들어주고 그러다 보면 또 풀려요, 그래서 같이 가고. 목포까지 올라왔어요, 배가, 목포까지. 결국 뭍에 올라왔는데도, 저는 다니면서 인사를 했어요, 미수습자 가족들하고도 같이 가야 된다는 거는 끝까지 난 믿었기 때문에. 그런데 결론적으로 안 됐어요, 끝까지. 지금까지도 미수습자 가족과 유가족들이 별도로 가고 있잖아요, 별도로. 그게 가족대책위 하면서도 제일 아쉬운 점이고….

면담자　　　상황이 달라지다 보니까 미수습자 가족들은 유가족분들과 같은 입장이 아니라고 생각하시는 경향도 있잖아요.

유민 아빠　　　(한숨 쉬며) 그게 저도 지금 참 안타까운 일이에요, 우리 가족들이랑 왜 같이 못 가서 지금 세월호 사태가 여기까지 와버렸는지. 배가 온전하게 인양하는 게 제일 중요한 문제였는데 일단 그게 안 됐으니까, 그걸 지키지 못했던 게 미수습자 가족이 됐든 유가족이 됐든, 우리가 돼버렸잖아요. 우리가 못 지켜낸 거잖아요, 결론적으로. 우리만 한길로 한뜻으로 갔다면 그 배를 지켜서 온전히 올렸을 거라는 거예요. 지금도 후회하는 점이고, 안타까운 점이죠.

면담자   그런 계기가 언제부터였다고 생각하세요?

유민 아빠   계기라는 게 아니고 뭐 하다 보면, 우리가 일하다 보니까 하나씩 하나씩 좀 틀어진 문제들이 발생을 해요. 거기는 못 찾았고 우리는 찾았고의 문제, 거기서 생각도 좀 다르고, 여기에서 하나씩 하나씩 가끔가다 한 번씩 일이 벌어지기 시작하면 이게 쌓이고 쌓이고 쌓여서 여기까지 온 거 같아요, 하나하나씩 벌어져서. 어느 한순간 무슨 계기로 된 게 아니라 이게 쌓였던 거 같아요, 하나씩 하나씩. 그러다 보니까 이제 돌이킬 수 없는, 그 길까지 와 있었던 거죠.

면담자   마음이 한번 틀어지다 보니까 서운함 같은 것도 쌓이게 될 테고.

유민 아빠   이 감정이 너무 돌이킬 수 없는 데까지 오다 보니까, 결국 나중에 같이 가야 된다는 거 알 때가 됐는데, 그때는 어떻게 서로 간에 갈 수가 없던 길이 돼버렸던 거죠.

면담자   은화, 다윤이 이별식도 가족협의회하고는 협의가 안 된 건가요?

유민 아빠   아마 그때 당시에 목포에서도 미수습 가족과 유가족 별도로 있었잖아요, 말이 38선 경계가 있는 것처럼. 그런 상황에서 은화하고 다윤이 마지막 보내주는 길에 우리 유가족한테 통보하겠어요? 아니면 뭐 우리 은화, 다윤이 이별식 할 거라고 얘기를 하겠어요? 못하죠. 그리고 우리 가족들이 "이별식 할 때 연락 주세요" 할 수도 없었을 거고. 서로 간에 못 했던 감정들이 쌓였으니까요, 이제. 정말로 남과 북의 휴전선보다 더 큰 벽이 세워져 버렸는데 누가 무슨 말을 하겠어요, 그래서 그렇게 따로따로 했었던 거 같고. 이건 뭐 누구의 잘못이라고 얘기할 수도 없고, (한숨 쉬며) 미수습자 가족들도 아이들을 찾고 진실을 밝혀야 된다는 거는 얘기를 했어요, 알고 있었고. 그런데 "먼저가 아이들 찾는 거다" (면담자 : 인양은 그분들 입장에서는) 우선이니까, 최우선이니까. "그래, 우리는 인양도 좋습니다, 당연히 해야 됩니다, 아이들 다 찾아야 됩니다. 대신 온전하게 합시다"라고 얘기를 했었던 거고.

그 전체적인 내막까지 구구절절하려면, 어떻게 보면 (한숨 쉬며) 추한 얘기들도 많이 나올 거예요. 그래서 더 이상 안 하고 싶은 거예요 거기까지는, 가족들이 잘못했으니까. 아마 다시 5주기, 6주기 돌아올 건데 미수습자 가족들이 행사에 나올 수 있을지 없을지도 궁금하고, 그렇죠. 똑같은 자식을 잃은 부모들이 자식들은 학교에 다 친구로서 맨날 손잡고 놀았을 건데, 왜 부모들이 이렇게 원수들이 돼가지고 있냐는 거예요. 저는 아이들 보기에 창피해요. 애들만 생각했다면 우리는 무조건 생각을 같이하고 함께 갔어야 되거든요. 애들이 무슨 죄고, 무슨 잘못인지. 다 서로 간에 친구였었거든. 아이들은 잘 뛰어놀았는데 우리는 왜 따로따로 가냐는 거예요. 아이들 보기에 창피하고 부끄럽고 "어른이 잘못해서 너희들이 다 죽었어"라는 말 많이 하죠. 지금도 그때보다 더 미안해요.

왜 침몰했는지, 왜 구조하지 않았는지 밝혀야 되는데 이걸 밝히지 못하게 된 동기가, 분열되면 안 된다는 게 첫 번째 관건이었는데, 일반인과 미수습자 가족과 유가족과 생존자 가족과, 다 분열이 돼 있어요, 따로따로. 이러다 보니까 박근혜 정부가 손쉽게 휘둘렀던 거죠, 우리 가족들을. 마음 놓고 휘둘렀던 거죠. 김기춘이 그런 지시를 내렸잖아요, "유가족들을 분열시켜라". 정부 말대로 돌아간 거죠. 생존자 장동원 대표도 구술하죠? 아마 그거 얘기할 겁니다. 생존자 가족들도 정부에서 와서 어떻게 분열 조장을 했는지 증언해 줄 거예요, 장 대표가.

면담자   가족들이 같은 희생자인데도 이렇게 된 데에는, 어떤 계기들이 있을 거라는 생각이 들거든요.

유민 아빠   4년 6개월하고 오늘이 15일이 지났어요. 오랜 시간 정말 진상 규명을 위해서 또 진실이 밝혀지기를 기다리면서 있다 보니까, 그동안에 참사들이 많이 또 일어났잖아요, 사건 사고. 그분들 찾아가서 힘 실어주느라고 "힘내세요" 하고 찾아가면 지금 그런 얘기를 많이 하더라구요. "영화에서 나오던 얘기, 세월호 얘기가 남 얘기처럼 느껴졌었는데 막상 내가 당하고 나서 내 일이 될 줄 몰랐다"고, "후회한다"고 이런 얘기를 많이 해요. 지금도 많은 국민들이 남의 일로 알고 있는데 당하고 나면 더 후회하더라고, 겪어보고 나서. 지금 대부분 내가 만나고 다니는 사람들 다 후회했어요. 스텔라데이지[호 가족들도]도 그런 얘기하죠, 사드 주민들도 그런 얘기 하고. 아무튼 겪고 나서 후회들을 많이 하더라. 나도, 영화 보면 이런 일들이 있었잖아요, 세월호 [같은], 영화 보면 사건들, '아, 영화니까', (면담자 : 타이타닉 같은 것도) 그리고 세월호 사건은 전혀 꿈에도 생각지도 못했던 일이었고, 내가 당할 줄은 몰랐지. 내가 이렇게 겪게 될 줄은 몰랐죠.

면담자　　　　세월이 지나면 접점을 찾을 기회를 만들 수 있을까요? (유민 아빠 : 미수습자요?) 네, 다른 일반인 가족과 모든 피해자분들이.

유민 아빠　　　저는 '지금은 이렇게 우리가 서로 간에 생각이 다르고 감정들이 있어서 이렇게 따로따로 가지만, 우리는 단 하나로 언젠가는 가야 된다'고 저는 생각해요. 지금 세월호 가족대책위에 나오는 분들, 그리고 가족대책위 함께 다니는 분들, 또 일부는 가족대책위가 싫어서 간 사람도 있을 거고, 일상으로 돌아간 사람도 있을 거고, 인천에 뭐 일반인들이나 미수습자나 세월호 참사를 당했던 모든 가족들은 단 하나로 언젠가 뭉쳐야 된다고 봐요. 그래서 같이 갔으면 좋겠어요. 지금은 진상 규명할 때고, 서로 간에 의견도 안 맞고 할 수도 있어요. 진실이 밝혀지고 그러려면 해야 될 일들이, 우리가 같이 가야 된다는 거. 꼭 같이 가야 돼요.

왜냐면 5·18 유족들이 지금 하는 소리가 "우리가 이렇게까지 시간이 오래 걸렸고 이렇게 힘든 싸움을 벌였던 거는 가족들이 너무 많이 분열돼서" 이익에 눈이 멀어서 따라간 단체 집행부들이 많아요. 따로따로 가면 안 된다는 거. 우리만큼이라도 앞으로, 세월호 진상 규명이 다가 아니라고 그랬잖아요. 진상 규명을 통해서 책임자 처벌을 해야 돼요. 그래야 다음부터 내가 맡은 이 안전이란 거, 부서가 있을 거 아니에요, 책임자들이. 또 다른 세월호 참사 같은 사고가 나게 되면, '사전에 내가 점검을 안 하면 나도 저렇게 처벌을 받아', 이런 경각심을

유민 아빠 김영오

쥐야 된단 말이에요. 그러기 위해서는 진상 규명, 책임자 처벌을 최초로 해줘야 돼요, 우리가. 그래야 다음에 할 일이 뭐예요? 우리 가족들이 하나로 똘똘 뭉쳐야 돼요. 지금 흩어졌지만 다 뭉쳐서 다음 세대에게 안전한 나라를 만들어주기 위해서 노력을 해야 된다는 거예요. 그걸 하려면 우리가 모여야 돼요.

면담자 　　　정말 너무 힘들 거 같아요. 가족들이 너무 많기도 하고.

유민 아빠 　　　우리가 만약 이 상태에서 더 분열이 되고 분열이 되고 분열이 되면요, 지금 상황에서 분열이 하나씩 하나씩 계속되기 시작하면 진상 규명에서 끝이 나요. 세월호 문제에서 끝이 나요. 그러나 우리가 항시 얘기했잖아요. "세월호 이전과 이후에 사회가 바뀌어야 된다"고, "안전이 바뀌어야 된다"고, "세월호를 통해서 생명이 존중받는 사회를 만들어야 된다"고 이런 얘기를 하죠. 그러려면 우리가 단합을 해야 돼요. 다시 하나로 뭉쳐서 진상 규명을 통해서 책임자 처벌했으면, 다음 세대에게 세월호 이후의 세상을 만들어주려면 우리가 단합이 돼서 안전한 나라로 만드는 거에 노력을 해야 돼요.

면담자 　　　아버님이 역할을 좀 해주실 수 있을까요?

유민 아빠 　　　저는 힘이 없어요. 제가 얘기했잖아요, 지난번에도 구술할 때에도. "나를 질투하는 사람들이 너무 많다"고. 그래서 저는 지금 내가 하고 있는 일은 지금은 생명 존중을 외치고 있어요. 왜 대한민국은, 한국 사회는, 제가 방송을 하면서 많이 느꼈어요. 세월호보다 더 아프고 더 힘들고 더 슬픈 사람도, 더 억울한 사람들이 되게 많아요. 굉장히 많아요. 더 슬픈 사람 많아요. 그래서 "세월호를 카드로 이용해라. 이 세월호 진상 규명이 밝혀지고 책임자 처벌이 돼야지 세상이 바뀐다. 그리고 여러분들 좋은 세상이 오게 하려면 세월호를 카드로 이용해라. 당신들 우리 이용해서 세상 좋게 바꿔어라", 이런 의미로 해서 저는 지금 생명 존중, 다음 세대에게 안전하고 행복한 나라를 만들어주자고 이런 생명 존중 캠페인을 하고 다니고 있어요. 생명 존중은, 세월호처럼 아픈, 우리 세월호를 겪은 우리 유가족들 손을 잡고 함께 기억하고 4년 반 동안 지금까지 손잡고 싸워준 시민들이 많았잖아요? 이런 것처럼 "우리보다 더 억울한 사람들, 더 슬픈 사람들, 이 사람들도 세월호 손잡아 주고 똑같이 잡고 함께 가주자. 함께 이 사람 기억해 주자". 그래서 저는 생명 존중을 외치고, 외치는 캠페인을 하고 있어요. 그래서 제가 리본이랑 드렸죠. 그 운동만 하고 있어요. 그거 한다고 해서 큰 행동이 아니죠. 사람들 머릿속에서 우리 일반 시민 단체 소속 사람들이 생명 존중 외치고 다니면 아마 크게 와닿는 게 없을 거예요. 그런데 나는 자식을 잃어봤어요. 그것도 공식적으로 슬픈 사고, 세월호 사고를 겪은 아빠예요. 이 아빠가 다시 일어서서 "생명 존중, 다음 세대에게 안전한 나라를 만들어줍시다" 그러면서 리본 하나 주는 게 아마 그분들은 좀 와닿는 게 다를 거예요, 아픔을 겪은 사람이 주니까.

면담자   그 생각을 방송하시면서 본격적으로 하셨어요?

유민 아빠   방송하면서 알았죠. 왜냐면 제가 가슴에 담아온 작은 목소리는 사회 토크도 아니고 시사 정치도 아니에요. 그냥 세월호처럼 억울한 사람들, 그리고 언론에 알려지지 않은 많은 아픔들, 또 언론이 다뤄주지 않는 아픔…. 그러다 보니까 비정규직 문제부터 해서 여러 가지가 많잖아요? 우리가 복지 문제, 사각지대에 있는 것들, 이런 사람들을 만나러 다녀요. 아픔을 겪었던 사람들 만나러 다니고 얘기 듣다 보면 '나는 슬픈 게 아니구나'. 저는 인터뷰하다가, 얘기 듣다 말고 "한번 안아봐도 돼요?" 하고 안아주고 같이 운 적도 있고요. 얘기 듣다 보니까 '나는 한순간 해서 이제 4년밖에 안 됐잖아요, 오늘로서도. 그런데 이 사람들은 삽십몇 년 동안 그 억울함을 풀지도 못하고 왔어요. 그리고 나는 자식이 죽어서 찾았어요. 그런데 이 사람은 스물몇 살 때 애기를 잃어버렸는데, 학생 때 잃어버렸는데 지금 삼십몇 년을 못 찾고 있어요, 이런 사람들.

죽었는지 살았는지 이걸 알아야 자기가 전단지를 안 돌리고 다니는 거예요. 그런데 "전단지를 왜 돌리냐?"고 물어봤을 때, "죽었는지 살았는지 알아야 될 거 아니냐. 만약에 죽었으면 포기하겠다. 유민 아빠는 그래도 아이 찾았지 않았냐"고, "나는 살았는지 죽었는지 모른다" 이게 1년, 2년, 10년도 아니고 학생 때 버스에서 내리는데 어떤 남자가 따라 내렸다는 거예요, 송××라는 애인데. 그리고 그날 사라진 거예요. 시신이라도 찾고 싶다는 거예요. 우리 세월호 유가족 미수습자들 지금 남아 있죠? 그분들 심정이랑 뭐가 다르겠냐는 거예요. 나보다 더 슬프고 억울한 사람들이 너무도 많다는 걸 하나씩 하나씩 인터뷰하면서 직접 들어보고 깨우치기 시작했던 거예요. 2014년도 4월 16일 날 참사를 당하고 나는 이런 인터뷰를 많이 했어요. "우리 유민이가 나를 깨워줬다. 사회에 무관심하고 방관만 하고 살았지만 유민이[가] 세상에 눈을 깨워주게 만들었다" 했는데, '가슴에 담아온 작은 목소리'를 하면서 다시 한번 또 한 번 깨어나는 계기가 됐어요. 처음에는 우리 유가족들 그런 소리 많이 했죠. "우리보다 더 슬프고 더 억울한 사람 있으면 나와보라 그래" 막 마이크 잡고 광장에서 우리 엄마, 아빠들 그런 소리 많이 했죠? 저는 그런 소리 할 때 방송을 하나씩 다니면서 나보다 슬픈 사람이 많다는 걸 하나씩 겪게 된 거죠. 그래도 나는 지금 "세월호처럼 아프고 억울한 사람이 더 많다. 그래서 그분들도 함께 잊지 말고 기억하고, 함께 손을 잡아줘야 된다". 생명 존중이 그 의미예요.

면담자   다양한 분들을 만나고 보니까 시야나 생각이 달라지고, 다른 사람을 오히려 더 살피게 되신 것 같아요.

유민 아빠   그게 어떻게 보면, 나한테 그러겠죠. "오지랖 넓게, 세월호 진상 규명도 안 끝났는데, 세월호 진상 규명에나 힘쓰지 뭔 생명 존중을 외치고 다니냐" 하는 사람도 있을 거예요. 그런데 저는 다시 한번 깨어나는 계기를 만들었기 때문에, 인터뷰하면서 제가 제대로 듣지도 못하고 울어버리니까…. 인터뷰를 보통 우리가 2시간에서 3시간을 따요, 당사자한테 직접. 그리고 15분으로 압축해서 방송하는데, 2시간, 3시간 같이 인터뷰를 하며 신문 기사 쓰는 것도 아니고 굉장히 많은, 속에 있는 얘기까지 다 끄집어내요. 그러다 보니까 그 사람이 어떻게 살아왔는지 또 어떤 진실이 안 밝혀져서 억울해하는지 이런 것들을 많이 들어요. 그러다 보니까, 형제복지원도 나는 대충 언론만, 기사만 읽고 갔었던 거예요. (면담자 : 피해자생존모임의 한종선 대표 만나셨어요?) 네. 언론, 신문지상으로 보고 가는 거하고 일대일로 직접 얘기 듣는 거하고 완전히 달라요. 다시 느끼는 거예요, 가면.

직접 얘기 안 해봤죠? (면담자 : 만났어요, 그분) 만나서 얘기했어요? (면담자 : 네) 9살, 15살 이 어린 나이에 끌려갔단 말이에요. 끌려가서, 그 당시에 다 해결이 됐으면 상관이 없는데, 세월이 지금 51살 이렇게 먹었어요, 나이들이. 거의 나하고, 50살, 나보다 한 살 동생이더라고. 그 세월 동안 진실도 안 밝혀지고 자기는 부랑아로 살아와야 돼요. 그리고 그 고통을 다 받았는데 알아주지도 않고….

면담자   지금도 좀 어려우시잖아요.

유민 아빠   어렵죠. 이런 사람들 내가 딱 봤을 때, 아예 유민이랑 아이들은 죽어서 우리가 잊으려고 노력을 해야 되는 단계예요, 진실을 규명하고. 그런데 이 사람들은 평생을 죽지도 못하고 살아온 거예요. 죽지도 못하고 목숨 붙어 살아온 게 더 불쌍하다는 거예요, 내 생각은. 우리는 진실을 규명하고 잊으려고 노력하는 단계고, 그런데 이 사람들은 아직도 아무것도 안 되고, 정말 억울한데 밝혀지지도 않고, 그것도 1년, 2년도 아니고 거의 한 인생에요. 한평생이에요. 그러면 내가 무슨 생각을 하겠어요. '살아 있다고 다 행복한 게 아니구나. 죽지 못하고 저렇게 사는 것 그게 더 불쌍한 거구나. 더 억울하고 힘들겠구나'.

면담자   다른 유가족분들도 그런 생각을 했으면 좋겠다고 생각하세요?

유민 아빠   많이 했으면 좋겠어요. 나는 아직도 많이 했으면 좋겠어요. 그래서 우리 세월호 진상 규명 무조건 해야 되지만…, 100프로 중요합니다, 먼저 해야 되고 그런데, 그 사람들이랑 같이 갔으면 좋겠다는 거죠. 우리 걸 하지 말자가 아니라 우리가 굉장히 큰 힘을 가지고 있어요, 세월호가. 다른 아픔들은 힘이 없어요, 알죠? 다른 아픔들은 사람들이 관심을 안 가져. 그런데 세월호는 아직도 관심을 가져요, 굉장히 많은 시민들이 함께하고 있고. 우리가 함께 그 사람들 하나하나씩 같이 연대해서 같이 해버리자는 거지. 그러다 보면 엄청나게 서로에게 큰 힘이 될 거예요. 우리도 많아지고, 그분들도 큰 힘을 같이 받고…. 그래서 함께가 중요한 거예요. 내가 생명 존중, 함께 그 캠페인을 하는 이유가 그거예요, 같이 가자고 제발.

면담자   달고 계신 배지가 나비는 위안부 할머님이시고, 동백꽃은 4·3이고, 저거는 통일이고, 그 옆에 거는.

유민 아빠   5·18 국가폭력피해자. 더 많이 달아야 되겠죠. 더 많이 달아야 되는데, 이거 달고 다니는 게 거기에 소속돼서 싸우는 게 아니에요. 꼭 그런 의미로 달고 다니는 게 아니라 내가 이렇게 차고 다님으로 해서 '아, 저분들도 함께 기억하고 함께 가는 거구나'라고 보여주고 싶어서…. 우리는 따로따로가 아니라 모두가 함께 간다는 거.

6
정부 상대 소송

면담자   소송 참여하신 거죠? (유민 아빠 : 네) 어떻게 진행될 거라고 보세요?

유민 아빠   우리가 이제 진상 규명이 되지도 않은 상태에서 배·보상 얘기가 정부에서 먼저 나왔어요, 14년도에. 그리고 그때 당시에 정부책임 0프로로 해서 (면담자 : 각서 쓰라고) 예, 각서까지 썼단 말이에요. 나는 인정을 할 수가 없어요. 국가가 정말로 잘못을 했잖아요. 사건, 사고는 다 나요, 지금도 나고 있고. 그런데 정부가 얼마만큼 빠르게 대응해서 단 한 명이라도 구조하느냐, 그런데 구조하려는 의지가 없었잖아요. 구조하려는 의지도 없었고 실질적으로 방해를 했잖아요. 영상 찍어 보내, 사진 찍어 보내, 그리고 VIP는 관저에 있었어요. 뛰어가서 보고를 해야 되니까 더 시간이 지연될 수밖에 없었고, 7시간 동안 잠적하고 있었기 때문에. 보고서 작성이 제일 중요했던 거죠, 그때는. 이런 상황 속에서 우리가 소송을 안 걸래야 안 걸 수가 없잖아요. 그런데 1차 소송에서 결국 정부 책임 인정을 했지만, 김경일 경장 지금 3년 형을 받는데 그걸로 끝이에요. 초기 대응에다가 관점을 둬버렸어요. 초기대응이 아니라, 초기 대응도 잘못했지만 그 이후로 구조 실패, 그리고 언론 폄하, 방해 그리고 자료 폐기, 삭제, 이런 걸 통해서 우리가 길거리에서 얼마나 많은 고생들을 했습니까. 이런 것들은 왜 국가가 잘못했다고 사과를 안 하느냐는 거예요. 사과받아야죠, 그래서 2차 소송에 가는 거고. 왜 아픈 사람들이 그렇게 길거리에서 비닐 접고 자고 그럴 때 우리한테 손가락질하고 삿대질하고 막말까지 던져가면서 했던 사람들 잘못했다고 당연히 사과해야 되는 거 아니에요? 입장 바꿔 당신네 애기가 그렇게 됐다면 당신도 그렇게 있을 건지. 아마 국회의원 탁자 수십 개 엎었을 겁니다.

면담자   배·보상받는 분들께 당시에는 서운하다고 생각 드시진 않으셨어요?

유민 아빠   서운한 거 없었어요. 각자 살아가는 환경이 달라요, 다.

진짜 어려운 사람도 있을 거고, 또 어떤 사람들은 앞에 나서는 거 싫어하는 사람도 있을 거고, 또 어떤 사람들은 여기에서 그냥 멈추고 싶은 사람도 있을 거고…, 사람마다 다 생각이 다르기 때문에 나는 다 존중을 해요, 그 사람들도. 이걸 시끄럽게 떠들고 싶지 않은 사람도 있을 거고, 우리는 진실을 알아야겠다고 하는 사람도 있을 거고, 각자가 하는 일이니까. 그래서 먼저 보상을 받았든 안 받았든 다 똑같이 봐요 저는, 같은 자식 죽었는데. 그 사람들이 안 한다고 해서 진실이 규명이 중단되는 것도 아니고….

면담자　　　많은 시민들은 그걸 여전히 물고 늘어지잖아요. 생각을 바꿀 수 있는지, 아니면 그건 어쩔 수 없는 일인 건지.

유민 아빠　　　지금은 생각 바꿀 수가 없을 거 같아요. 중요한 건, 그러면 그럴수록 더 진실을 밝혀야죠. 봐라 당신들이 "다 됐다, 다 됐다" 했는데, 그때 솔직히 아무것도 밝혀진 게 없어요. 자료만 나와서 언론에 잠깐씩 한번 흘렸던 거뿐이죠. 정말로 그 자료들 하나하나 특조위 2기에서 다 갖다, 진실이 드러나기 시작하면 그때는 "당신네들이 옳았네" 소리 하겠죠. '포기하지 않고, 정말로 포기하지 않고 끝까지 했기 때문에 진실이 밝혀진 거 같아요. 그때는 미안했어요'라는 소리 하겠죠, [제 강연에 온 분들이] "정말 몰라서 그랬습니다" 그랬듯이. 제가 강연을 하고 나면 보통 세월호에 대해서 굉장히 관심 많은 사람들, 이런 사람들 대부분 많이 와요. 피켓 들고 하는 사람들 와요. 2시간 동안 해주면 "아버님, 제가 몰랐던 부분 새롭게 들었어요" 하는 사람이 태반이에요. 그렇게 세월호, 세월호 하면서 4년 동안 우리 서명하고 있는데도 불구하고 진짜 진실은 모르고 있는 사람들이 많더라구요.

유민 아빠 김영오

국정원에 관계됐던 1차 청문회 때 자료들 있죠? 이런 거 하나씩 다, 저는 다 PPT로 보여줘요, 직접, 자료 써서. 한 장, 한 장 넘겨가면서 설명을 하거든요? 그럼 그런 자료가 있는 것도 모르고…. 청문회가 전 국민한테 공중파로 방송됐던 게 아니에요. 그러기 때문에 핸드폰에, 뭐 SNS 모르는 어르신 많죠? 또 학생들은 관심이 있어서 세월호 청문회 쳐보는 사람도 없고. 그 3일 동안의 시간이 굉장히 길단 말이에요. 대충 보고 넘기는 상황이기 때문에 어떤 자료들이 나왔는지를 몰라요. 그런 거 PPT를 하나씩 올려주면서, "1차 청문회에서 우리가 이런 걸 이런 걸 알아냈다. 우리가 2차 청문회에서, 특조위에서 꼭 밝혀야 되겠다. 1차 청문회 때 기억이 안 납니다, 모르겠습니다로 일관하고, 증인 신청하면 중요한 증인은 안 나와버리고, 이런 상태로 끝났기 때문에 앞으로가 더 중요합니다. 이런 자료가 있는데 아직도 지켜만 볼 거냐. 이제는 관심을 가지고 저게 밝혀지는지 안 밝혀지는지 계속 지켜봐야 할 거 아니냐" 그런 식으로 강연을 해주면 '그런 자료 있는지도 몰랐고, 다시 알았다'고 그래요, 새롭게.

면담자   그거 생각하면 정말 다시 시작해야 될 거 같은데, 그런 것들 다.

유민 아빠   몰라요. 국정원에 관계된 거는 저기만 알고 있죠, 언론에서 한번 흘러나왔기 때문에. 노트북 건져가지고, 노트북 사건, 국정원 지적 사항이라고, 이거 정도만 알고 있지 뭐 거의 대부분 몰라요. 이성희 수첩에 국정원 뭐, 라마다 회의 같은 거 구구절절 적어놓은 것들 이런 것도 다 캡처해서 보여주거든요. [청해진해운] 제주 지역 본부장이었죠, 이성희가. 그런데 그 사람 꼼꼼해 가지고 자기 수첩에다가 다 적어놨더라구요, 일일이 날짜마다. 세월호 취항식 때도 국정원 직원이 왔다 갔다 이런 걸 다 써놨어요. 그러다 보니까 그런 자료를 보여줘요. 그러면 그때서야 사람들이 믿는 거예요, '국정원 얘기가 음해론이 아니었다'. 대구 갔는데, 대구 강연을 하는데 거기에서는 그 자료 좀 달라고 자기도 홍보하겠다고. 그럼 다 줘요, 홍보하시라고, 국민이 알아야 된다고.

면담자   아버님, 오늘은 여기까지 하는 것이 좋을 듯해요. 아버님이 구술에 참여해 주신 건 참 의미 있다고 생각이 되네요. 여러 가지 이야기 많이 들었습니다. 감사합니다.

유민 아빠 김영오

7회차

2018년 11월 6일

1
시작 인사말

면담자   본 구술증언은 4·16 사건에 대한 참여자들의 경험과 기억을 기록으로 남김으로써 이후 진상 규명 및 역사 기술에 기여하고자 합니다. 지금부터 김영오 씨의 증언을 시작하겠습니다. 오늘은 2018년 11월 6일이며 장소는 (구) 4·16기억저장소 사무실입니다. 면담자는 김아람이며, 촬영자는 강재성입니다.

2
광화문에서 보내는 4월 16일

면담자   탄핵이 진행된 지 벌써 이제 2년 됐나요?

유민 아빠   2년 다 돼가는 거죠, 2017년도 3월 10일이었으니까.

면담자   10월에 최순실 사태가 터졌을 때 어떠셨는지요? 그때 세월호 7시간 문제가 불거지기 시작했어요.

유민 아빠   최순실 국정 농단, 언론에 [태블릿] PC가, JTBC에서 뉴스가 나오는 순간, 그 전까지는 굉장히 힘들었던 싸움이었죠. 왜냐면 시간도 많이 흘렀고 가족들이 굉장히 많이 지쳐가 있는 상태였고, 시민들도 많이 지쳤어요. 처음에 저희가 단식하면서 시행령 폐기 때문에 굉장히 많은 촛불들이 밝혀졌단 말이에요, 그때 당시에. 촛불이 하나씩 꺼져갔었어요, 실질적으로. 5월 2일 날 집회하면서 물대포 사건

나기 전에 그때 우리[한테도] 물대포 쐈어요. 백남기 농민 이전에도 물대포를 가족들한테 쐈었고, 그때 굉장히 폭력적인 집회가 돼버렸잖아요. 경찰과 박근혜 정부는 폭력 집회, 폭력 집단으로 매도를 하고 몰고 갔죠, 우리 가족들부터 시민들을. 언론도 굉장히 폭력이란 단어를 이용해서 시민들을 못 나오게 만들고, 메르스도 같이 엮어버렸고, 이게 일련에 같이 엮이다 보니까 시민들이 힘이 약해진 거예요. 떨어져 나가고, 오지도 않고, 촛불이 하나씩 다 꺼져버렸어요. 그러고 나서 가을에 국정 농단이 터지기 전까지 몇 개월을 보내는데 정말 힘들었던 시기였죠. 아무리 우리가 억울하고 억울함을 호소한다고 하더라도 뒤에서 같이 손잡아 주는 시민이 없으면 싸울 힘이 안 생겨요. 싸울 힘이 안 생기는 상태였으니까, 꺼진 걸 확실히 눈으로 봐서 진짜 절망을 많이 했죠. 저는 그때 무슨 생각이 들었냐면, '이제 세월호는 끝이다'. 이거 밝히는데 처음에 우리가 생각했던 거는 '5년, 10년 걸릴 거다'라는 얘기가, 저는 그때부터 생각이 들었던 게, '이거 영원히 못 밝히는 사건이 될 수도 있다'라는 절망감을 가졌었어요.

면담자   그 시점이 언제였었는지요.

유민 아빠   2주기 끝나고 4월 18일에 제가 연행이 되잖아요? 그러고 나서 5월 2일 전국 집회가 있는 상태에서, 폭력 집회, 버스가 부서지고 별짓 다 했잖아요. 집회가 처음으로, 광화문 북단이 뚫렸고, 뚫렸던 날, 이게 최고점이었어요, 그때가. 그 고점을 찍고 나서 시민들의 불이 꺼지기 시작했던 상태였고, 그리고 연행을 너무 많이 했어요, 정부에서. 연행을 너무 많이 하다 보니까 나도 연행이 됐을 정도니, 가족도 그때 열몇 명이나 연행이 됐을 정도였으니, 시민들은 얼마나 연행이 많이 됐겠어요. 연행이라는 거에 시민들이 공포를 느껴요. 그래서 하나씩 하나씩 떨어져 나가고, 언론이 굉장히 폭력 집회로 매도를 했기 때문에 사람들이 쉽게 안 나왔죠. 그 단계에 있다가, 시행령 폐기 때문에 우리가 집회까지 했잖아요? 그런데 그때 메르스가 딱 터져요. 그러고 나서 5월 11일 날 박근혜가 시행령 재가를 하고 공포를 해요. 그러고 나서 '거의 싸움이 끝이 되는 거 아닌가', 왜냐면 시행령이 통과되는 순간, 왜냐면 해수부 공무원을 수사를 하고 조사를 하는데, 절망밖에 안 들었어요. 그래서 나는 그때 '이거 이러다 영원히 묻히는 사건이 될 수도 있다'라는 생각을 그때부터 하기 시작했던 거예요.

면담자　　　지금 말씀하시는 게 15년이거든요. (유민 아빠 : 네, 2015년) 그럼 그때부터 계속 절망스러운 시간들을 보내시다가 라디오방송을 16년.

유민 아빠　　　16년 3월 18일인가 제가 첫 방송을 하게 됐죠. 그게 날짜가 그렇게 되는 거 같네요. 17년이 아니고, 16년이 아니고 15년이에요, 제가 풍찬노숙하고 그만두고 시행령이 통과되고 그때부터인 줄 알았는데.

면담자　　　그렇죠. 그게 다 1년 사이에 벌어진 일이니까.

유민 아빠　　　그만큼 정말 정부가, 조작은 손쉬운 일이었고, 음해, 언론을 통해서 매도하는 거, 이런 것들이 너무 집단적으로 이뤄졌으니까요, 정권부터 해서, 언론들, 시민 단체 보수 단체들, 일베들. 이걸 총동원을 해서 세월호를 매장을 시켰으니까, 쉬웠던 거죠. 저는 시행령이 통과되고 나서 빨라야 10년, 20년, 아니면 영원히 묻힐 수 있다는 생각이 들고 그때부터는 저는 절망을 느꼈어요. 그리고 농사를 짓겠다고 했던 이유가, 절망감도 절망감이지만 싸우는 게 어렵고 힘도 너무 없고 또 돈이 없었다고 했잖아요. 대출받은 돈이 다 떨어져 버리니까…. 그래서 글을 페이스북에 올리게 됐고, 어떻게 하든지 밥을 먹어야 되니까, 방세를 내야 할 거 아니에요. 그래서 방송을 하게 됐고, 그렇게 하면서 2016년도가 서서히 서서히 하나씩 시간만 흘러갔던 거죠. 그러면서 가족들이 경찰청 앞에서 집회하기도 하면 그때도 나오고, 가족들이 광화문광장에 나와서 집회하면 또 집회에 나오고, 이렇게 하면서 그때 방송을 했던 거죠.

면담자　　　방송 시작되고서 한 달여 있다가 2주기를 맞았던 거였거든요. 그때는 어떻게 계셨는지.

유민 아빠　　　15년도 말하는 거죠?

면담자　　　16년. 방송하기 시작하고.

유민 아빠　　　방송하고 16년도가 2주기였죠? (면담자 : 2주기) 2주기 때에는 어디에 있었더라, 내가? 세월호 광장에 있었던가, 광화문광장에 있었던가, 4·16가족대책위에 있었던가 모르겠네. 아무튼 2주기 행사 가족하고 항시 같이했으니까요, 지금까지 같이해 왔고. 그때 16년도에 뭘 했지?

면담자　　　그때 그 합창단 분들 나오셔서 가지고 노래하시는 게 있었고. (유민 아빠 : 광장에서 나왔나요?) 안산에서, 합동분향소에서, 기억식을 합동분향소에서.

유민 아빠 김영오

유민 아빠   1주기, 2주기, 3주기, 4주기를 하다 보니까 어떤 게 어떤 건지 모르겠어.

면담자   2주기, 3주기 헷갈리실 수 있을 거 같아요. 4주기는 확실히 기억하시겠죠.

유민 아빠   4주기는 어차피 기억이 나지만 2주기하고 3주기가 많이 헷갈려요. 나는 거의 광장에 갔어요, 분향소에 안 가고. 2주기에도 내가 왜 광장에를 갔냐면 가족대책위에서 4·16 행사라든지 2주기 행사라든지 집회라든지 뭐가 있을 때는 꼭 분향소랑 광화문광장 두 군데서 해요, 행사를, 집회도 마찬가지고. 난 그게 안타까웠거든요, '왜 같이하지 않느냐'. 제가 방송을 하게 되면서까지, 방송을 하게끔, 또 그만큼 시간이 많이 흘렀지만, 촛불들도 꺼져갔고, 그리고 나오는 사람들도 많이 없었어요, 이제는. 많이 모여야 몇천 명? 진짜 많이 모여야 만 명, 이렇게밖에 안 모였단 말이에요. 그게 이제 2주기, 3주기를 거쳐요, 그렇게 해서. 그때 당시에 내가 얼마나 힘이 없었겠어요, 그걸 봐왔을 때. 근데 사람들이 한번 우리가 행사를 광화문이든지 안산 분향소든지 행사를 할 때마다 곳곳에 10만 명, 20만 명씩 온다면 저 이런 생각 안 하는데, 만 명도 안 되는 시민들이 둘로 나눠져요, 같은 시간대 같은 날. 그러다 보니 사람이 더 없어 보여, 촛불도 조그맣게 보이고. 하나로 뭉쳐야 할 때인데 이게 자꾸 갈라놓는 걸, 내가 그래서 그걸 많이 얘기를 한 적이 있어요. "왜 이렇게 집회를 두 군데서 해야 되냐. 가뜩이나 지금 힘들도 없는데" 광화문광장에서 한번 크게 하고서 아니면 4·16분향소에서 한번 행사 간단하게 하고, 많이 오는 시간이 돼야 되는데 꼭 항시 행사가 거의 끝나갈 무렵에 오든지, 참석하는 게 많이 있어요.

그런데 안산분향소에서 시민들이 하게 되면 안산 시민들도 많이 오잖아요? 그러면 100명이 왔다면, 100명이 다 광화문광장으로 오냐? 그게 아니거든요. 오다가 절반은 오고 절반은 다시 가요, 행사 끝났으니까. 광화문까지 쉽게 안 온단 말이에요. 그런데 아예 광화문 자체에서 모든 행사를 해버리면 만 명이 아니라 2만 명까지 한 번에 모여 있겠죠. 이런 거 볼 때 굉장히 안타까웠어요. 없는 시민들이 또 둘로 나눠져 가지고 행사를 하게 되면, 보수들을 제가 무서워했던 게 그거였어요, 항시. 우리가 항시 맞은편에서 집회를 하고, 가뜩이나 우리가 사람이 많아야 되는데 사람이 없으면 쟤들은 얼마만큼 더 진짜 날뛰고, 맞은편에서 집회를 하고 있는데, 더 큰 촛불을 보여줘야 되는데 항시 왜소한 촛불을 보여주다 보니까, 그게 난 굉장히, 광화문광장을 지키는 사람으로서 힘들었던 거죠.

면담자   한군데로 힘을 합쳐야 된다고 하면 더 많은 시민을 만날 수 있고, 중요한 곳이 역시 광화문이라고 생각하셨던 거죠?

유민 아빠   예, 광화문광장이었죠. 안산까지 사람들이, 안산분향소에서 하게 되면 많이 모여야 한 5000명? 그런데 광화문광장은 10만까지도 모일 수 있는 전국구 집회 장소였으니까.

면담자   안산에 화랑유원지에 만든 합동분향소에 대해서 생각을 가져보신 적이 있으세요? 광화문에 작은 분향소가 있는 셈이고, 합동분향소는 화랑유원지에 마련되기도 했고, 그 앞쪽으로 가족분들 대기실이 있는 구조가 돼 있었는데 그거에 대해서 생각해 보신 적이

유민 아빠 김영오

있으세요?

유민 아빠   그거는 광화문광장을 지키기 위해서 분향소를 다시 조그맣게 만들었던 거고, 원래 분향소는 안산에다 해놓아야죠, 화랑유원지 자리에다. 그리고 미수습자가 전원 나오지 않았기 때문에 계속 분향소를 유지할 수밖에 없었던 거고. 그래도 저는 계속 화랑유원지에 분향소가 있어야 된다는 거, 끝까지 같은 생각이에요. 왜냐면 안산에서 일어난 사건이었으니까, 안산 학생들이 살았던 지역이었고 그러니까 안산에 분향소가 있어야지 그게 광화문광장에 간다는 건 이치에 맞지도 않고. 저는 그래서 화랑유원지가, 사람들이 많이 올 수 있는 공간, 전철역도 가깝고. 만약에 와동이라든지 외지로 만약에 분향소를 설치해 놨다면 사람들 이렇게까지 못 와요. 일단 교통편이 없잖아요, 접근성이 용이하지 않으니까. 화랑유원지가 딱 좋은 위치예요, 위치는. 주택하고도 멀리 떨어져 있고, 경기장 하나 있고, 들판 한가운데, 공원 한가운데 조그맣게 있는 거니까, 저도 화랑유원지가 낫다고 봤죠.

3
유가족 폄하

면담자   2주기가 지난 무렵까지도 가족들이 계속할 수 있는 게 없었던 상황이었잖아요. 우리 세월호 이슈가 돌파구를 찾기 힘든 상황인데 어떤 생각을 하셨는지. 리본을 만든다거나 다른 시민들한테 개인적으로 SNS로 대화를 많이 한다거나 어떻게 계셨는지.

유민 아빠　　저는 간담회를 계속 많이 다녔어요. 방송하면서 간담회를 다녔죠. 방송은 이틀이니까요. 하루 취재하고 하루 방송하고 녹음하고 그리고 나머지 시간에 간담회를, 있는 대로, 저는 요청이 오는 대로 가서 해요, 해서 학생들한테 많이 알리고. 그때 당시에도 진상 규명이 전혀 된 것도 없지만 무엇을 진상 규명해야 될지 제대로 아는 사람도 많이 없어요. 공중파 방송이 청문회에서 밝혔던 내용들을 일일이 다 방송해 준 게 아니었잖아요, 단 하나도 안 해줬으니까. 직접 다니면서 "청문회에서 이러이러한 문건들이 나왔다, 이런 증거들이 나왔다" 이걸 캡처해서 PPT 자료 만들어서 그대로 방송을 했죠, 아예 강연을.

면담자　　16년 방송하기 시작하신 그때는 여론이 많이 좋지 않았던 때이기도 했었는데 그런 건 없었어요?

유민 아빠　　우리를 폄하했던 때였거든요. 세월호 가족을 폄하했던 때였기 때문에, "보상금 문제, 더 받으려고 그런다", 이런 소문들이 계속 나돌았으니까요, "보상금 받아놓고 더 받으려고 싸운다". 그리고 한번은 홍대입구에 가면 은화 엄마, 다윤이 엄마가 피켓 시위를 몇 달 동안 했어요. 거기에 가서 한번 같이 들어주는데 지나가는 할아버지가 "저거 돈 더 받으려고 저 지랄하는 거야" 2016년도인데도 [그러더라고요]. 그런 소문들을 카톡을 통해서 날렸는지, 아니면…. 언론은 더 받으려고 그런다는 얘기를 절대 안 해요. 세월호 보상금이 우리가 4월 16일에 삭발식을 부모들이 했을 때도, 삭발식 할 때 어떤 보도들이 나오냐면 열몇 명인가 보상금을 받아간 게 있어요. 한꺼번에 일률적으로 다 준 게 아니고, 사인을 같은 날 한 게 아니잖아요. 1차로 받아갔던 사람들이 매일 주기적으로 날짜마다 서명을 했을 거 아니에요? 보·배상받고 이런 문제들을, 조금씩 조금씩 몇 명씩 나눠서 준 거예요, 돈을. 그럼 뉴스는 "몇 명이 얼마 받아갔다", 또 한참 이따가 몇 명을 줘요. 그럼 "몇 명이 얼마 받아갔다", 이게 몇 차례 하는 거예요. 우리가 삭발식 하는 날도, 그때에도 "몇 명이서 받아가지고, 얼마 받아갔다" 이렇게 나와요. 시민들이 뭐라 그래요, 보수 단체는? 계속 받으니까 "이거 저번에 받고 또 받는다" 이런 뉴스를 은연중에 흘려 보내는 거예요. 보도들은 정확하게 보도를 해야 되잖아요? 몇 명이서 아직까지 못 받아갔던 부모들이 얼마 받아갔다는 이런 보도 멘트를 해줘야 되는데, 그냥 돈만 내요, 액수만 몇백억. 그러다 보니까 나중에 세월호 리본을 차고 다니든, 피켓을 들고 있든, 간담회를 다니면서 그런 얘기를 시민들한테 들어요, 그러면 "돈 받아놓고 더 받으려고 저 지랄하는 거다"라고 계속 그런 얘기를 하고, 삿대질하고 지나가는 거. 그때 당시가 언론도 그랬지만, 시민들의 눈, 귀 다 그렇게 돼 있었어요, 돈. 그리고 김경일 경장, 선장, 선원들 다 구속시켜서 형을 받았잖아요, 받을 단계였고, 깜방에 다 들어갔으니까? 처벌 다 했는데? 끝난 걸로 알고 있어요, 사람들은. 우리 촛불을 드는 사람들은 끝난 게 아니라고 다 알지만, 정치에 관심 없고 사회에 관심 없는 사람들은 "선장도, 해경도, 경장도 3년 형을 받고 다 지금 처벌받았지 않느냐", 그게 진상 규명이 밝혀져서 처벌받은 걸로 알고 있는 사람들이 대부분이에요. 그러니까 싸우는 게 굉장히 힘들었어요, 우리는. 진실을 얘기

337

7회차

하면 돈으로 결부하고, "진실을 밝혔지 않았냐? 처벌했지 않았냐?" 이런 걸로…. 그때가 2016년도, 2017년도 이때 당시, 그렇게 힘들었죠.

면담자 　　　방송 처음에 하시게 되었을 때는 어떤 마음 드셨어요? 일단 생계가 해결된다는 게 제일 중요한 문제였을 거 같고.

유민 아빠 　　　방송을 해서 생계가 유지는 안 돼요. 왜냐면 지금도 그렇잖아요? 일주일에 15분을 나가는 방송인데, 한 회당 25만 원을 받아요. 일주일에 한 번이니까 100만 원이에요. 그러면 방세 33만 원 내고 나머지는 기름값 하면서 다니고, 이게 다예요. 밥만 먹고 사는 거, 돈이 모자라죠, 100만 원 가지고. 방송하면서도 그나마 또 대출을 받는데, 조금 받을 수가 있잖아요, 대출을. 그래서 겨우겨우 유지해서 나갔던 거죠. 방송을 한다고 해서 생활이 됐던 게 아니라 그만큼 빚을 덜 내게 됐죠, 조금. 그래도 빚을 내서, 계속, 세월호 그만둘 수가 없으니까. "일상으로 돌아가지 않고 언제까지 그렇게 살래?" 그런 얘기를 주변에서 굉장히 많이 했었어요. 가족들이 지금도 그래요. "언제까지 그렇게 살래?" 나한테 그래요, 지금도. 그게 굉장히 답답해요, 나는(한숨). 남들도 촛불을 밝혀주고 진짜 내 일처럼, 내 자식이 죽은 것처럼 그렇게 자기 가지고 있는 금이라든지 이런 거 다 팔아가지고 촛불집회 나온 사람도 봤고, 직장을 포기하고 때려치[우]고 촛불을 밝혀주는 시민들 많이 봤어요, 주변에서, 광화문광장에서. 그런데 가족들이 지금도 그런 얘기해요. "언제까지 그렇게 살래" 그런 얘기하는데, 당사자인 나는 "돈보다도 진실을 밝혀야 되지 않냐", 그리고 '진실을 밝혀서 책임자 처벌하고, 다음 세대들, 유민이 동생들, 안전한 나라를 만들어주는 게 내 숙명이 됐다' 그럴까요? 유민이가 남겨준 숙제, 그걸 해결해 주는 게 아빠로서 해야 될 일이고. 저는 이제 다른 길로 접어든 게 유민이 때문에 접어들게 됐잖아요. '안전한 나라를 만들자, 다음 세대에게 행복한 미래를 만들어주자' 이게 나에게 돈보다도, 지금은 그게 제 숙제, 평생 과업이라고 그럴까요? 그게 됐어요.

면담자   나이 들고 오랜 싸움 계속하신다고 하면 걱정되지 않으세요?

유민 아빠   그래서 저도 계속 생각을 많이 하고 있어요. 생각을 많이 하는데, 방송을 언제까지 계속할 수도 없어요. 그러면 다시 또, 직장생활은, 만약에 이 상태로 세월호가 흐지부지 계속 흘러가잖아요? 그럼 직장생활은 아직은 할 수가 없어요. 언제 싸울지 모르잖아요, 우리는 지금 대기하고 있는 상태니까. 정권이 바뀌었다고 해서 다 해결해 주고 다 된 것처럼 얘기하고 다 해줄 것처럼 얘기들 하지만, 실질적으로 아무것도 되는 거 없어요. 특조위 2기도 1기보다 더디게 가고 있어요, 지금 현재. 그리고 진상 규명 밝혀지는 거, 특조위가 출범을 해서 조사를 시작해야 이게 하나씩 밝혀지는데, 시간만 유유히 흘러가고 있을 뿐이에요. 그리고 대신 우리가 이 정부를 믿고 가만히 대기하고 있는 거죠. 우리는 대기 상태예요.

그런데 이게 안 됐을 경우에 어떻게 할 거냐, 안 됐을 경우에. 박근혜 정부에서 증거자료 다 삭제하고 폐기하고 조작해 놓고 자료가 많이 없어요. 그러면 이 정부에서 조금 남아 있는 자료 가지고 얼마만큼 밝힐 거냐, 가족들이 만족할 거냐. 가족들이 만약에 만족을 못 하면 또 싸울 수밖에 없는데…, 그래서 저는 대기 상태라고 봐요. 이 상태에서 내가 마음 놓고 직장에 간다? 아직은 갈 수가 없죠. 아무리 힘들어도 그냥 손가락 빨고 있더라도 46일도 굶어봤는데 한 끼, 두 끼 굶는 거 뭐 별거 있습니까? 요즘에도 하루 한 끼, 두 끼 먹어요. 정확하게 가족들이 만족할 때까지는 대기 상태라고 봐요. 그래서 저희가, 특조위 2기가 조사하고 완전히 끝났을 때, 그래서 우리 가족과 제가 '여기까지 조사를 하고, 여기까지밖에 밝힐 수가 없는데, 더 이상 밝힐 수가 없는데 어떻게 하시겠습니까. 만족하십니까' 하면 그게 우리가 결정을 해서 "예, 고생들 하셨습니다" 하고 그때 직장에 들어가든 제 인생을 사는 거고. 그러면서 다시 저는 끝까지 또 이 사회에 우리 세월호처럼 아픈 사람들, 저는 계속 손잡고 함께 갈 거예요, 직장생활 하면서 또 그 사람들 도와주고 손잡고 나와주고.

4
TBS 방송 내용

면담자　　　방송은 가능하다고 하면 계속하면 좋겠죠?

유민 아빠　　지금 3년째 하고 있거든요. 3년 다 돼가는데, 3년 동안 사회적 약자들, 이런 사람들 찾다 보니까 많이 없어요. 아이템 찾는 것도 굉장히 힘들어요. 피디님들도 가끔 카톡으로 "이번 주에 뭐 하면 될까요".

면담자　　　이제 조금씩 중복되겠죠.

유민 아빠　　중복되는 것도 있죠. 1년 전에 만약에 우리가 노동자 문제 다뤘어요, 그때 한창 집회하고 할 때, 농성할 때. 그때 가서 했는데, 한 1년 있다가 다시 '그 사람들 지금 어떻게 됐을까', 그런데 해결된 사람들이 거의 없어요, 계속 투쟁하고 있는 거니까. 해결된 게 KTX, 그나마 좀 나아졌죠. 쌍차[쌍룡자동차] 김득중 씨도 인터뷰해 봤고…. 하나씩은 굉장히 더디죠. 사회 전반에는 어마어마핸[하게] 농성장들이 많아요. 국회, 여의도 지나가죠? 곳곳에 있어요. 청와대 앞에도 마찬가지고요. 굉장히 많은 농성들이 대한민국에는 있어요. 그런데 이게 해결이 한꺼번에 정권 바뀌었다고 그래서 다 되는 게 아니잖아요. 굉장히 더디단 말이에요. 정부가 하는 게 아니라 이 사람들은 회사와의 연결고리거든요? 회사에서 해줘야 되거든, 정리해고든 무슨 문제든. 그래서 이런 게 좀, 다시 또 취재를 갈 수 있는 사안이 되긴 돼요. 1년 전에 또 농성을 하고 농성장이 있었는데 1년 후에도 농성장이 그대로 있어요 지금, 몇 년째 있는 농성장도 있고. 가서 또 지금 상황은 어디까지 왔는지도 할 수 있고…. 그런데 이것도 여러 번[이라고] 해봤자, (면담자 : 그렇죠. 한정돼 있으니까) 네, 한정돼 있어서, 변화가 없으니까요.

면담자　　방송이 현실을 알게 하는 것도 있지만, 많은 청취자나 시민들이 뭔가 변화된 걸 원할 수도 있으니까, 제작하는 입장에서도 고민이 되시겠네요.

유민 아빠　　저는 시민들도 들어야 되지만 정부가 이 방송을 꼭 들었으면 하는 바램이 있어요. 왜냐면 이 사람들 진짜 자기의 바램을 담아주거든요? 저희는 "그럼, 마지막으로 바라는 게 무엇입니까?"라고 물어보면, 정말로 큰 게 없어요, 이 사람들은. "바람이 뭐예요? 왜 이렇게 농성을 하십니까? 뭘 바라십니까?" 하고 물어보면 너무 큰 건 없어요, 사소해요. 정말로 인간으로서 누려야 할 인권, 생존, 단순한 거예요. 굉장히 단순해요. 굉장히 크게 포부를 가지고, "이거 이거 해달라, 이렇게 바란다" 이런 요구는 없어요. 거의 다 요구가, 굉장히 일상으로, 내가 일한 만큼 돌려받을 수 있는 삶, 이런 걸 원한단 말이에요. 이것도 하나 해결이 안 되는데, 방송을 계속하게 되는 것도 솔직히, 해야 되겠어요, 말아야 되겠어요? 정부가 들어주고, 이 사례 해결 좀 해줬으면 좋겠어요. 너무 사소한 바람인데, 큰 바람도 아닌데, 몇 년째 저렇게 농성장이 있고, 씻지도 못하고 제대로, 그렇잖아요? 농성장에서 먹고 잔다는 게, 길거리에서.

면담자   방송하실 때 청취자들의 반응이나 청취율도 의식하시나요?

유민 아빠   의식을 많이 하죠.

면담자   아, 제일 잘 나왔던 거 어떤 주제였는지 기억하세요?

유민 아빠   잘 나왔던 건 없고요. 팟캐스트로도 다시 듣기 해서 들을 수 있어요. 올여름에, 할머니, 할아버지들의 문제, 노인들의 문제예요. 폐지 줍는 어르신들이 굉장히 많아요, 대한민국에는. 그런데 이게 남의 일이 아니에요. 작가님도 지금 젊죠. 나중에 폐지 줍지 말라는 법이 없어요, 우리 피디님도 마찬가지고. 내가 될 수 있는 게 폐지 줍는 노인이에요, 대한민국 현재 구조가. 그만큼 복지가 없어요, 노인 복지가. 이 사람들이 젊었을 때 가난하게 거지로 살아서 폐지 줍는 거 아니에요. 젊었을 때 지금 나처럼 열심히 살았던 사람들이에요. 굉장히 열심히 살았던 사람들인데 자식들한테 돈을 뺏긴 사람도 있고, 자식들한테 돈을 대물림해 주고. 왜? 나는 보리밥 먹어도 되는데 자식은 쌀밥을 먹이는 게 부모들의 마음이거든요. 젊어서 돈 아무리 많이 벌었더라도 까먹는 건 순식간이거든요. 그래서 길거리에 나앉는 거, 폐지 줍는 건 누구 일이 아니에요. 내가 될 수 있는 사회구조거든요. 그런데 여름에 폐지 줍는 노인 방송해서, 그것도 폭염에, 40도까지 올라갔잖아요? 40도에 폐지를 주워서 어떻게 살고 있는지 방송을 내보냈어요. 그랬더니 방송을 듣고 폐지 줍는 할머니가 하시는 말씀이 "하루에 2450원 벌어요. 하루 종일 폐지를 주워서 지금 현재 먹고살 길이 없어요. 국가에서 나오는 보조금 20에서 25만 원 나오는 거하고, 폐지 줍는 거 이거 해서 겨우겨우 먹고사는 게, 제일 목돈이 쌀이 들어간다"는 거예요. 쌀 사는 게 제일 큰 목돈이래요. 방송을 듣고 나서 "제가 쌀장사하는 사람인데 다달이 쌀을 갖다주겠다", "선풍기도 없이 살아요" [그러면] "나는 선풍기를 하나 주겠다".

면담자   그런 반응들이 있었어요?

유민 아빠   방송국으로 와요, 연락처 모르니까. 그런 거 왔을 때, 그럴 때 굉장히 보람이 있죠. '이 방송을 들어주고 손을 잡아주는 사람이 있구나' 그럴 때가 제일 보람을 느껴요, 방송할 때. 그리고 형제복지원 같은 것도 나는 그렇게 자세히 몰랐었는데, 듣고 나니까 정말 우리나라 역사가 아니라 제일 근본적인, '태어나서 밥숟가락 입에 넣고 빼는 게 이렇게 힘든 나라가 우리나라였는가' 형제복지원 같은 거 하면서도 느꼈고. 아니, 내가 내 숟갈로 밥을 먹고 빼는 것조차 힘든 세상이 우리나라예요. 정말로 억울한 세상이에요, 억울한 세상. 형제복지원 같은 거 처음 봤어요, 얘기 듣고 나서.

박근혜 국정 농단과 7시간

면담자   국정 농단 국면에 갔을 때 황당하다는 심경이셨는지, 아니면 '그럼 그렇지' 생각하셨어요?

유민 아빠   황당했죠. 진짜 촛불이 꺼지고 나서 절망을 느꼈다고 했죠? 절망을 했었고, 빨라야 10년, 20년. 영원히 묻힐 수 있는 사건이 될 수 있다는 절망에 빠졌을 때 최순실 PC가 터졌어요, PC가 공개되고. 그게 다가 아니었거든요? PC가 공개되면서 하나씩 하나씩 계속 나왔어요, 박근혜와 연루됐었던 거. 그러면서 7시간까지 같이 나와요. "7시간도 조작이 됐다" 그러면서 시민들이 하나씩 하나씩 촛불을 밝히기 시작하면서 1700만을 밝혔을 때 나는 또 다시 희망을 봤어요.

면담자   보도가 나온 게 10월 24일 방송이었었거든요? 다음 날 연이어서 계속 보도가 나왔었죠. 그때 어떠셨어요?

유민 아빠   의욕을 굉장히 상실한 상태였잖아요. 그런데 뭔가 보이기 시작했죠. 빛이 보인다고, 희망을 봤다고요. 우리 가족들은 다 알고 있어요. 뭘 밝혀야 되고 어떤 것들을 조작하고 어떤 것들이 삭제되고 어떤 것들을 정부가 안 주고, 자료를 안 줘요. 지금까지 안 준 자료들이 있어요. 이런 걸 다 알고 있잖아요. 이걸 밝혀야 되는데 박근혜 정부에서 차단을 했단 말이에요, 밝히지 못하게끔. 우리 당사자들은 그만큼 억울한 심정을 가지고, 뭘 밝혀야 되는데, 이걸 알고 있는데, 묻힐 거 같은 상황에서 최순실 게이트가 터지니까, '이때다. 이제 세월호도 나올 수 있겠다' 그래서 국정 농단, 박근혜 7시간을 물고 늘어졌던 거죠.

박근혜 7시간이 그때부터 더 최순실 국정 농단 함께 불거져 나왔죠? 그러면서 조작된 거, 박근혜 7시간 같은 경우는 30년 동안 봉인을 시켰어요, 황교안이가. 그러니까 나는 봉인된 것도 아직도 안 믿어요. 가짜로 조작을 한 서류를 넣어놨을 거라고 저는 봐요. 그래도 궁금하게 만들어서 이걸 만약에 30년 후에 개봉이 됐는데 진짜 진실이 들어가 있으면 박근혜는 쓰레기가 되는 거잖아요. 그렇게 만들겠어요? 청와대가 어떤 놈들인데. '조작을 해서 그걸 넣어놓고 저게 진실인 양 보여주는 것뿐이 없을 거다', 그래서 저는 7시간에 대한 문건 봉인한 거 안 믿어요, '그건 가짜일 거다'. 궁금증 유발해서 꺼냈는데 '봐라, 미용하고 했던 게 맞지 않냐' 그걸 진실로 만들어주는 거예요. 역사에 정말로 나쁜 대통령이 아니라 좋은 대통령 만들기 위해서 조작을 해서 넣어놨을 거라고. 나 이런 거까지 믿었기 때문에 최순실 게이트 터지면서 7시간에 관련해서 막 터졌을 때도 그렇게 7시간, '난 저건 아니다' 안 믿었어요. (면담자 : 어떻게 생각하셨어요?) 저는 지금까지 나왔던 박근혜 7시간 전혀 안 믿어요. '다른 사건일 것이다. 다른 게 있을 거다'라고 믿어요, 다른 거.

미용을 했다든지 백옥주사 맞고 마늘주사 이런 거 있었잖아요? 저는 절대 안 믿어요. 다른 게 있을 거라고 추측을 하고 있고. 정윤회 사건 같은 게, 정윤회 열애설이 터졌잖아요? 가토 지국장하고 소송을 들어가고 가토가 무죄판결 받고서 지금은 오히려 보상을 신청을 해요. "난 대한민국에 이런 이런 재판을 받아서 정신적인 피해를 입었다" 해

345

7회차

서 위자료를 줘요. 박근혜가 정윤회하고 연애를 했다 이거예요, 롯데호텔에서. 이런 글들을 내놨는데, 허위 사실과 명예훼손, 국가모독죄잖아요, 대통령을 함부로 얘기했으니까. 그런데 무죄판결 되고 위자료까지 줬다 말이 되는 얘기냐 이거예요. 뭔가 박근혜가 (면담자 : 뭔가 있다?) 그래서 저는 그런 상태였기 때문에 최순실 국정 농단 있을 때도 7시간에 대해서 막 나왔었잖아요? 마늘주사고 뭐고, 백옥주사 맞고 있다, 그때 막 터지기 시작했잖아요. 근데 나는 그걸 안 믿었어요. '마늘주사는 무슨 마늘주사야', 그거 맞았지만 그 시간에 그거하면서까지 7시간을 때우지 않았을 거라는 거예요. 다른 게 있었기 때문에 그렇게 평소에 해왔던 것처럼.

면담자   그게 밝혀지기도 어렵겠다는 생각도 하시구요?

유민 아빠   지금도 마찬가지로 밝혀지기가 굉장히 어려워요. 저는 7시간에 대해서는 밝혀지기가 힘들 거라고 봐요, 자료 다 폐기했으니까.

면담자   그 7시간이 우리 진상 규명 전체로 봤을 때는 어느 정도의 중요성이 있다고 생각하세요?

유민 아빠   굉장히 큰 중요성이죠, 왜 구조하지 않았는지[를 밝히는]. 물론 박근혜가 구조하는 건 아니에요. 구조하는 건 아닌데, 박근혜가 7시간 동안 잠적이 돼 있고, 연락이 안 되니까, 두절이 되다 보니까 책임자가 있어야 되잖아요, 책임질 사람이. 책임질 사람이 계속 빨리 "뭐 하는 거야. 애들 좀 빨리 구해. 왜 투입 안 해" 이런 걸 계속 지시를 내렸어야 되는데 그걸 한 사람이 없었어요. 대통령이 하지 않으니까 나머지 밑에 있는 김기춘이라든지 중대본이라든지 이 사람들은 뭘 했냐, 보고서 작성했어요, 보고서. 세월호 4월 16일 날 그때 국가가 한 일은 보고서 작성이에요. 구조가 아니라 보고서를 작성했어요. 박근혜가 자기 바로 눈앞에 중대본에 앉아 있지 않기 때문에 TV를 수신을 하면서 "지금 저 상황인데 뭣들 하는 것입니까. 빨리빨리 병력 투입하세요" 이런 얘기 안 했으니까. 이 사건에 대해서 그때 당시 중대본이든 뭐든 긴박하게 생각을 안 했어요. '다 죽겠냐, 설마' [하고] 안일하게 생각을 했기 때문에 보고서만 작성했단 말이에요. 대통령이 언제 올지 모르니까, 보고를 해야 할 자료, 시간별로 해서 작성을 하다 보니까 아이들이 구조가 안 되고 다 죽어버렸던 거예요. 그래서 1차적인, "왜 박근혜한테 따지느냐?"고 하지만, 나는 그래서 그렇게 믿어요. 박근혜가 중대본에 앉아서 직접적인 지시를 상황 상황마다 내렸다면 이렇게까지 안 됐어요. 그래서 난 박근혜한테 따지는 거예요. 그래서 7시간이 굉장히 중요하다는 거예요. '당신이 7시간 동안 없었기 때문에, 중대본에 앉아 있지 않았기 때문에, 보고서 작성하느라고, 당신한테 보고하려고 이렇게 아이들 단 한 명도 구조하지 못하고 다 죽었다'는 거예요.

면담자   봉인한 문서도 사실상 믿기가 어렵다고 말씀을 하셨는데, 과연 정말 밝혀질 수 있을까요?

유민 아빠   증거가 없잖아요. 자료를 가져와서 양심선언을 하지 않는 한 굉장히 힘들어요. 왜냐면 자료가 조작이 돼 있다는 거 자체가 진짜 원본이 다 폐기했다는 거예요. 가짜 서류만 만들어놨어요, 진짜 원본이 있어야 밝힐 텐데.

면담자   자료로는 밝히기가 어려울 것 같다?

유민 아빠   자료는 지금 7시간 공개해 놨잖아요. 그걸로 밀고 가고 있잖아요, 지금도. '7시간 동안 머리하고 갔다' 이거예요. 이걸로 지금까지 뉴스가 흘러왔고 다른 조그만 증거자료라든지 이런 게 지금 안 나오고 있어요, 현재까지도. 최순실 국정 농단이 터진 지가 언젠데, 정권이 바뀐 지가 언젠데 아직까지 안 나오고 있잖아요. 또 다른 조그만 증거가 조금이라도, 이게 안 나오고 있는 거예요. 다 폐기되고 가짜로 만들어놓은, 조작된 서류가 지금까지 계속 밀고 나가고 있는 거죠. 그래서 저는 '7시간 진짜 밝히기 힘든 사건이다', 이게 밝혀져야 박근혜 네가 왜 구조 명령을 내리지 않았는지 알 수 있거든요.

6
침몰 원인

면담자   영화 〈그날, 바다〉에도 나오긴 했는데 고의 침몰설에 대해서는 어떻게 생각하세요?

유민 아빠   고의 침몰설, (한숨 쉬며) 글쎄요. 그게 제일 난감한 질문이에요. 간담회 가면 "고의 침몰 아니냐?"라는 질문을 많이 하는 편이거든요? 제가 할 수 있는 대답은 "유가족이기 때문에 고의 침몰인지 급변침인지 말을 할 수가 없다", "생각을 가지고 있더라도 할 수가 없다" 왜 그러냐면 유가족이 가장 많이 알고 가장 가까이 접해 있기 때문에, 또 당사자기 때문에 유가족 입에서 "이거 잠수함이거 같아요"

이렇게만 얘기하더라도 시민들은 '맞아, 잠수함일 거야' 하는 사람들 많이 있잖아요? "이거 잠수함 맞다니까. 유민 아빠가 그렇게 말해줬단 말이야" 이게 진실이 된단 말이에요, 흘러 흘러 소문이. 그래서 유가족 입장에서는 고의 침몰이니, 급변침이니 대답을 해줄 수 없는 입장이에요. 내가 자료가 만약에, 증거자료가 가족대책위라든지, 나한테 급변침인지 고의 침몰인지, 앵커를 해서 바닥을, 자료 하나라도 단하나라도 단서가 있으면 그렇게 말을 하고 다니겠죠. 단서 하나 없잖아요, 지금 현재. 없는데 내가 '저도 고의 침몰로 생각하고 있어요'라고 말을 못 하는 거예요. 이게 진실로 흘러가 버려요, 가족의 입에서 나오면. 그래서 저는 말 안 해요.

그냥 〈그날, 바다〉 영화를 보고 나서 생각을 고민을 굉장히 많이 하죠. '그럴 수도 있겠다. 저게 맞는 거 같다. 앵커가 왜 먼저 잘렸을까? 왜 가족들한테, 비공식적으로, 앵커를 몰래 잘라가지고 부산 보령호에다가 실어다 놨을까? 진짜 앵커가 맞지 않나?' 이런 의심을 들게는 하죠. 〈그날, 바다〉 영화 나오기 전에 앵커가 벌써 잘려서 증거를 인멸해 버렸으니까, 그러니까 고의 침몰설을 우리는 의심을 할 수밖에 없고, 그쪽으로도 물론 조사를 해봐야겠죠. 그런데 정확한 증거자료가 없기 때문에 내 입에서 그렇게 쉽게 말을 못 하죠, 고의 침몰인지. 계속 나는 의심하고 조사해 봐야겠다고 생각은 하고 있어요.

면담자   선조위에서도 결정을 못 내리고 보고서를 두 버전으로 냈죠.

유민 아빠   그럼요. 내인설과 외인설, 두 가지로 갈 수밖에 없어요, 증거가 없으니까. 세월호 선체를 물속에서 산산조각을 내났는데 조사

할 부분들을 다 잘라버렸는데 뭘로. 증거를 찾을 수가 없잖아요. 그렇게 나갈 수밖에 없어요. 세월호 선체를 뭍에다가 올려놓고 아이들, 최대한 미수습자를 찾았다는 거, 이 두 가지밖에 보여준 게 없어요, 선조위가 한 거는.

면담자　　　아직 침몰 원인도 여전히 밝혀지지 않았다?

유민 아빠　　침몰 원인을 알아야 구조하지 않았는지를 알 수가 있거든요? 이게 정말로 청해진해운의 단순 실수로 급변침으로 넘어진 사고였다 그러면 정부가 발 벗고 나서서 구했겠죠. 그러면 구조가 됐죠? 구조를 했겠죠. 그런데 아까 말씀드린 것처럼 만약에 고의 침몰이다, 4월 15일 날 일어난 사건들을 보면 고의 침몰을 의심할 수밖에 없는 사건들이 많아요. 김기춘이가 NSC[National Security Council, 국가안전보장회의] 상임위원이 돼요. 상임위원은 재난이 발생했을 때 총괄할 수 있는 지위를 줘요, 김기춘한테. 그리고 선원과 선장을 그날 다 바꿔버리죠. 그리고 남재준 국정원장이 15일 날 대국민사과를 해요, 간첩 조작 사건으로. 간첩 조작 사건으로 국정원장이 대국민사과를 할 정도면 국정원이 사실상 와해되는 거예요. 그런데 이걸 뭘로 덮을 거냐, 사건으로 덮을 수밖에 없어요.

그래서 세월호는 국정원 소유고, 그러면 '세월호 살짝만 엎어봐라. 이슈 좀 돌리자. 국정원장 어제 대국민 사과했는데 세월호[로 관심을 돌려보자]', '안개가 많이 껴서 보낼 수가 [없는데요?]', '그래도 보내. 빨리 보내' 했겠죠, 만약에 고의 침몰이라면. 그러면 살짝 엎어놨는데 여기에다가 철근을 실었어. 철근이라는 건 완전 고박을 하지 않으면 굴러가요. 굴러가고 급변침해서 쏙 들어갈 수밖에 없어요. 자동차라든지 컨테이너 같은 거는 딱 고박이 돼 있다 그거예요. 그러면 화물이 넘어져도…. 거제조선소에서 20년, 30년 동안 근무한 사람들도 그런 얘기를 해요. 자기도 상상이 안 가고, 이해가 안 간다는 거. 배가 넘어지면 복원성이 있어서 계속 그대로 있어야 되는데, 왜 단시간에 엎어져 가지고 물속에 처박[히]냐 이거예요. 그거는 저는 철근이라든지, 고박을 하지 않은 그런 것 때문에 화물이 쏠리고 해서 순식간에 들어가 버린 거예요[라고 생각해요].

그러니까 국정원이 이것까지 계산을 못 했던 거 같아요, 만약에 고의 침몰설이라면. 여기서 당황을 한 거예요, 보고는 해야 되고. '큰일 났다, 이거' 우왕좌왕하다가 골든타임을 놓쳐버릴 수 있어요. 골든타임 딱 놓치는 순간 구조는 실패예요, 바닷속에서는. 올여름인가 작년 여름에 어선이 한번 뒤집혀 가지고 조그만 배였잖아요, 그 어선. 가까운, 물하고 얼마 안 떨어진 배인데도 몇 명이 죽고 한 명인가 몇 명 살아 나왔죠? 그 정도예요. 근데 6500톤급이에요, 넘어지면 10미터, 20미터예요, 수심까지. 들어가려면, 물속에 처박혀 버리면 구조하기가 굉장히 힘들어요. 이것까지 계산을 못 했다, 그래서 우왕좌왕하다 보니까 골든타임을 놓쳐버려요. 골든타임을 놓쳐버리면 끝난 거예요.

면담자   영화 〈다이빙벨〉이 나오고 새로운 기술을 시도하려는 것도 있었고, 에어포켓 얘기도, 논란들이 많이 있었는데 아버님은 어떻게 생각하셨어요?

유민 아빠   전문가들이 그런 얘기하더라고요. 에어포켓이라는 거는 배가 반듯이 수직으로 가라앉을 때는 에어포켓이 하나도 없다고 얘기를 해요. 왜 그러냐면 환풍기를 통해서 공기가 빠져나가서 물이 찬다는 거예요. 그런데 갑자기 넘어지는 배들은 에어포켓이 어느 배나 다 있다는 거예요. 그래서 저는 에어포켓을 믿어요, 있을 거라고. 갑자기 순식간에 넘어진 배이기 때문에 에어포켓은 더 많이 있을 거다라고 저는 아직도 믿어요.

7
혼자 하는 활동

면담자　국정 농단 밝혀지고 가족들이 기자회견 하시고 다시 조직적인 활동을 시작하시게 됐죠.

유민 아빠　다시 본격적으로 나갔죠. 방송하면서, 방송을 해야 되는데, 집회 가서 소리 지르지 말고 [조심을 해야 하는데], 악을 쓰고 구호하고 외치느라고 방송도 목쉬면서까지 해봤어요. 거의 주말마다 집회를 했으니까, 집회하고, 방송은 빨리 취재 갔다 오고, 방송 얼른 해놓고 나머지 시간에는 광화문광장 나와서 싸우는 게 일이었죠.

면담자　무대에서 발언하신 적이 있으셨어요?

유민 아빠　일부러 안 했어요. 그리고 하고 싶지가 않았던 게 너무 질투인지 뭔지, 제가 그렇게 유명해질라고 단식을 한 게 아니잖아요. 그런데 앞에 나서면 이상한 말들을 만들어내고 정말로 내가 쓰레기가 돼 있는 말들을 많이 들었어요, 소문에 소문이. 그래서 앞에 나서는 것도 싫고…. 광화문 촛불집회 하면 항상 유가족들을 위해서 맨 앞에 남겨놔요. 거기 앉아본 게, 그렇게 많은 촛불집회 23차 중에 두 번인가밖에 안 앉아봤어요. 앞에 앉는 것도 싫고, 그냥 뒤로 가서 시민들하고 같이 얘기하고 담배 피고, 그리고 그냥 그 집회를 마무리해요. 시민들하고 같이 행진하고…. 맨 앞에 선다는 게 이렇게 힘든 줄 몰랐어요, 맨 앞에 선다는 게. 제가 일부러 계획적으로 맨 앞에 선 게 아니라 단식을 하게 되면서, 단식을 했다는 이유로 맨 앞에, 세월호 하면 유민 아빠라는 상징이 돼버렸는데…. 그러면 순수한 마음을 받아주고, 정말로 안전한 나라를 만드는 길로 같이 손을 잡아줬으면 상관없는데, 내가 앞에 선다고 이상한 말 만들어내고, 가슴 아픈 상처 되는 말들 굉장히 많이 해요. 소문에 소문, 허위 사실에. 〈비공개〉

얘기할 사람이 누가 있나요? 나하고 손잡고 갈 사람이 누가 있어요, 정말로 승질나고 화가 나고 답답하고. 왜냐면 제가 지금 쓰는 댓글들에 말도 안 되는 걸로 지금도 상처를 주는 말들을 많이 하잖아요? 변호사한테 전화해요, 너무 힘들고 상황이 그래서. "정말 아버님 이거 고소해야 합니다" 하고 나서서 해주는 사람이 아직 없어요. 내가 하소연해야지 겨우 할까 말까예요. 고소라는 것은 어떻게 하냐, 사이버수사대에 내가 신고해서, 그래야지 되기 때문에, 처벌이 약하다는 거예요. 처벌이 거의 안 돼요.

면담자 　　　힘들여서 하는 과정에 비해서 너무….

유민 아빠 　　　변호사가 이거 민사가 됐든 형사가 됐든 직접적으로 나서서 하면 다 걸려요, 고소가 돼요. 그러면 애들도 무서워서 안 하겠죠? 벌금 내고 해야 되니까. 직접적으로 나서서 해주는 사람도 없고…. 가족이든지 "야, 이거 해야 돼" 하면서 대놓고 나서서 발 벗고, 자료 찾아오고 이런 일들을 해주는 사람도 없고, 오로지 하려면 저 혼자 다 찾아내고 해야 돼요. 난 방송도 해야 되고, 여기저기 다니면서 사람들도 만나고 강연도 해야 되고 하는데, 일일이 앉아서 할 시간이 있냐[고요], 내가. 아직도 혼자, 지금까지 단식 이후에 혼자서 왔고, 지금도 혼자예요. 저 손잡고 '이건 안 돼, 이건 같이 다 밝혀야 돼' 손잡고 해준 사람이 거의 없다는 거죠. 지금도 저는 혼자라는 생각밖에 안 해요.

가족대책위에서도 '야, 이거 허위 사실 이렇게까지 해가지고 세월호 엉망으로 만들고 있는데, 이거 해야 돼' 하고 해주는 것도 없고, 그렇다고 내가 돈을 써가지고 변호사 선임할 수도 없고, 굉장히 마음이 답답한 거예요. 그러다 보니까 세월이 흐르다 보니까 4년이 넘다 보니까 지금은 당당하게 혼자서 그냥 걸어가고 있는 거예요. 그러면서 지금은 생명 존중을 외치는 이유가 그거예요. '아, 내가 세월호 진상 규명은 당연히 해야 되는 첫 번째 과제지만, 그러면서 어차피 혼자 걸어가고 있는 거 생명 존중을 외치자'.

8
진상 규명을 주장하는 의원들의 공천 탈락

면담자　　탄핵까지 가게 될 때 겨우내 집회가 계속됐고 탄핵 결정이 났는데 어떤 심정이셨어요?

유민 아빠　　절망 속에서 굉장히 힘들어하다가 국정 농단 사태가 터지고 나서, 촛불들이 밝혀질 때 희망을 봤다고 했잖아요? 그러면서 전

유민 아빠 김영오

두려웠어요. 저는 한 번 꺼진 촛불을 봤잖아요. 우리가 2주기 때까지, 광장에서 연행되기 전까지 그렇게 많은 시민들 우리와 함께했었는데, 16년도 메르스 사태 이후부터 하나씩 하나씩 꺼지기 시작했어요. 그 래서 2016년을 겪어왔고, 2016년도 가을에 10월 달에 국정 농단이 터 지고 10월부터 3월까지 1700만이라는 시민들이 왔을 때 희망을 봤어 요. '이제 됐다. 세월호도 밝혀질 거야'라는 걸 굉장히 굳건하게 가졌 어요. 왜? '낱낱이 하나씩 하나씩 다 밝혀지는데 세월호가 안 밝혀지 겠냐', 그래서 굉장히 희망을 봤는데 하나 두려웠던 게, 그 많은 촛불 들이 세월호를 위해 싸워줬다가 메르스 사태 이후부터 꺼진 걸 봤어 요. 그래서 절망을 느꼈잖아요. '또 꺼지는 거 아닌가…'. 대한민국에 이런 소문도 있잖아요. 냄비 근성이라고 하죠? 그래서 (한숨 쉬며) '이 것도 이렇게 하다가 촛불이 또 꺼지지 않나'. 그래서 두려움도 있었어 요. 그래도 결국에 탄핵이 됐더라구요? 탄핵 때까지, 탄핵도 됐지만 지금도 저는 중요하게 생각하는 게 탄핵이 되면 다 끝난 것처럼 다시 촛불이 안 나와요, 그죠? 탄핵이 됐으니까 다시 다 돌아갔어요. 그것 도 저는 안타까워요. 지금도 밝혀진 게 없잖아요. 박근혜 거? 끝난 게 아니잖아요? 더 밝혀야 되잖아요. 그리고 더 연결돼 있는 적폐들이 하나씩 더 밝혀지고 있는데, 우리는 지켜만 보고 있다는 걸 또 느끼고 있어요.

면담자   대선 국면에 들어갔을 때 3주기였는데, 후보들이 기억 식에 참석을 했었어요.

유민 아빠   3주기 때도 광장에 있었어요. 저는 광장으로 가요, 항 시. 광장에 정치인들이 많이 오죠, 3주기 때도. 거의 정치인들이 많이 오고, 3주기 때…, '아, 촛불집회 때 만났던 의원이구나'. 거의 많이 와요. 광장으로 많이 오죠, 정치인들이. 그리고 또 광장정치였고, 민주 촛불이. 촛불집회 때마다 많이 왔었고 3주기 때도 거의 많이 왔죠.

면담자   대선 국면에서는 구체적으로 지지를 해달라고 하는 요청은 없었어요?

유민 아빠   계속 싸워왔던 사람들이, 이제 제가 힘들었던 게 하나 이거예요. 정치인들이 굉장히 많이 있어요. 있지만, 민주당에도 정치인들이 100명이 넘지만, 실질적으로 "세월호 진상 규명을 하겠다. 진상 규명해야 된다"고 세월호 가족들하고 뜻을 같이해 주는 의원들이 많이 없어요. 많이 없는데, 그중에 정말로 "세월호 진실을 밝혀야 된다"고 하는 의원들이 지난 총선에서 다 대거 공천 탈락이 됐어요.

면담자   박주민 변호사 혼자 남은 건가요?

유민 아빠   네. 그래서 제가, 김종인이가 공천하면서 정청래부터 해서 세월호하고 같이 손잡고 다닌 사람들, 다 공천 탈락이 됐어요. 세월호 배지 달고 다녔던 의원들 거의 다가 공천이 탈락이 다 됐어요. 다 탈락됐어요. 세월호 유가족 같이 손잡고 다녔던 국회의원들이 거의 다가 공천 탈락됐어요. (한숨 쉬며) '정말 힘들어지겠다' 생각도 그때 또 한 번 했고요. 지금 세월호, 국회에서, 총선이, 공천 탈락되고 민주당이 다 됐어요. 돼놓고 세월호, 세월호 하는 사람 몇 명이나 있어요? 거의 없죠? 지금 그렇게 됐어요, 상황이. 그래서 저는 그것도 답답한 것 중에 하나예요. 그 사람들이 다 이번에 됐다면 아마 세월호 가끔 언론 터뜨리고 또 언론 터뜨리고 했을 거란 말이에요. 자료 하나

유민 아빠 김영오

씩 나오면 그거 물고 늘어지고, 대포처럼 쏴주고 이런 게 있었을 건데, 세월호 얘기는 뉴스에서 찾아보지도 못해요, 지금. 오늘, 어제 한번 나왔대, 기무사 사건? 이런 문건이 나올 때뿐이지 세월호 얘기는 아예 없어요. 지금 네이버, 다음, 저는 하루에 수십 번씩 클릭을 해요. 그럼 세월호 얘기는 없어요, 아예. 세월호가 다 끝난 것도 아닌데 그런 상황이에요. 정치하는 사람들이 한 번씩 질러줘야 되거든요? 이거 자체도 없으니까, 아예 없는 거예요. 그래서 그것 또한 나는 굉장히 답답해요. 세월호 앞장섰던 의원들이 다 공천 탈락됐던 거 하나, 그것도 촛불이 꺼진 것하고 똑같은 가슴 아픈 일이죠.

진짜 밝히려면 국회에서 밝히는 거거든요? 시민들하고 세월호 가족들이 아무리 촛불을 밝히고 집회, 농성해 봤자 필요가 없어요. 법안이 발의하고 국회에서 통과하는 거예요. 근데 국회의원들 그렇게 앞장서서 하는 사람들을 다 잘라버렸는데 일이 되겠냐는 거예요. 우리 국민들은 아무리 소리 외쳐봤자 필요 없어요. 모든 일은 국회가 하는 거예요. 국회에서 발의해 주는 사람들 있어요? "세월호 빨리빨리 안건 올리고, 빨리빨리 하자" 이렇게 발 벗고 나서는 사람이 없잖아요, 지금. 그러니까 특조위 2기도 이렇게 지지부진하고 시간이 오래 걸려. 만약에 공천이 탈락 안 되고 이 사람들이 다 됐다면 아마 우리가 그분들한테 부탁을 했을 거예요. "2기 빨리 좀 출범시켜 주세요", 그러면 이 사람들이 발의하고 빨리 재촉을 하고 국회에서 동의 서로 간에 얻어주고, 이런 일이 있는데, 지금 그게 없잖아요. 그래서 더딜 수밖에 없어요.

면담자   그럴 수 있는 사람들이 있나요? 정청래 의원은 정말 의지가 있을까요?

유민 아빠　　　있었죠. 지금도 세월호 사건을 굉장히 놓지 않는 사람 중의 하나예요.

면담자　　　또 어떤 정치인들이 세월호 진상 규명에 적극적이실까요?

유민 아빠　　　(한숨) 답답하죠. 정치적인 얘기는 되도록 안 쓸 거예요. 요즘에는 트위터도 안 하는 이유가, 민주당 이재명 시장, 도지사 페친들끼리 시민들끼리 싸우고 있어요. 트위터를 들어가면 지지자가 둘로 갈라져 있는데 둘이 굉장한 싸움을 하고 있어요. 트위터를 하다가 리트윗을, 좋은 글 있으면 한번 해줘야 되잖아요, 리트윗도 두려운 거예요. 이 사람이 어느 쪽 지지자인지도 모르고, 내가 만약에 이재명 지지자가 좋은 글을 써놨어. 아, 이거 리트윗을 옛날에는 많이 했는데 지금은 하지 못하는 이유가, 뭣도 모르고 해놨다가 민주당 지지자들이 "뭐야, 유민 아빠 이재명 지지해?" 또 민주당 누구 리트윗하면 이재명 지지자들이 "뭐야, 유민 아빠 민주당 파였어? 우리 도지사님 지지 안 해?" 이렇게 돼가지고. 우리는 끝난 게 아니기 때문에 한 사람 한 사람 한 사람이 다 필요해요. 끊을 수가 없단 말이에요, 떨어져 나가게 만들면 안 돼요. 그래서 내가 트위터도 지금 안 하고 있어요.

　힘들어요. 제가 누구누구를 못 하는 이유가 그거예요. 지금 세월호 진상 규명하려면 시민, 국민, 국회의원 한 사람 한 사람이 전부 다 필요한데, 내가 하나 잠깐 클릭 하나 잘못해 줘가지고 촛불이 꺼지는 역할을 할 수가 없잖아요. 특히, 내가 아무것도 아닌데, 나는 정말 일개 시민도 아니고, 그냥 아이 죽은 아빠일 뿐인데 뭐 대단한 사람인

유민 아빠 김영오

것처럼 사람들이 그렇게 알고 있어요. 유민 아빠니까 세월호의 아이콘이 돼서 어느 순간 내가 하는 말은 세월호 가족의 대표적인 말이 돼버린단 말이에요. 다 그렇게 돼요, 지금. 유경근 집행위원장이라든지 4·16가족대책위에서 안건이 올라가 가지고 SNS에 나돌죠? 그럼 나한테 문자를 대놓고 해요, 반대 생각하는 사람들이. "아버님 이거 이거" [하고] 나한테 따져요, 내가 뭐 대표가 된 것처럼. 나는 그냥 방송만 하고 강연만 요청하면 가서 세월호 얘기해 주고 이렇게 지내고 있는데, 가족대책위에서 다 하고 있던 사안들이란 말이에요? 나한테 따져요. 시간이 이게 너무 한 달, 두 달도 아니고 지금 4년째예요. 지금도 따져요. 1시간 정도 몇 번을 답변을 해줘요. 해주다 보면 "그냥 가족대책위, 유경근 집행위원장에게 논의하세요" 이러고 넘겨주고. 내가 얘기하면 대표가 되는 거예요. 그래서 지금도 말을 조심하는 거고, 말 함부로 못 하는 거예요. 그만큼 상처를 많이 받은 거죠.

면담자   4주기 정부합동 영결식은 어떻게 보셨어요? 대통령이 올 거라는 생각하지 않으셨어요?

유민 아빠   그거는 우리 가족들이 굳이 대통령 안 왔다고 글에다가 뭐라고 써놨더라고요? 저는 그건 아니라고 봐요.

면담자   아쉬워하는 가족들이 많이 있었어요?

유민 아빠   아쉬운 거는 있지만 그렇게까지 반박 글을 써가지고 하는 것 자체는 아니라고 봐요. 그리고 대통령이 올 수도 있고 안 올 수도 있어요. 대신 국무총리가 왔잖아요, 국무총리가 원래 대행하는 거니까. 국무총리까지 온 것만 해도 나는 고맙다고 하는데, 대통령까지 안 왔다고 반박 글까지 쓸 필요는 없다…. 대신 아쉬워는 해야죠, 안 왔으니까. '와서 한 말씀해 주고 가면 정말로 좋았는데, 그게 아쉬운 면이다'라고 얘기할 수는 있는데 반박까지는 아니라고 봐요.

9
생명안전공원

면담자   새로운 시작이라고 생각할 수도 있지만 분향소를 없앤 다는 게 심정이 복잡하고 아쉽고 서운한 느낌이 가시질 않더라고요.

유민 아빠   분향소 철거라는 거는 그래도 분향소를 그렇게 오랫동 안 해온 것도, 몇 년 동안 분향소를 화랑유원지, 우리가 철거하지 않 고 가지고 있었다는 것, 이게 두 가지로 나눠지는데, 우리를 반대하는 사람들은 침을 뱉고 다녀요. 그런데 우리를 지지하는 사람들은 "뭐가 밝혀졌는데 철거하냐?" 이 관점이거든요. 저도 분향소 철거는, 정말 로 하나하나 밝혀졌을 때 철거하면 좋겠죠. 왜? 그 어떤 부모가 자식 빨리 하늘로 보내고 싶지 분향소에 붙들어 놓고 싶은 부모가 어디가 있어요, 없잖아요? 그런데 붙들어 놓고 싶은 이유가 진짜 다 밝혀야 되기 때문에, 그래서 붙들고 있는 거지, 나라고…. 저는 분향소 가잖 아요? 가족대기실에 앉아 있지, 꼭 4주기라든지 행사 때만 분향소 같 이 들어갔다가 나오지 평소에 나 절대 안 들어가요. 들어가지를 못하 겠어요. 자신 있게 떳떳하게 뭐 하나 밝혀진 게 있는지. 없잖아요. 그 리고 엄마, 아빠 내가 모자라 가지고 못나서 끝까지 분향소에다가 애를 붙잡아 놓고 있는데, 내가 들어가서 뭐 할 건데? 눈물뿐이 더 흘리겠어요? 눈물 흘린 시간에 진실을 밝혀줄려고 더 알려야 될 거 아니에요, 알리는 일을 더 많이 해야 되고. 그리고 유민이 앞에 서면 자신이 없어요. 내가 당당하거나 떳떳하다면 "아빠 왔다"고 가겠는데, 분향소를 못 들어갔어요. 정말 큰 행사 때 같이 단체로만 들어가지 그 이후는 안 들어가요. 제 마음이 그런데 그 분향소를 놔두고 싶겠어요, 내가? 빨리 철거하고 싶은데 왜 붙들어 놓냐? 밝히고 싶어서, 그리고 세상이 좋아지기를 바라니까. 세월호 진상 규명이 밝혀지면 아마 여기에 연루된 사람들 많이 다칠 거예요. 그러다 보면 세상도 좋아지고, 적폐청산 아마 시초가 될 수도 있어요. 그래서 저는 세월호 청산을 꼭 해야 된다고 봐요, 적폐들이 다 몰려 있으니까 세월호에.

면담자   그동안 안산에서 많은 변화들도 있기도 했는데요. 가족들한테 필요한 제도, 정책이 어떤 거라고 생각하세요?

유민 아빠   거의 다 가족들하고 14년도부터 다 해왔던 얘기였고…. 저도 가족들이 요구한다고 해서 정부가 100프로 들어준 거 단 하나도 없고, 저도 가족들이 하는 대로 지금까지 우리가 요구한 것, 이것만 지켜져도…. 지금 제대로 지켜진 게 단 하나도 없잖아요. 트라우마 치료 같은 것도 겨우 5년으로 묶어놨잖아요. 그래서 내가 바라는 건 5년으로 묶고 이런 게 아니라고 했잖아요, 지난번에 구술했을 때도. "영구적으로 정말로 100프로짜리 논문이 나오게 되는 일을 평생 지켜보고, 그다음에 논문이 나올 거다" 이렇게 얘기를 했는데, 똑같아요. 제가 바라는 건, 단 하나도 우리 요구가 받아들인 게 없어서, 저는 분향소 화랑유원지 자리에 생명안전공원을 만들어서 거기에서 해상안전체험관까지 하고 싶었었으니까, 나는. 그래서 해상에서 일어난 사고였고 참사였기 때문에 바다에서 혹시라도 모를 안전을 대비하고 교육을 받아갈 수 있는 해상안전체험관까지 우리 안전공원 안에 하나에 만들기로 해서 내가 그걸 PPT로 작업을 해놨어요. 그런데 그것도 지금 대부도로 가버렸잖아요. 요구 조건 들어준 게 단 하나도 없는데 뭘 더 바라겠어요. 지금 "우리가 해달라"고 했던 대로만 했었으면요, 만약 제2의 세월호 참사가 나면 국가가 알아서 해주고 있는 시스템이 될 수가 있어요, 세월호 유가족들이 지금까지 우리가 요구한 것만 하더라도. 그런데 단 하나도 뭐 요구가 들어간 게 뭐가 있나요? 전부 다 100을 요구하면 10이나 20 들어주고 이게 끝이었잖아요. 그러니까 지금 있는 요구만이라도 받아주면 저는 좋다는 거예요.

10
소회와 계획

면담자   인양됐을 때 어떠셨어요? 목포에서 보신 적이 있으세요?

유민 아빠   자주 갔죠. 거기에서 계속 있었을 때도 있고, 왔다 갔다 하기도 하고, 인양됐을 때.

면담자   다시 봤을 때 실감이 다르실 거 같은데, 안에도 혹시 들어가 보셨나요?

유민 아빠   안에는 아직도 못 들어갔어요. 내가 단식하고 그러니까 뭐 대단하게 강심장인 줄 아는데, 실질적으로 되게 그런 게 약해요. 가족들 다 모자 쓰고 들어갔는데 나는 밖에 있었어요. 그냥 100미터 정도 떨어져 있고, 펜스가 있고, 밖에서 막 사진 찍고 그렇게 막 보고 왔어요, 아직까지. (면담자 : 왜?) 안에 들어가는 게 두렵고, 아직은. 내가 못 해줬으니까, 해준 게 없으니까 그것 때문에 더 미안해서 못 들어가겠는 거예요. 안에 들어가면, 선체 내에 들어가는 순간이 유민이를 만나러 가는 심정이 들거든요. 얼굴을 볼 수가 없어요. 그것 때문에, 내가 아침밥 세 끼 같이 먹어주고 매일 맛있는 거 사 먹이고, 같이 잠을 자고 그랬다면 당당하게 들어갔겠죠. 해준 게 없잖아요, 해준 게. 괜히 미안한 거예요 그냥, 유민이한테 괜히 미안하고. 사람은 겪고 나서 후회한다는데 내가 딱 그 꼴이네요. 단식을 해서 나쁜 아빠가 돼버렸고, 유민이한테 괜히 욕 먹이는 건 아닌지, 조용히 있었다면, 아마 언론이 이렇게 시끄럽게 떠들고 보수들이 나를 까고 그런 위치만 안 됐다면 들어갔겠죠.

면담자　　　만약 다시 그때가 된다고 하면 단식하지 않으실까요?

유민 아빠　　다시 그런 단계가 오더라도 저는 단식을 할 거예요. 왜, 눈앞에 악이 보이는데, 선이 아니고 악이잖아요. 그리고 잘못된 걸 눈으로 보고 있는데, '그냥 이 돈 먹고 떨어져', 그게 아니잖아요. 내가 돈 때문에 싸우는 게 아닌데, '사회를 한번 바꿔보자', 그러려고 단식을 시작했던 건데. 특별법이 제정이, 정말로 유가족이 만들어놓은 법안대로만 됐다면 이렇게까지 안 왔는데, 그게 돼야지 책임자 처벌할 수 있거든요. 책임자 처벌이란 게 적폐청산이잖아요. 적폐를 청산할 수 있는데 그게 안 됐단 말이에요. 저는 그래서 꼭 단식을 다시 할 거예요. 그런데 사람들한테는 못 하게 하고 싶어요, 하지 말라고.

면담자   4년 동안에 관련된 활동들을 생각해 보실 때 후회되는 것 있으세요?

유민 아빠   (한숨 쉬며) 후회되는 것 많죠. 후회되는 것도 많고, '왜 이렇게 싸워왔을까' 맨날 정부 쪽에 당했잖아요, 우리가. 힘이 없어서 당한 것도 있지만, 머리가 안 돌아가니까 당한 것도 있을 거고. 꼭 우리가 뒷북을 맞았어요, 정부한테. '그렇게 싸웠으면, 이렇게 싸웠으면 뒷북을 안 맞았을 텐데' 꼭 당하고 나서 후회한다고. 굉장히 후회되는 일들이 많아요, 세월호 문제에 있어서. 다 후회되죠. 지금까지 우리가 뭐 하냐 하면, 정부가 한발 앞서가고, 우리를 이용하고, 우린 짓밟힌 존재밖에 안 됐으니까, 항시 후회하죠. 진짜 후회 많이 해요. '그렇게 싸우지 말고 이렇게 싸울걸. 아, 이렇게 했으면 저렇게 안 당했을 텐데', 당하고 나서 그런 걸 느끼고 후회가, 깨달음이….

실질적으로 4월 16일 날부터 나는 후회를 해요. 4월 16일 날 실내 체육관에서 괜히 앞에 나와서 회의하는 것도 들어가고 이런 것까지 맡았었는데, 왜 자료 하나 못 가져왔는지…. 회의 자료가 있었거든요. 그리고 그때 문건으로 해서 나눠준 브리핑 자료도 많았고, 엄청 많았어요, 매일. '왜 단 한 장을 안 가져왔을까', 가져온 게 하나도 없어요. 그리고 사진 한 장 찍어놓은 게 없어요, 제가. 다 후회돼요, 첫날부터 지금까지 모든 게. 그때 자료만 가져왔어도 '쟤들 지금 거짓말하고 있네?' 이거 보여줄 수가 있는데, 그것도 못 보여주죠. 나는 정부를 다 믿었기 때문에 자료 가져올 생각도 안 했고, 꿈에도 못 꿔봤어요. 그래서 자료를 안 가져왔어요. 또, 가져올 생각도 안 했고…. 그래서 이

유민 아빠 김영오

책을 구술하는 데 마지막 글이 될 건데, "여러분들은 저희처럼 꼭 참
사를 당하게 되거든 무조건 녹음하고 자료를 챙겨놓으시라"고, "당하
지 마시라"고 꼭 얘기하고 싶어요. 저는 매 순간 첫날부터 지금까지
후회만 하고 사는 사람이에요.

면담자　　　개인적으로 어떤 목표가 있을까요?

유민 아빠　　목표가 있겠어요? 세상이 좋아져서 조용한 곳에 가서
혼자 살고 싶어요. 세상이 빨리 좋아지면 내가 나설 일이 없을 거 아
니에요? 〈비공개〉

　　제가 이 구술하는 거는 아마 다른 5·18이든 대구지하철 참사든 굉
장히 많은 사람들, 이런 사람들이 많은 인명 피해가 있는 데 같은 경
우는 저희처럼 분란도 일어나고, 굉장히 많을 거예요. 저는 이 책을
구술하는 이유는 언젠가는, [그렇게] 되지 말아야 되겠지만, 이런 일을
겪게 되거든, 저처럼 앞에 나서는 사람들, 앞장서서 싸우는 사람들 상
처 주지 말라고. 상처를 주다 보면 그 싸움이 와해돼요, 정말로. 그래,
세월호 유민 아빠, 아이콘이 됐다면, '끝까지 가족들하고 같이 앞장서
서 싸웠다면 이렇게까지 됐을 거냐' [하면서] 가슴에 칼을 막 꽂아요,
등에 칼을 꽂고. 그래서 나를 못 나오게 만드는 거예요, 일베와 보수
가 아니라 함께하는 사람들이. 그래서 저는 이렇게 조용히 혼자서 살
고 싶은 거예요. 일베와 보수들이 등에 칼을 꽂는 거는 나 혼자 뽑을
수 있어요, 이제 아물었기 때문에. 가장 힘든 게 같이 함께 가던 사람
들이, 나중에 시민들한테 내 귀에 들어와요, 내가 들어. 다른 사고를
겪게 되시거든 앞에 나서서 싸워주는 사람들 지지해 주고 응원해 주
고 힘을 더 실어줘야 돼. 저 사람 험담하고, 칼을 꽂지 말라고. 그러면

그 싸움에서 이길 수가 없어요. 여러분들은 이 책을 읽거든 진짜 같이, 그 사람하고 함께 같이 싸우시라고.

나는 굉장히 많이 다쳤습니다, 너무 많이 다쳐서…. 왜 제가 혼자 싸우고 싶겠어요, 왜 내가. 같이 함께 단체로 싸우고 싶지, 내가 무슨 힘이 있다고 혼자 싸우겠냐고. 얼마나 상처를 받았으면 혼자 싸우겠냐고. 지금 4년 흐르고 이게 가장 힘든 상황이에요, 내가. 일베들한테 공격받고 악성 댓글에 허위 사실 퍼져서 정신적인 스트레스보다 가장 힘든 게, 상처를 받아서 나 혼자라는 거. 이게 지금 가장 아픈 거예요, 내가. 그리고 사람들, 등지고 떠난 사람들, 그 말을 믿고 떠난 사람들이 굉장히 많아요. 그게 가장 아파요, 지금. 이 상처가 치료가 될지 모르겠어요, 저는. 그래서 평생 치료가 안 될 거 같아서 조용히 살고 싶다는 거예요, 제가.

면담자   아버님은 다른 사람들한테 희망을 주고 싶고 일깨워 주고 싶은데, 마음은 치유되지 않은 상태로 계속 있는 거네요.

유민 아빠   그게 안 되니까. 나는 정말로 아이가 사고 나기 전에는 무지렁이었어요, 사회에 무관심하고. 아이가 죽고 나서 깨달았거든요. 그래서 여러분도 나처럼 되지 말라고, 미리 깨어 있으라고, 그렇게 활동을 지금까지 해왔어요. "꼭 깨어 있어야 됩니다", 관심을 가져 주시라고, 지켜만 볼 게 아니라 참여를 해야 된다고, 이런 얘기를 하고, 깨우침을 주고 싶었고…. 그런데 그나마 아직도 "유민이 아버지 힘내세요" 하는 사람이 많아요, 많이 있는데…. 〈비공개〉

면담자   지금 불쑥불쑥 화가 나거나 서럽거나 그럴 때 있으세요?

유민 아빠   많아요, 엄청 많죠. (면담자 : 그럴 때는 어떻게 넘기세요?) 담배 피고 술 먹고 혼자 삭여요. 지금 혼자 산속에 들어가고 싶은 심정이 있는데 그런 일들이 없겠어요? 매번 있죠. 자주 있죠, 화가 나고. 내가 잘못한 것도 아닌데 왜 내가 잘못되고 나쁜 사람이 되어가는지…. 매번 화도 나고, 또 세월호 증거자료 하나씩 하나씩 나올 때마다 화가 나고…. TV를 보면 어떤 날은 '[MBC 탐사기획]스트레이트'를 봤는데 선장 3년 형 받고 나와가지고 잘 살고 있더라고. 그거 보고 밤새도록 울었어요. 대중 앞에서 내가 하도 카메라를 많이 받다 보니까 안 울어요. 눈물을 안 보이는데, 집에 혼자 있으면 나도 모르게 갑자기 터져요, 이게. 밥 먹다가도 갑자기 터져버리고, 울어요. 그런데 그런 증거자료 나오고 억울할 때는 밤새도록 화를 못 참고 울어요. 그러다가 아침에 눈뜨면 자고 있어, 술을 많이 먹고. 또 술로 달래고 하다 보니까….

면담자   남기고 싶은 말씀 있으시면 해주세요.

유민 아빠   남기고 싶은 말이 있겠어요? 그냥 제가 사회 활동 안 하고 가정으로 혼자 내 꿈대로 돌아갈 수 있는 세상이 됐으면 좋겠어요. 그만큼 세상이 좋아졌으면 좋겠어요. 사람들이 촛불을 안 밝히고 그렇게 살 수 있는 세상, 그거면 됐죠, 뭐. 그럼 나도 일상으로 조용히 내 꿈대로 살 수 있으니까. 그게 마지막 바램이죠, 저는.

면담자   아산에 처음 정규직 되셨을 때 정말 기뻤다고 하셨던 말씀이 생각이 많이 나네요.

유민 아빠   처음으로 노동자들, 노조 있는 데를 들어갔는데 옛날에는 왜 그렇게들 학벌을 따졌는지, 고졸, 고졸, 고졸. 이력서 자체를 못 냈으니까요, 고등학교 1학년 퇴학이니까, 자퇴했으니까. 정말 꿈에 그리던 회사들은 쳐다만 보고 이력서 자체를 못 냈으니까. 그런 세상에 살았으니까. 그러다가 세상이 하나씩 변하고 자동차 용접, 로보트 용접하는 데 같은 데는 일이 힘들다고 사람들이 안 들어가니까, 그나마 나이 먹은 사람들 썼던 회사니까, 그래서 정규직이 됐죠. 들어갈 수 있었고, 처음으로 노조 있는 회사 들어가 봤으니까 꿈 이뤘네요.

면담자   공부를 더 하고 싶은 생각은 없으세요?

유민 아빠   가출하고 나서 처음에는 몰랐는데 5년, 10년 계속 흐르면서 내 친구들 또래, 내가 학교 다닐 때 가방 들고 다니는 고등학생들 쳐다보면 그때는 공부 되게 많이 하고 싶었어요. 그래서 가출하고 나서 몇 년 있다가 계속 밤에 공부하고 영어 단어 외우고, 밤 10시 일 끝나고 2시간씩 매일 공부하고 책을 읽고…. 공부하고 싶었죠. 그런데 지금은 머리가 세포가 다 죽어서 할 수가 없을 거 같아. 고등학교 졸업장이라도 꼭 따고 싶었고…. 〈비공개〉

면담자   세상이 그렇게 꼭 안 좋아져도 마음이 좀 편해지시고, '진상 규명도 어느만큼 됐구나' 할 때가 되면 좋겠네요.

유민 아빠   제가 지금 가족대책위하고 가족들하고 같이 함께 계속 다니고 그랬다면 여기 하나 가슴이 막힌 거 같은 느낌이 없었을 거예요. 지금도 있어요 저는, 항시 뭔가 답답하고 가슴이 꽉 막혀 있고. 계속 이렇게 살고 있는데, 만약에 애초부터 가족대책위랑 같이, 왜냐면 아픈 사람은 아픈 사람끼리 어울리면 함께하면 슬픔을 잊어버려요.

유민 아빠 김영오

내가 가족대책위 분향소 항시 놀러 가면요, 깔깔거리고 웃어요. 가족들도 마찬가지고, 굉장히 편해요. 그런데 그렇게 함께할 사람들이 지금 좀 떨어져 있다 보니까 계속 답답하고 뭐가 막혀 있고, 어떻게 보면 머리는 계속 무겁고, 그래서 더 있는 거 같아요, 여기.

면담자　　　가족들하고도 처음에 그랬던 것처럼 다시 손을 잡고.

유민 아빠　　연락하고 안 하고는 없는데, 가도 재미가 없으니까, 그래서 안 가지고. 〈비공개〉

면담자　　　언젠가 상처가 치유가….

유민 아빠　　치유는 안 되지만, 나 혼자 조용히 살면서 내려놓아야죠, 나 혼자 감내하고 내려놓아야 되는 일이니까.

면담자　　　이로써 2학년 10반 김유민 아버님, 김영오님 구술을 마치도록 하겠습니다. 아버님 그동안 고생 많으셨습니다.

유민 아빠　　고생 많았습니다.

4·16구술증언록 단원고 2학년 10반 제4권

그날을 말하다 유민 아빠 김영오

ⓒ 4·16기억저장소, 2020

기획 편집 4·16기억저장소 | **지원 협조** (사)4·16세월호참사가족협의회
펴낸이 김종수 | **펴낸곳** 한울엠플러스(주)
초판 1쇄 인쇄 2020년 4월 1일 | **초판 1쇄 발행** 2020년 4월 16일
주소 10881 경기도 파주시 광인사길 153 한울시소빌딩 3층
전화 031-955-0655 | **팩스** 031-955-0656 | **홈페이지** www.hanulmplus.kr
등록번호 제406-2015-000143호

Printed in Korea.
ISBN 978-89-460-6788-2 04300
      978-89-460-6801-8 (세트)
* 책값은 겉표지에 표시되어 있습니다.